全国普通高等学校体育教学指导委员会审定
山东省高等学校统编教材

体育与健康

张瑞林　主　编

山东大学出版社

《体育与健康》编写委员会

前　言

大学生是国家建设的栋梁之材，承担着建设中国特色社会主义的历史重任。当代大学生的身心健康状况，不仅直接影响着他们在校期间能否完成繁重而又艰巨的学习任务，而且也决定着未来能否有效地从事各自的工作、更好地服务于社会。2005 年第五次国民体质调研结果表明，尽管青少年的营养状况和形态发育水平不断提高，但是，青少年学生的部分体能素质指标近 10 年、乃至近 20 年持续下降，而心理失衡、社会适应能力较差，更是当代大学生如影随形的顽症。

《中共中央国务院关于深化教育改革，全面推进素质教育的决定》指出："健康体魄是青少年为祖国和人民服务的基本前提，是中华民族旺盛生命力的体现。学校教育要树立健康第一的指导思想，切实加强体育工作。"为了真正贯彻落实"健康第一"的指导思想，国家教育部重新制定了《全国普通高等学校体育课程教学指导纲要》（以下简称《纲要》）。《纲要》对体育课程的目标进行了重新定位，将以往的体育课程主要使学生获得运动知识和技能以及增强体质，扩展到促进学生的心理健康和社会适应能力的提高等方面。《纲要》还从学生身体发展水平的个体差异性出发，将体育课程应达到的目标划分为符合大多数学生的基本目标和符合少数学生学有所长、有发展潜力的发展目标。

国家教育部、国家体育总局于 2002 年制定实施了《学生体质健康标准（试行方案）》及《〈学生体质健康标准（试行方案）〉实施办法》，经过五年的实践，于 2007 年根据新的形势对学生体质健康标准进行了修订和完善，形成了《国家学生体质健康标准》。2006 年 12 月 23 日，教育部、国家体育总局在北京联合召开了建国以来的第一次"全国学校体育工作会议"，会议的主题是"关注亿万青少年学生身体健康！"2007 年 1 月，胡锦涛总书记针对现时期我国青少年学生的身体健康问题，又作了有关重要批示，希望教育部、国家体育总局制定出改善广大青少年体质健康状况的对策和方案。2007 年 4 月 29 日，"全国亿万学生阳光体育运动"在全国范围内正式启动。2007 年 5 月 7 日，中共中央、国务院又下发了《关于加强青少年体育、增强青少年体质的意见》。

这一系列政策的出台，促使我们对体育课程的性质、目标、内容和评价体系等内容进行重新思考，也必将影响到普通高等学校的体育课程教材建设工作。本教材是在山东大学出版社 2002 年出版的由张瑞林主编的《体育与健康》基础上，通过修改、调整部分章节内容，结合最新形势和要求，试图通过体育课程学习，使学生不仅掌握运动技术技能，而且，懂得如何通过科学锻炼身体的方法去促进身体、心理和社会适应能力的全面提高，并了解营养、保健和欣赏体育等方面的有关知识，而组织编写的。

根据目前在校大学生的健康状况，基于国家有关政策规定和普通高等学校体育教学条件的现实情况，本教材的编写体现了以下特点：

1. 本教材坚持“健康第一”的指导思想，突出“促进学生身体、心理和社会适应能力全面发展”目标。以运动项目练习促进学生健康为主线，构建了融运动技术、体育知识、健康知识、营养知识、保健知识、医务监督知识、体育欣赏知识于一体的内容体系，使教材更具有知识性和可读性。

2. 突出体现心理健康和社会适应能力的培养。该教材仍沿用第一版的编写思路，从影响心理健康的机理，到心理健康目标达成所采用的方法与措施，一切为了增强学生克服日益激烈竞争的能力和调控复杂情绪的能力；关注学生通过体育课程学习形成广泛合作的交际能力、适应现代生活方式的生存能力以及提高适应社会需要的各种迁移能力。正是注重了心理健康内容和社会适应内容的科学安排，方使该教材凸现三维健康观这一中心。

3. 为满足学生对某一运动知识、技术、技能的不同层次需要，本教材从教育角度入手，提供给练习者某一运动项目知识、技术和技能学习的相关途径(如相关网站、书籍、视频资料、搜索相关资料的途径等)，使教材内容能够达到学生个性化发展和创新能力的提高，为实现“终身体育”奠定基础。

4. 为了使大学生更加深入地了解健康的意义，关注自身健康，本教材在前四章对体育与健康进行了阐述，并对营养与保健知识进行了着重介绍，以满足学生课堂学习和课外阅读的需要，丰富学生的健康知识和体育文化知识，培养学生的健康行为和生活方式。

5. 本教材内容丰富、知识量大，文字表述言简意赅，通俗易懂，图文并茂，深入浅出。书中穿插“细节了解”对相应部分的内容加以补充和延伸，因而使教材通篇富有动感和吸引力。

全书由张瑞林统稿、定稿，由林志超主审，并已经全国普通高等学校体育教学指导委员会审定通过。本书既可作为普通高等学校本、专科学生体育课程的教材，也可作为继续教育本、专科学生和中等专业学校学生及高职院校学生体育课程的教材。

本书在编写过程中吸收、借鉴了国内外著名专家学者的最新研究成果和出版文献，在出版过程中得到了山东大学出版社的大力支持和帮助，在此一并表示诚挚的谢意。

由于编者水平所限，不妥之处在所难免，敬请读者批评指正。

编　者

2008 年 6 月

目　录

第一章　体育与健康概述

重要问题提示

- 怎样理解体育的概念
- 体育与健康的关系
- 学校体育教育的目的

第一节　体育概念

一、体育的概念

体育是一种社会现象，是在人类社会的发展中，由生产和生活的需要而逐渐产生、演变而来的一种有目的、有意识的社会活动。体育是与德育、智育、美育相结合的教育的一部分，是人们增强体质增进健康的有效手段。体育的概念有广义和狭义之分。

广义的体育是指以身体练习为基本手段，以增强人的体质，促进人的全面发展，丰富社会文化生活和促进精神文明为目的的一种有意识、有组织的社会活动。它是社会文化的一部分，其发展受一定社会政治和经济条件的制约，并为一定社会的政治和经济服务。狭义的体育是指一个发展身体，增强体质，传授锻炼身体的知识、技能，培养道德和意志品质的教育过程；是对人体进行培育和塑造的过程；是教育的重要组成部分；是培养全面发展人才的一个重要方面。

二、体育的产生和发展

人类的形成和发展造就了人类社会，有了人类社会也便有了满足人类各种需要的社会活动，体育便是其中一种社会活动。体育源于人类的劳动、军事和游戏性身体活动，并逐渐脱离这些具体的社会活动，演变成一种独立的社会活动。人类文明的产生，使得人类积累了大量有关身体活动与身心变化之间联系的文化知识，并逐渐形成体系，具有体育要素和体育价值。随着现代化的进程，体育也逐渐实现了全球化，现代化体育逐渐深入人心，成为绝大多数人必不可少的社会活动之一。

三、体育的分类

按照体育的一般分类方法，体育从区域和时空的视角可划分为家庭体育、学校体育和社区体育。这种分类方法有利于充分利用家庭、学校和社区的体育资源，促使终身体育意识和习惯的形成，形成健康的生活方式，提高健康水平和生活质量，提高人们的身体素质。

体育运动是一个集体活动，需要配合与协作，所以可以给家庭注入健康活力，增强家庭成员的体质，让家庭成员更加和谐，增添家人之间的默契与配合。

学校体育是教育的组成部分，是全面发展身体，增强体质，传授体育知识、技能，提高运动技术水平，培养道德和意志品质的有目的、有计划、有组织的教育活动过程。学校体育是我国教育的一个重要方面，是通过影响学生身体，培养合格人才教育过程的重要组成部分。

社区体育是我国体育事业的重要组成部分，主要是成年人针对自身健康状况，以身体运动为基本手段，以获得健康体质的一种社会活动。社区体育能够使得人们身心健康、体格健美，充分享受快乐幸福的生活。

从体育的功能来看，体育可被划分为竞技体育、娱乐休闲体育和医疗体育等。

竞技体育是指在统一规则的要求下，为了战胜对手，取得优异成绩，最大限度地发挥和提高个人或集体在体格、体能以及心理等方面的潜力所进行的科学系统的训练和竞赛。竞技体育具有激烈的对抗性和竞赛性，并且是大众进行娱乐的重要方式之一。

娱乐休闲体育是指在闲暇时间所进行的一种以愉悦身心为目的的体育活动。其内容以游戏类体育活动、体育旅游、棋牌类以及传统体育项目为主，具有业余性、消遣性和文娱性。娱乐休闲体育的开展有利于提高参与者的身心健康水平，陶冶情操。

医疗体育通常采用医疗操、慢跑、散步、功率自行车、气功和太极拳等方法，治疗患者的某些疾病与创伤，恢复和改善机体功能。医疗体育宜因人而异、持之以恒、循序渐进，并配合药物或手术治疗和心理疏导。

第二节　健康概念

1948 年，世界卫生组织(WHO)的宪章中，首先提出了健康的定义，认为“健康不仅是免于疾病和衰弱，而且是保持体格方面、精神方面和社会方面的完好状态”。1968 年，世界卫生组织进一步明确健康即是“身体精神良好，具有社会幸福感”。1978 年世界卫生组织在《阿拉木图宣言》中对健康的含义又作了重申：“健康不仅是疾病与体弱的匿迹，而且是身心健康、社会幸福的完美状态。”

鉴于世界各国对健康问题的研究，世界卫生组织又提出了健康的十条标准：

(1)有充沛的精力，能从容不迫地安排生活，胜任工作而不感到疲劳和紧张；

(2)处事乐观，态度积极，勇于承担责任；

(3)精神饱满，情绪稳定，善于休息，睡眠良好；

(4)应变能力强，能适应外界环境的各种变化；

(5)自我控制能力强，善于排除干扰；

(6)体重适当，身体匀称，站立时，头、肩、臂的位置协调；

(7)眼睛明亮，反应敏捷，善于观察，无眼疾；

(8)牙齿清洁，无空洞，无痛感，无出血现象，齿龈颜色正常；

(9)头发有光泽，无头屑；

(10)肌肉和皮肤有弹性，走路、活动感到轻松。

近年来，世界卫生组织关于健康的概念再次将外延拓宽，即把道德修养和生殖质量也纳入了健康的范畴。健康不仅涉及人的体能方面，而且还涉及人的精神方面。将道德修养作为精神健康的内涵，其内容包括：健康者不以损害他人的利益来满足自己的需要，具有辨别真与伪、善与恶、美与丑、荣与辱等是非观念，能按照社会行为规范准则来约束自己及支配自己的思想和行为。生殖健康是指生殖系统及其功能和过程中身体、精神和社会等方面的完满状态，而不仅仅指没有疾病或不虚弱。

人的健康是同生物、心理、社会、道德、生殖因素这五者联系在一起的。过去，衡量“健康”只有“疾病”这一尺度，称为“一维健康”，如今有了五个尺度，变成了“多维健康”。另外，人既有生物属性，又有社会属性，具有高度文明、智慧和感情。人从诞生开始，就意识到何谓“生”，何谓“死”，就懂得健康的重要。因此，健康可以说是人类有史以来的基本要求，健康也是人类永恒的主题。

第三节　体育与健康的关系

从世界卫生组织对健康的定义我们可以清楚地了解到一个人的健康与否，需要从身体、心理和社会适应能力等几方面进行综合评价。而影响人体健康的因素又包括遗传、营养、体育锻炼、生活环境、教育状况、卫生条件等等。那么，体育锻炼对健康的作用又主要通过什么形式来实现呢？体育能包揽健康的一切吗？体育与健康课程是体育教育与健康教育的叠加吗？下面我们将分别阐述：

一、体能与健康

体能也叫体适能(physical fitness)，主要通过体育锻炼而获得。保持良好的体能可以使我们的身体更健康、精力更旺盛、生活更美好、寿命更能延长、生命更有价值。

每个人获得健康都需要有一定的体能，但每个人所需的体能水平不尽相同，一个人的体能状况与其年龄、性别、体型、职业和生理上的缺陷（如糖尿病、哮喘病）等有关。一般来说，个体对体能的要求与其活动的目的有关，例如，运动员必须不懈地花大力、流大汗去提高力量、耐力、柔韧和速度等体能，才能提高运动成绩；而普通人只需用一般性的身体活动来维持这些方面的体能，就能增进健康。另外，即使对同一个人而言，不同的时间、不同的环境所需的体能水平也迥然不同。

良好体能的保持与长期的锻炼密不可分，如果一个人的锻炼半途而废，那么，他的体能水平就不能保持，甚至还会下降。体育锻炼是提高体能水平必不可少的途径。但需注意的是，良好的体能并不是完全靠身体锻炼就可以达到的，还与科学的饮食方法、良好的卫生习惯、足够时间的休息和放松等都有关。

体能可分两类：与健康有关的体能和与动作技能有关的体能。前者包括心肺耐力、柔韧性、肌肉力量、肌肉耐力、身体成分等，后者是指从事运动所需的速度、力量、耐力、柔韧、灵敏性和协调性等。

与健康有关的和与动作技能有关的体能成分有叠加之处，心肺耐力、肌肉力量、肌肉耐力、柔韧性和身体成分等体能成分无论是对健康还是对技能性要求较高的运动都十分重要。但是，从事不同活动的人对体能成分发展程度的要求是不一样的。要达到较高的、与动作技能有关的体能水平，就必须使上述的每一成分都得到充分的发展。

当设计一种提高体能的锻炼方案时，首先应确立自己的目标，然后选择那些最终有助于达到目标的体能成分进行针对性练习。以往,我们对体能的概念并不很清楚,我们更不知道与健康有关的体能和与动作技能有关的体能有什么区别,这也是我们在体育教学中虽也重视学生的身体练习,但学生的体质和健康水平并没有提高的原因之一。今后,我们的体育课程如果真正从增进学生的健康考虑,我们就应该有针对性地侧重发展学生与健康有关的体能。

二、健康教育与健康

学校健康教育是一个统揽影响学生观念、行为习惯形成和健康状况诸因素在内的综合性概念,其实施范围不仅是学校健康教学,而且还包括学校健康政策、学校健康环境、学校健康服务和学校社区关系等多个方面。学校健康教育的目的是使学生获得完整的健康观念、建立促进健康行为,享有健康并为终身享有健康奠定基础。

追求学校健康教育的有效性是全世界的共同行动。世界卫生组织于1992年开始推行"健康促进学校"项目,动员学生家庭、社区的广泛参与,和学校共同作出努力为学生提供完整的经验和结构,以争取最大限度地维护和促进学生的健康。

(一)健康教育的基本概念

有关健康教育的定义国内外专家有不同的提法,尚未统一。一般认为,健康教育是指通过信息传播和行为干预,帮助人们掌握卫生保健知识和技能,树立健康观念,自愿采纳有利于健康的行为和生活方式的教育活动与过程。

健康教育是当前解决多种卫生问题、推行疾病预防方法和健康风险因素控制措施的基础策略。健康教育是国民素质教育的重要内容,因而健康教育是学校教育的重要组成部分。

(二)健康促进是实现健康教育目标的必要手段

健康促进的定义也有多种提法,常被引用的定义有两个。其一,是美国健康教育专家劳伦斯·格林(Lawrence. W. Green)提出的"健康促进是指一切能使行为和生活条件向有益于健康改变的教育与环境支持的综合体"。其二,是世界卫生组织西太平洋办事处在《健康新地平线》的文件中提出的:"健康促进是指个人与家庭、社区与国家一起采取措施,鼓励健康的行为,增强人们改进和处理自身健康的能力。"由此可以看出,健康促进包括个人行为改变和社会行为改变两个方面的基本内容。

(三)健康教育与健康促进的关系

由健康教育与健康促进的基本概念来看,健康教育是健康促进的先导,健康促进是实现健康教育目标的必要手段。健康促进如果不以健康教育为先导,就成为无源之水、无本之木。健康教育不向健康促进发展,其作用就极大地受限。二者关系如图1-1所示。

由此看来,健康是人类的基本追求,是人的基本权利。健康事业不仅是卫生部门的事业,而且还是全社会参与和多部门合作的社会工程。

三、正确认识体育与健康的关系

通过以上体育锻炼对健康的影响分析和健康教育对增进健康的叙述,我们可以清楚地认识到,经过实施体育教育和健康教育都可产生良好的健康促进作用。但是,对学生进行体育教育与健康教育因其各自课程的目的任务不同,而又不能相互替代,所以,在学校课程计划设置中同时存在。此外,由于两门课程的根本目的均指向人的健康,所以,二者之间又存

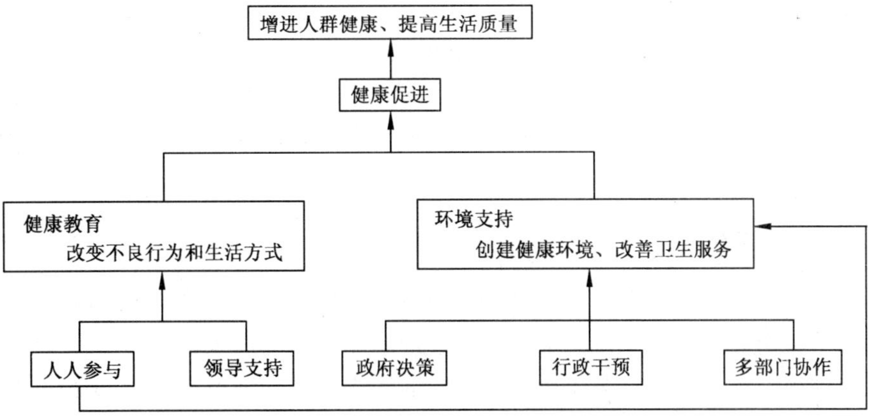

图 1-1 健康教育与健康促进

在必然的联系。

正是体育教育课程与健康教育课程存在联系与区别，该教材的《体育与健康》名称，需要广大学生从如何通过体育教育达到人体健康的角度加以认识和实践，而不能理解为接受体育教育就等于实现了人体健康或完成了健康教育的学习。《体育与健康》的命名，是在原有通过体育教育增强学生体质目标基础上的拓展，是体育教育功能围绕三维健康观全面增进而形象化的提示，而不是体育教育课程与健康教育课程的叠加或整合，这也是学习该课程需要澄清的问题。

第四节 学校体育教育

一、学校体育与竞技体育的区别与联系

(一)学校体育

细节了解 1-1

竞技与健身的区别

竞技与健身，自古至今就是两个不同的范畴。从古罗马的竞技场建造以前，竞技运动已经存在，竞技的原始意义应该是强身与表演。现代竞技除强身与表演之外，还包括一个人向人类体能极限挑战的含义。健身与养生在某种程度上有相同的含义。年轻时，我们习惯叫“健身”，其目的是为了加强内脏器官的功能，增强对疾病的抵抗能力，精力旺盛地学习和工作；年老时，我们又用“养生”来替代“健身”的概念，因为老年人应注意保养自己内脏器官的功能，尽量减缓其损耗的速度。

学校体育是学校教育的重要组成部分，基本途径或组织形式是体育课教学与课外体育活动。学校体育是一个有机整体，这个整体有明确的目标，无论体育课教学，还是课外体育活动都是为整体目标服务的，它们又构成相对独立的子系统。体育课和课外体育活动，由于学生参加的动机不同，具体的活动环境、所受影响不同，所以表现出的特点也不一样，但它们之间的关系是彼此相依、互动的，如鸟之两翼、人之两足，不可或缺。课外体育活动可以巩固提高体育课教学的效果。同样，体育课教学不仅为学生在课外体育活动中的发展打基础，而且还可以通过体育课教学来指导、检查课外体育活动的开展。这种联系是双向、平衡的，而

不是何者属于另一者。

另外，单独依靠教学计划规定的每周 2 学时的体育课教学就能达到增强学生体质的目的，就能培养学生的锻炼习惯，那是非常不现实的。所以，《学校体育工作条例》明确规定了学生每天不应少于 1h 的体育活动时间；根据体育教学的性质和体质增强的规律，人们又习惯地称课外体育活动为体育课的延伸。课外体育活动的形式多种多样，缺少此过程就违背了人的认知规律和知识增长规律。所以，在校大学生必须在上好体育必选课的同时，自觉自愿地参加课外体育锻炼，才能成为真正的学校体育受教育者。

关于学校运动训练工作，《学校体育工作条例》第四章第十二条明确规定："学校应当在体育课教学和课外活动的基础上，开展多种形式的课余体育训练，提高学生的运动技术水平。"条例中的这一规定肯定了课余体育训练是学校体育工作中不可缺少的组成部分，是培养国家体育后备人才的重要途径。因此，抓好学校课余体育训练工作，不仅可以促使学生全面发展，而且还可为培养具有突出才能的竞技人才起到战略性的作用。

（二）竞技体育

按照国内外对竞技体育概念的不同表述，归纳起来可以形成这样的共识：竞技体育，是在全面发展身体素质的基础上，最大限度地挖掘人体潜能，为取得优异运动成绩而进行的科学训练和各种竞赛活动。随着竞技体育的表演技艺日趋高超，并不断向国际化方向发展，使它具有的竞争性、国际性、胜负的不确定性与极易吸引观众等特点，逐渐成为一种极富感染，又便于通过各种媒体传播的精神力量，在活跃社会文化生活、振奋民族精神、促进各国人民之间的友谊和团结等方面，都具有特殊的教育价值。

（三）正确认识学校体育与竞技体育

通过以上对学校体育与竞技体育的属性和目标分析，我们可以清楚地认识到学校体育与竞技体育既具有实质性的区别又具有不可分割的内在联系。但是，建国五十多年来我国学校体育的教学内容、教学方法、评价指标却一味地抄搬了竞技体育的完整模式，以致出现了学生接受十余年的学校体育教育并没有形成自觉锻炼的习惯，也没有具备和掌握终身自我锻炼的方法和技能。如此现象的产生，引起了我国体育教育界广大学者和体育教育行政主管部门的重视。在历经体育技术教学、竞技体育教学、增强体质教学、快乐体育教学、素质教育教学、终身体育教学等体育教学观念的多次讨论和变更后，才逐渐地认识和注意区分了学校体育教育与竞技体育的区别与联系。于是，出现了国家教育部 2002 年新制定并颁布实施的《全国高等学校体育课程教学指导纲要》。新的《教学指导纲要》明确规定了学校体育教育的目的一切为了广大学生的健康促进，学校体育教学的性质必须遵循它自身固有的实践性（活动性）原则，一切体育教学内容的选择只是作为教学目标实现的手段，并从课的组织形式上满足学生个体的需要和有利于学生的个性发展等等。

为了有效贯彻实施新的《教学指导纲要》精神，我们必须对学校体育与竞技体育进行分析。只有在充分认识二者本质区别的前提下，才能真正成为学校体育教育的实践者。

首先，学校体育教育的目的是为了使广大学生的身心健康，是为了加强内脏各器官的功能，增强对疾病的抵抗能力，使学生精力旺盛地学习和工作。而竞技体育的目的是不断地创造更好的运动竞赛成绩，是以突破自身体能的极限为代价而夺取竞技比赛中的殊荣。而现代医学研究表明，人长时间地进行超负荷工作，会对自己的内脏器官造成无形损耗，并且这种损耗具有远期效应，从而给人的健康带来后遗症。

其次，学校体育教育是以人为本，体育教学所施加的一切内容、应用的一切方法和手段，应该建立在为人的健康服务上，围绕培养一个全面的人而作业。而竞技体育却是以运动项目为本，从选才开始，到训练内容的安排，再到训练方法的选择，一切都是为了适应该项目能否出成绩的需求。

再次，在练习方法上，学校体育教育强调多样化，并以激发学生的练习兴趣为目的，营造轻松、愉快、和谐的课堂教学气氛。而竞技体育训练方法则强调突出从难、从严、从实战出发，大运动量训练的“三从一大”训练原则。强调运动能力的增强，注重“超量恢复”。

至于学校课余训练，从国外的情况来看，这种期望通过体育教学来培养，输送国家体育后备人才的做法也十分少见，学校培养运动员的任务其实早已被学校的体育俱乐部或课余训练代表队替代了。体育教学是面向98%的在校生的体育教育工作，而并非面向少数具有运动天赋的学生运动员。

二、普通高等学校体育教育要求

《中共中央国务院关于深化教育改革，全面推进素质教育的决定》明确指出：“健康体魄是青少年为祖国和人民服务的基本前提，是中华民族旺盛生命力的体现。学校教育要树立健康第一的指导思想，切实加强体育工作。”在这一思想的指导下，教育部制定颁发了新的《全国普通高等学校体育课程教学指导纲要》，并就普通高校体育课程目标提出，应使学生通过体育课程的学习，在以下几方面得到发展：增强、增进健康，提高体育素养，掌握和应用基本的体育与健康知识和运动技能；培养运动的兴趣和爱好，形成坚持锻炼的习惯；具有良好的心理品质，表现出人际交往的能力与吃苦精神；提高对个人健康和群体健康的责任感，养成健康的生活方式；发扬体育精神，形成积极进取、乐观开朗的生活态度。

课程标准非常重视学生通过本课程的学习，不仅要在体能、体育与健康知识和运动技能方面有所获益，而且还要使自己形成坚持体育锻炼的习惯和健康的生活方式，并具有积极进取、乐观开朗的生活态度。实际上，课程标准更强调课程如何实现培养人的这样一个目标。在以上体育课程目标要求的基础上，又提出了学生通过体育课程学习在运动参与范围内、运动技能范围内、身体健康范围内、心理健康范围内、社会适应范围内应达到的具体要求。

三、国家学生体质健康标准的实施

为鼓励广大儿童青少年自觉积极地锻炼身体，促使学生身体的正常发育和全面发展，增强体质，为培养德、智、体、美全面发展的建设人才服务，新中国成立以来，国家制定了一系列体育制度，先后推出了《劳卫制》、《国家体育锻炼标准》、《大学生体育合格标准》、《中学生体育合格标准》、《小学生体育合格标准》以及《学生体质健康调研》等政策和措施。国家教育部、国家体育总局于2002年7月4日发布教体艺〔2002〕12号文件，实施《学生体质健康标准（试行方案）》及《〈学生体质健康标准（试行方案）〉实施办法》，在实施《标准》的同时，停止执行原有的《大学生体育合格标准》。教育部、国家体育总局根据新的形势对学生体质健康标准进行了修改和完善，2007年开始执行《国家学生体质健康标准》。

《国家学生体质健康标准》从身体形态、身体机能、身体素质和运动能力四个方面综合评定学生的体质健康状况。该标准大学为一组，大学测试项目为五类，身高、体重、肺活量为必测项目，其他三类测试项目各选测一项，大学生评价指标与分值见表1-1。

表 1-1　　《国家学生体质健康标准》大学生测试项目与分值

指　标	测试项目	分值	备　注
身体形态	身高标准体重	10	必　测
身体机能	肺活量体重指数	20	必　测
	1000m 跑(男)/800m 跑(女)、台阶试验	30	选测一项
身体素质	坐位体前屈、仰卧起坐(女)/引体向上(男)、掷实心球、握力体重指数	20	选测一项
运动能力	50m 跑、立定跳远、跳绳、篮球运球、足球运球、排球垫球	20	选测一项

这一评价指标体系的建立是出于以下三方面的考虑:(1)与国际青少年体质健康测试指标接轨,以便于比较研究;(2)与青少年生长规律接轨,随着年龄的增长,增加测试内容、提高测试要求;(3)与现有国情接轨,从我国的国情出发,评价指标操作简便,不需要大的场地和器材,适合广大青少年学生平时校内、校外锻炼。

《国家学生体质健康标准》目的是促进学生正常地生长和发育、形态机能的全面协调发展、身体健康水平的全面提高和激励学生积极主动地参加体育锻炼。有利于满足青少年对健康的需求,调动学校、学生的积极性,真正实现"教测分离",将体育课与体质测试项目分开。

四、亿万青少年阳光体育运动

2006 年 12 月 23 日,为全面贯彻党的教育方针,认真落实"健康第一"的指导思想,在全国亿万学生中掀起群众性体育锻炼的热潮,切实提高学生体质健康水平,教育部、国家体育总局、共青团中央联合发出了《关于开展全国亿万学生阳光体育运动的通知》。《通知》指出:

1. 开展阳光体育运动,要进一步提高对体育的认识。在各级各类学校中形成全员参与的群众性体育锻炼的良好风气。

2. 开展阳光体育运动,要以"达标争优、强健体魄"为目标。用 3 年时间,使 85%以上的学校能全面实施《国家学生体质健康标准》,使 85%以上的学生能做到每天锻炼 1h,达到《国家学生体质健康标准》及格等级以上,掌握至少两项日常锻炼的体育技能,形成良好的体育锻炼习惯,体质健康水平切实得到提高。

3. 开展阳光体育运动,要以全面实施《国家学生体质健康标准》为基础,建立和完善标准的测试结果记录体系,并作为毕业升学的重要依据。

4. 开展阳光体育运动,要与体育课教学相结合。确保开足、上好体育课,保证学生每天 1h 的锻炼时间。

5. 开展阳光体育运动,要与课外体育活动相结合。大力推行大课间体育活动,不断丰富学生课外体育活动的形式和内容。

6. 开展阳光体育运动,要营造良好的舆论氛围。通过宣传,使"健康第一"、"达标争优、强健体魄"、"每天锻炼一小时,健康工作五十年,幸福生活一辈子"等口号家喻户晓,深入人心。

7. 开展阳光体育运动,要加强组织领导。2007 年 4 月 29 日,教育部、国家体育总局、共青团中央、北京市政府在北京朝阳公园举办“全国亿万青少年学生阳光体育运动”现场启动仪式，随着国务委员陈至立宣布“全国亿万学生阳光体育运动”正式启动，面向全国各级各类学校全体学生的一项大型群众性体育活动拉开了序幕。

实施“全国亿万青少年学生阳光体育运动”是新时期加强青少年体育、增强青少年体质、培养中国特色社会主义事业合格建设者和可靠接班人的战略举措。这就要做到实现“三个转变”，强化服务意识，实现体育工作者由“组织管理者”向“组织服务者”的转变；坚持工作重心下移，实现学校体育活动组织由学校为主向学院和学生体育学会为主的转变；改革体育竞赛项目方式，实现体育活动由竞技性向群众性的转变。只有这样才能充分调动学生参与体育锻炼的积极性。为将学生阳光体育运动落到实处，各级各类学校积极推进“两个体系”建设，构建管理体系和支持体系，确保阳光体育运动健康有序开展。充分发挥体育课程建设的主渠道作用和高水平运动队的示范带动作用，提升学生阳光体育运动水平。

为贯彻《中共中央国务院关于加强青少年体育、增强青少年体质的意见》和《关于开展全国亿万学生阳光体育运动的通知》精神，引导广大青少年学生走向操场、走进大自然、走到阳光下，积极参加体育锻炼，扩大学生课外体育锻炼的空间，部分学校投入巨资修建了“阳光体育”健身路径，取得了喜人的效果；另外部分高校实现健身器材进宿舍，不断鼓励学生充分利用课余时间进行锻炼；此外部分学校结合第二课堂开展体育文化节等特色课外体育活动，开展加强已有体育运动项目协会的组织，增建符合学生需要的体育设施，积极创办学生健身俱乐部，为青少年学生参加课外体育活动提供场所。这些健身工程和健身路径为广大学生参加体育活动创造了更多活动空间和时间，构建起多元化的群众性体育服务体系。

思考题：

1. 体育与健康的关系是什么？

2. 怎样认识学校体育与竞技体育的区别与联系？

第二章　体育锻炼与健康

重要问题提示

- 体育锻炼的理论机制
- 体育锻炼对身体健康的促进作用
- 体育锻炼对心理健康的影响
- 体育锻炼可以增强社会适应能力

第一节　体育锻炼的理论机制

21世纪的社会，世界经济文化高速发展，生活节奏加快，各种竞争纷沓而至，而竞争的焦点归根结底是人才的竞争，这就对人的综合素质提出了更高的要求，同时也把人的健康提到了首要位置。对于祖国未来建设者的大学生而言，拥有健康的体魄是服务社会、贡献社会的前提。大学生具有高学历、知识广的群体特征，所以本章中我们在讨论体育锻炼对健康的影响的同时，也对体育锻炼的一些机制、机理进行了深入浅出的阐述，目的是使大学生的体育锻炼不像小学生、中学生那样盲目，争取做到“知其然，并知其所以然”，也希望通过这种对体育锻炼的内在机理和作用的分析，能够帮助大学生树立“终身体育观”，同时，也可以用自己的知识、行动影响周围的人，为全民健身作出自己的贡献。

一、体育锻炼的生理学机制

当我们进行体育运动时，我们的身体需要做动作，我们需要吸入氧气并排出二氧化碳，我们的肌肉会酸痛，我们的大脑和神经也会发生一系列的活动和变化，这些变化是怎么发生的，它们之间是毫不相关的还是“牵一发而动全身”呢？通过下面的叙述，你将会找到相应的答案。

（一）运动过程中的神经系统

体育锻炼，最直观的表现就是身体的运动，而身体的运动过程包含了以下三个过程：感受器（视觉、听觉、嗅觉、触觉以及自我感觉等）——中枢（中枢神经系统）——效应器（运动的肌肉）。简单地说，就是从知觉感受器传来的刺激，经过传入神经传到神经中枢进行处理，然后由传出神经向效应器发出命令，对刺激作出相应的反应。这一系列的活动是以神经活动为基础的。

1. 中枢神经系统

在上面的过程中，中枢神经系统起着枢纽的作用，对调整身体运动起着决定性作用。中枢神经系统由脑和脊髓构成，脑又分为大脑、小脑和脑干。大脑是中枢神经系统中最为发达的部分，其表面的大脑皮层是感觉和运动分析器的高级中枢，包含有分布在一定部位的具有不同功能的运动中枢、感觉中枢、视觉中枢、听觉中枢、嗅觉中枢及形体感觉中枢、内脏调节中枢等。正因为有这些高级神经中枢的存在，大脑皮层才能分析综合来自全身各部位刺激，并指挥全身的运动中枢，主要对肌肉的张力起作用。脑干是植物神经中枢集中的地方，有12对脑神经从脑干发出。集中了感觉性、运动性的纤维群和各种神经核，主要支配内脏器官的活动，有调节呼吸、循环、消化等生命攸关的重要功能，其中心部的网状结构有维持整个脑活动水平的作用。小脑的主要功能是协调骨骼肌的运动，维持和调节肌肉的紧张，保持身体的平衡。

脊髓上端与脑干中的延髓相连，下端与尾椎相连，分布于身体的不同部位。其内侧前方部分是运动性末梢神经系统的起点，所发出的神经束前根由输出神经组成，后方部分是感觉神经第二神经元的起点，所发出的神经束，后根由输入神经组成。脊髓两旁发出许多成对的神经(称为脊神经)分布到全身皮肤、肌肉和内脏器官。脊髓是周围神经与脑之间的通路。也是许多简单反射活动的低级中枢，并靠感觉神经和运动神经相联结而起反射作用。

2. 周围神经系统

与脑和脊髓相连的神经是神经系统的周围部分，叫做周围神经系统。与脑相连的神经叫脑神经，共有12对，绝大部分分布在头部的感觉器官、皮肤和肌肉等处，只有一对很长的迷走神经沿颈部下行，分布在胸腔和腹腔的内脏器官上；与脊髓相连的神经叫脊神经，共有31对，它们在躯干、四肢的皮肤和肌肉里的分布是很有规律的，上部的脊神经分布在颈部、上肢和躯干上部；下部的脊神经分布在下肢和躯干下部。脊神经可以调节躯干和四肢的感觉和运动。

(二)运动过程中氧的供应

人体进行体育活动所需要的能量是靠氧气对能源物质(主要是糖和脂肪)进行氧化来供给的。但人体本身氧的储存很少，不能达到维持活动的需要，因此必须不断从外界环境中摄取，并运送到各组织细胞。氧的摄取和运输是靠呼吸系统和循环系统完成的。

1. 氧的摄取

氧的摄取是通过呼吸系统实现的。人体与外界环境之间进行的氧与二氧化碳的气体交换的过程称为呼吸。呼吸包括肺通气和肺换气。空气进入肺泡以后，需要与血液中的二氧化碳进行气体交换方能进入血液进行运输。氧只有进入了血液才算氧摄取的完成。在这个过程中，肺活量是检查肺通气功能的常用指标。

(1)肺通气。通过呼吸肌的活动，使胸廓产生节律性扩大和缩小运动，从而引起空气有节律地进出肺部的运动，称为肺通气。正常人安静时每分钟肺通气量的正常值为6～8L，运动时，每分钟肺通气量将随运动强度的增加而增加(在一定范围内)。经常从事体育锻炼的人，其呼吸器官的功能会得到一定程度的改善，最大通气的能力也会得到相应的提高。最大通气量是检查肺通气功能的一个重要指标。最大通气量小，通气储备就少，因此就难以胜任剧烈运动。因此，最大通气量与人体的运动能力密切相关。

(2)肺换气。肺换气是指新鲜空气经呼吸道进入肺泡以后，与肺泡毛细血管内血液中的二氧化碳进行交换的过程。只有进入肺泡的空气才参加肺换气过程。而存在于呼吸道的空气，不参加气体交换，故称呼吸道为解剖无效腔。肺泡通气量才是有效通气量。肺泡通气量指的是每分钟出入肺泡进行气体交换的气体的量。因此,进行深而慢的呼吸,肺泡通气量才会增加,呼吸效率才会明显提高。因此在体育锻炼中,尤其是在慢跑等耐力性运动中,应有意识地提高呼吸的深度。

(3)肺活量。肺活量是指在最大吸气后,再最大呼气所呼出的气体的总量。量的大小反映了一次通气的最大能力,往往被用来作为肺通气功能的指标。肺活量的大小与身高、体重、性别、年龄、呼吸肌力量的大小有着密切的关系。一般在同等条件下,男子肺活量高于女子。通过体育锻炼可以使人的肺活量逐渐提高。

2. 氧的运输

氧在肺部进行气体交换进入血液后,小部分溶解于血液,大部分由红细胞中的血红蛋白负载,通过血液循环,被运送到组织细胞处,进行再一次气体交换,进入组织细胞中被利用。血液运载氧的能力主要取决于红细胞中的血红蛋白的含量。

血红蛋白能与氧进行可逆性结合。在氧分压高的环境中与氧结合成氧合血红蛋白,在氧分压低的地方,它可以将氧释放出来。在肺泡毛细血管中,由于氧由肺泡扩散到毛细血管,使氧分压增加,氧与血红蛋白结合成氧合血红蛋白,通过血液循环运送到全身各组织。在组织细胞处,由于氧被利用而致氧分压降低,氧合血红蛋白解离为血红蛋白和氧,氧通过扩散的方式进入组织细胞,并为组织细胞所利用。

(三)肌肉酸痛

在体育锻炼中,肌肉酸痛也是一个比较常见的困扰现象。一般认为肌肉酸痛的产生是由于肌肉运动时氧气供应不足,糖在进行无氧分解时产生一种叫做乳酸的代谢产物,如果这种代谢产物不能及时排除,乳酸就在肌肉和血液中堆积起来,由于组织缺血缺氧和酸性物质的刺激,以及运动引起的肌肉本身的损伤或肌肉痉挛等,就会导致肌肉酸痛。

二、体育锻炼的心理学机制

心理的构成包括心理过程和个性心理,其中心理过程又包含了认知过程、情感过程和意志过程;个性心理包括个性心理倾向性和个性心理特征。心理的这些组成部分与体育运动密切相关。

(一)体育锻炼与认知

要进行体育锻炼,首先必须正确认识和了解体育锻炼的目的、方式和方法等,在这个过程中,认知占据着主导地位,正确的认知是有效体育锻炼的前提。认知包括感觉、知觉、记忆、思维、想象等过程。对于体育锻炼而言,接触到体育项目,首先得对其有一个初步的认识和接触,这个过程被称作感知觉的过程;而当对这个项目进行练习的时候必须有记忆和思维的参与,才能达到反复锻炼从而产生效应的目的;想象是提升体育锻炼水平的翅膀,在没有学会某个动作之前,或者一个新动作的产生,都是凭借这对翅膀才带动了整个身体的飞翔。

(二)体育锻炼与情感

“人非草木,孰能无情”。人在认识世界、改造世界的过程中,总是对认识的对象和现象产生各种内心态度体验,即情绪和情感。情绪和情感按其内容可分为道德感、理智感和美感。

道德是由社会力量与内心驱使来支持的行为规范的总和,也是人从事一切活动,包括体育活动所必须遵循的准则。

理智感是人认识和追求真理的需要是否得到满足而产生的内心态度体验，是人们在认识过程中发展起来的，反过来它又推动着认识的进一步深入，成为人们认识世界和改造世界的动力。在体育活动中，正是因为有了理智的参与，才使得体育活动的形式不断多样、规则日趋规范等等。

美感是人们根据美的需要，对自然、社会生活和它们在艺术上的反映进行评价时所产生的内心体验。正是因为对体育美的赏析，我们喜欢体育；也正是因为对美的追求，我们热爱体育锻炼。体育活动中，我们时时处处都会发现和感觉美的存在。

（三）体育锻炼与意志

意志是人自觉地确定目的并调节行动去克服困难以实现预定目标的心理活动。意志是人坚持体育锻炼的有力保障。在体育锻炼过程中，不可避免地会产生疲劳、酸痛反应甚至损伤等，所以坚强的意志就是促使人继续锻炼的源泉。积极的意志品质也有助于促进人的认知能力的发展。

（四）体育锻炼与个性心理

个性心理包括个性心理倾向性和个性心理特征两方面，前者主要包括需要、动机、兴趣、理想、信念及世界观；后者主要包括能力、气质、性格等。在对体育活动进行作用时，这几者之间是相辅相成、密不可分的。人体有进行体育活动的需要（这种需要有可能是主观的或者客观的），需要经过人的心理活动转化为行动的动机，这个过程伴随了体育活动的参与。另外，即使是相同的需要和动机，也会因为兴趣、世界观等的不同而产生不同的体育活动的方式，不同人的不同能力、气质和性格等也决定了这个人在体育锻炼中扮演着什么样的角色——是活泼的、开朗的，还是沉默的、内敛的？是主动性强的，还是被动性强的？是积极挑战型的，还是墨守成规型的？

三、体育锻炼的社会学机制

现代社会充满了竞争，面对激励的社会竞争，每个人要做的就是积极地去适应社会环境。个人或群体调整其行为使其适应所处社会环境的过程叫做社会适应。社会适应的过程实质上是个体不断社会化的过程。一个生物的人要成为一个社会的人，就必须不断调整自己，使自己适应生活于其中社会的变化与发展；必须在与他人的交往与互动中形成自我观念，协调各方面人际关系，学习并体验各种社会角色，学会承受挫折与痛苦；在个体社会化进程中面对各种冲突，必须学会妥协和顺应、竞争与合作，了解各种社会规则和价值观，像齿轮一样与社会的各个“缺口”紧密咬合，只有这样才能在不断的学习中体现自我发展、实现自我的进步。体育活动的参与就为大家提供了这样的一个平台。在体育活动中，人与人不可避免地发生着各种关系——竞争与协作、控制与自控、对抗与磋商、理解与帮助等等，以及由此带来的各种情绪体验——成功的喜悦、挫败感、失落感、与别人一起分享体育比赛所带来的愉悦感等等，正确地面对这些关系和这些情绪体验，是促进社会适应能力提高的直接而强有力的途径。

第二节 体育锻炼对身体素质的影响

这里的身体素质，指的是体质的基本组成部分，即身体形态、身体机能、运动素质、身体适应能力和身体抵抗疾病的能力。体育锻炼对身体形态的变化和身体机能、素质、适应能力和抵抗疾病能力有着非常显著的效果。

一、体育锻炼对身体形态的影响

(一)体育锻炼可以调节脂肪代谢,从而达到塑造形体的作用

随着人们生活水平的提高,肥胖(这里的肥胖指的是超过标准体重的20%,而不是那些为了追求骨感美而去减肥的人)开始成为一个社会关注的问题。肥胖不仅影响人体的美感,而且更重要的是会导致心血管病、糖尿病、脂肪肝等一系列疾病,因此必须给予应有的重视。减肥,最重要的是进行体育锻炼,而且必须是有氧代谢运动,才能使多余的脂肪逐步"燃烧"掉。中长跑、健美操、体育舞蹈等都是不错的有氧代谢运动。选择有氧代谢运动进行减肥的原因是,较长时间的中等强度运动主要由脂肪燃烧来提供能量。在运动时,肌肉对血液内游离脂肪酸的摄取和利用加强,血液则从脂肪细胞内加速释放游离脂肪酸来获得补充,因此体内脂肪减少,体重下降。肌肉运动还能提高血液内葡萄糖的利用率,防止多余的糖转化成脂肪,减少脂肪的形成。因此,达到了塑造形体的目的。同时,体内脂肪的减少,可避免因脂肪在实质性器官(如心脏、血管、肝脏等)内的沉积而引起这些器官的并发症。

如果只单纯运动而对饮食不加以控制,也很难达到减肥的目的。只有体育运动与饮食两者结合,才是减肥最有效的手段。

(二)体育运动可以促进肌肉的发展,从而达到健美形体的作用

肌肉是塑造形体美的主要因素。肌肉附着在骨骼上,它的收缩和舒张导致人体产生相对运动或处于静止状态。一块肌肉由若干根肌纤维构成,每根肌纤维中有许多平行的肌原纤维,它是肌纤维的收缩单位。肌原纤维有粗肌丝和细肌丝两种,粗细肌丝的相互滑行,使肌肉产生收缩。肌肉的化学成分主要是蛋白质,另外还含有糖元、脂类、无机盐和水分。

肌肉美主要表现为肌肉结实而富有弹性。肌肉的可塑性较大,通过体育运动特别是健美运动能显著地塑造人体肌肉的健美。这是因为进行体育锻炼,促进了机体的蛋白质代谢,使蛋白质的合成加快,同时,运动使肌肉血液供应量增加,从而促进了肌肉对蛋白质等营养物质的吸收与储存。这样,肌纤维增粗,肌肉的体积也随之增加,肌肉变得结实,有力而富有弹性,同时,运动还提高神经系统对肌肉的控制力,使动作敏捷、灵巧。

(三)体育锻炼可以促进骨骼的发展,改变骨骼的形态,从而达到塑造形体的作用

骨骼是形体的支架,对形体美有至关重要的作用,骨骼的健美不仅影响身高与体形,而且也为肌肉的发展奠定基础,为内脏的发育准备条件。

骨骼的坚实,虽与先天遗传有关,但与后天的劳动和体育锻炼更有关。经常参加体育运动,可以使人体管状骨增厚,骨结节与骨粗隆增大,骨小梁的排列也随之产生适应性变化。骨骼变得坚实、抗压性增强。

形体美,脊柱是关键,挺拔的体形、优美的曲线,人体的各种基本姿态都以脊柱为骨性基础。体育锻炼可促进脊柱、胸廓和骨盆等支持器官发育更趋完善,为塑造健美体型创造条件。此外,通过体育锻炼能使站、坐、走有"型",形成高雅大方的体态。

(四)体育锻炼可以改善皮肤状况

皮肤是人体美的重要象征。皮肤美的相对标准是,皮肤红润有光泽,柔软细腻,结实富有弹性及活力,既不粗糙又不油腻,而少有皱纹。良好的精神状态、营养与卫生习惯是保持

皮肤健美不可缺少的条件,而长期持久的体育运动更是促进和保持皮肤健美的重要因素。

运动对于皮肤最重要的影响是增强皮肤的血液循环,促使血管横断面积扩大,以利血液流至肢体末端,增加皮肤毛细血管的血流量,使皮肤得到更多营养,增加吸氧与排汗能力,活跃皮肤的新陈代谢。同时,运动时血氧含量升高,全身细胞包括皮肤细胞都获得了更多的氧气和营养物质。此外,运动能提高皮肤温度,有利于加快皮肤中胶原纤维合成速度,促进皮肤细胞储存水分,防止皮肤干燥起皱,使皮肤显得水灵饱满,细腻润泽。

二、体育锻炼可以改善身体机能

(一)体育锻炼对心肺机能的影响

人的身体机能包括很多方面,但心肺功能的强弱对人的生命活动能力起着重要的作用。

从事体育锻炼时机体各器官必须获得充足的氧气及营养供应,为了完成这一任务,人体的"动力源"——心脏就必须提高单位时间内的供应能力,这就需要供应心脏的心肌细胞能够获得充足的氧气及营养,这一久而久之的氧气及营养供应就使得心肌强壮而肥大,心脏的重量增加,心脏的容积增大,搏动有力,每搏输出量增加。有研究表明:从青少年开始坚持体育锻炼的人即使到了中老年,其心脏的大小和功能仍然类似于青年人的心脏,经常锻炼可使人的心脏推迟衰老10～15年。

其次,体育锻炼还能大大增强肺功能。进行体育锻炼时,由于肌肉活动需要更多氧气,因而呼吸次数增加,深度加深,肺通气量大大增加。譬如,安静时一般人每分钟呼吸12～16次,每次呼吸吸入新鲜空气约500mL,每分钟肺通气量为6～8L,而剧烈运动时呼吸次数可增至每分钟40～50次,每次吸入空气达2500mL,为安静时的5倍,每分钟肺通气量可高达70～120L,因而,在体育锻炼中,呼吸系统可得到很大锻炼与增强。

经常进行体育锻炼还有助于呼吸肌力量增大,胸廓活动性增强,肺泡具有更好的弹性。譬如,一般人在安静时,由于需氧量不多,只需要大约1/20的肺泡张开就足以满足需要,因此肺泡活动不足。而体育锻炼时,由于需氧量增加,促使大部分肺泡充分张开,对肺泡弹性的保持及改善十分有益,有助于预防肺气肿等疾病的发生。

(二)体育锻炼对神经系统的影响

人的一切活动都是在神经系统的调节下进行的,同样,各种活动也都对神经系统发生各种影响,并促使其机能发生一定的变化。

体育锻炼,往往要求身体完成一些超负荷的运动,人体必须充分动员自己的各项机能,因此,作为人体活动的总指挥部——神经系统,就会首先得到锻炼、改善和提高。实践和科学研究证明,经常参加体育锻炼的人,其神经系统对外界环境的刺激反应更快、更精确。

在体育活动时,对肌肉的刺激使大脑皮层有关运动中枢的神经细胞兴奋,从而可以使人保持旺盛的精力;另一方面,参加体育运动,使心脏搏动加强,血液循环加快,静脉血液回流增多,在单位时间内输入大脑的血量增多,脑神经细胞就能得到充足的氧气和养料的供给,从而将代谢产物迅速运出,使脑神经疲劳得到消除。

(三)体育锻炼对消化系统的影响

参加体育锻炼,体内代谢活动增强,能量消耗增加,因此就需要消化器官加强活动,提供更多的养料,来供给和满足机体的需要。由于体育锻炼使神经功能得到改善,消化功能在神经和体液的调节下,其各项能力也会相应提高。另外,由于体育锻炼使呼吸活动加强,横膈肌和腹肌的活动范围增大，对肝脏和胃肠起着按摩的作用，因而有利于消化、吸收和排泄等。

三、体育锻炼可以提高运动素质

运动素质指的是学生在进行体育锻炼时所表现出来的速度、力量、灵敏、耐力、柔韧等各种从事体育锻炼所必需的素质。

(一)体育锻炼促进肌肉力量的增强

肌肉的发达健壮和肌肉力量的增强，是速度素质和耐力素质提高的基础保证，正如使用好材料才能造就一所好房子一样，强而有力的肌肉是身体强健的重要前提。但是，肌肉的发达现状，绝不是靠饮食和休息等途径获得的，肌肉发达的主要途径是体育锻炼。

每一块肌肉都是由肌纤维和结缔组织分别构成肌肉的收缩成分和弹性成分。肌纤维是肌肉的收缩成分，通过肌纤维的主动收缩放松实现人体的各种运动；肌腱和肌肉中的结缔组织组成肌肉的弹性成分，它与肌肉中的收缩成分成并联或串联存在，如肌肉两端的肌腱属串联弹性成分，而包绕肌纤维束的肌膜等属并联弹性成分。当人体进行各种运动时，肌肉的收缩成分主动缩短，弹性成分被拉长而将收缩成分释放的部分能量吸收储存起来，其后即以弹性反作用力的形式发挥出来，促使肌肉产生更大的力量和更快的运动速度。

1. 体育锻炼与血管营养对肌肉的影响

进行各种肌肉力量的练习时，由于肌纤维的主动收缩与放松，大大促进肌肉中的血液供应和代谢过程，肌肉中有着丰富的毛细血管，在一平方毫米的肌肉中，就有数千根毛细血管。但是当肌肉处于安静状态时，肌肉中的毛细血管仅开放很少一部分。只有在进行体育锻炼或体力活动时，肌肉内毛细血管才大量开放，这就使肌肉获得更多血液供应，带来更多氧气和养料，使肌肉内代谢过程大大加强。其结果是肌纤维内的蛋白质增加，肌纤维就逐渐粗壮，肌肉内供能物质含量也增加，肌肉的结缔组织弹性改善，肌腱弹性、韧性加强。

2. 体育锻炼与机体生化反应对肌肉的影响

在体育锻炼过程中，机体产生一系列的生化反应，肌肉中的水分减少，蛋白质、肌糖元等物质增多，这就使肌肉能得到更多、更充足的营养物质供应，从而使肌纤维变粗，肌肉体积增大，力量增强。

3. 体育锻炼与神经系统对肌肉的影响

体育锻炼还可以提高神经系统对肌肉的控制能力，从而使反应更加迅速、灵敏、准确，使身体各部分肌肉得以协调配合，共同完成动作。

经常参加体育锻炼的人，肌肉收缩力量大、速度快、弹性好、耐力强，其肌肉重量可达体重的50%以上，而正常人肌肉只占到体重的40%左右。因此，体育锻炼对肌肉力量的促进作用是显而易见的，并且由于肌肉力量的增加和肌肉协调性以及耐受力的增强，对速度素质、灵敏素质和耐力素质的提高起到了明显的效果作用。

(二)体育锻炼对柔韧性的影响

柔韧性是运动素质的一个重要组成部分，人要自由灵活地做出各种动作，必须具备一定的柔韧基础。影响柔韧性的因素是多方面的，但通过体育锻炼可以有效地使影响柔韧性的因素得到改善，从而提高柔韧性。

1. 体育锻炼可使关节周围组织的功能增强

柔韧性的表现主要来自于骨关节，而骨关节结构因受先天的影响存在难于改变性，所以，改善骨关节周围组织是加强关节柔韧性的有效措施。

关节的加固主要靠韧带和肌腱，肌肉则从关节外部补充加固关节的力量，控制关节活动幅度，它们共同作用，限制关节在一定范围内活动，从而保护关节不致超出解剖允许的限度而受伤。体育锻炼时，由于血液循环的加快，加强了新陈代谢，从而使骨的结构及性能发生了变化。韧带在骨骼上的附着部位、结节、粗隆和其他突起，变得粗糙和明显，从而有利于肌肉、韧带更牢固地附着在上面，有利于骨骼承受更大的外力作用，提高了骨的抗弯、抗断和耐压的能力。

2. 体育锻炼可产生适合于柔韧性功能改善的体温

肌肉温度升高时，新陈代谢加强，供血增多，肌肉的黏滞性减少，从而提高肌肉的弹性和伸展性，柔韧性也得以提高。影响柔韧性的温度包括外界环境温度和体内温度，体内温度的调节用于补偿外界环境对机体产生的不适应。当外界温度较低时，必须做好充分的准备活动，提高肌肉温度，从而增加柔韧性；当外界温度较高时，应排除汗液降低温度，以免肌肉过早出现疲劳而降低关节的柔韧性。

四、体育锻炼提高身体耐受力

身体耐受力是身体适应能力的重要表现。现代社会高压力、快节奏的生活，对人体的承受能力提出了更高的要求——身体不仅要健康，面对各种压力和改变，我们的身体还必须具备一定的适应和承受的能力。但是这种耐受力并不是与生俱来的，而是通过不停地练习和生活经验、阅历的丰富而不断提高的。体育锻炼是提高人体耐受力的一个有效途径。体育锻炼可以使人体承受较大强度的持续的脑力和体力劳动，能够胜任较长时间不间断的学习与工作。

体育锻炼可以提高身体耐受力的主要原理是体育锻炼中的“超量恢复”。所谓超量恢复，是指人体通过一定量与强度的运动刺激，机体出现疲劳，而在休息之后，机体的代谢能力与体力状况，可以恢复到比锻炼之前更高的水平上。例如，一个人在刚开始参加锻炼时，一次只能跑 2000m，但当他通过一定时间的锻炼后，一次可以跑 3000m 甚至更多，这就是一个超量恢复不断积累的过程。有人讲“没有疲劳就没有锻炼，没有锻炼就没有提高”，这话不无道理。体育锻炼的过程就是“运动——疲劳——休息——超量恢复运动”。体育锻炼中，只有出现疲劳，才可能通过休息使体力得以恢复，进而达到提高身体对疲劳和压力的耐受力的目的。

五、体育锻炼可以增强人体抵抗疾病的能力

抵抗疾病的能力是人们日常生活和工作所必须具备的能力。我们不是生活在真空中，我们周围有鸟语花香，但同时，我们的周围也存在着各种病菌、病毒。如果机体对这些危害没有任何抵抗力，那么再健康的身体也经不起生活的磨砺。体育锻炼可以增强人体对各种流行疾病的免疫能力、抵抗能力，提高身体对各种急、慢性病的防御能力和恢复能力。

免疫力是人体自身的防御机制，是人体识别和消灭外来入侵的任何异物（如病毒、细菌等）；处理衰老、损伤、死亡、变性的自身细胞和处理体内突变细胞和病毒感染细胞的能力。在人体中，执行这一功能的是人体免疫系统。免疫系统有三方面的作用：防御外来病菌，清除垃圾细胞，监控癌细胞。如何提高人体免疫力，进而增强人体抵抗疾病的能力是一个非常

值得关注的问题。运动医学研究表明，持之以恒的体育锻炼，能显著增强人体的免疫功能。这是因为，人们在进行体育锻炼时，全身的肌肉和骨骼得到运动，体内各个器官活动加强，新陈代谢旺盛，血液循环加速，骨骼的造血功能加强，免疫系统的活力增强，使体内产生更多的免疫细胞和免疫因子，并增强其活性。同时，体育锻炼还能疏导心理紧张，减轻心理压力，消除精神疲劳，稳定情绪。这样，就能有效地提高机体的细胞免疫和体液免疫能力，减少各种疾病（包括癌症）发生。

第三节　体育锻炼对心理健康的影响

体育锻炼能促进身体健康，但这并不是体育的唯一功能。当代社会的快速发展，给人们的学习和生活带来了一系列改变，同时也给我们造成了一系列压力。当我们面对压力手足无措时、当我们为心理困扰而矛盾的时候，药物和放弃不是我们唯一的选择。现在很多专家和学者都将研究的目光转到了体育与心理健康关系的研究上，并且给予了我们一个肯定的答复——体育锻炼不仅可以促进心理健康，而且还可以作为处方针对心理疾病进行辅助治疗。作为走在时代前沿的大学生来讲，有必要对体育锻炼的心理效应进行初步的了解。

一、体育锻炼可促进智力的发展

正常的智力是正确感知和认识世界的前提，是心理健康的基础。经常参加体育锻炼，不仅使锻炼者的注意、记忆、反应、思维、想象力等能力得以改善提高，而且还可以令其情绪稳定、性格开朗，而这些非智力因素对人的智力具有促进作用。科学研究表明：在进行智力活动的过程中，如果伴随着学习和思考的兴奋、激动和对发现真理的诧异和惊讶，产生愉快的心理体验，那么这种健康的情感就能强化人的智力活动，促进智力发展。体育锻炼促进智力发展，概括地讲有如下几个方面：

（一）体育锻炼可增强神经系统的功能，促进大脑的开发与利用

经常参加体育锻炼的人神经系统的调节更加趋于准确、灵活；可使兴奋与抑制转换更加合理、协调；并对外界的刺激迅速地作出反应，体育锻炼能有效促进血液循环，提高呼吸系统的功能，这便可使大脑获取更多的养分，从而有助于大脑的记忆、思维和想象，最终达到提高脑力劳动的效率。

（二）体育锻炼能减缓应激反应

应激是指个体对应激源或刺激作出的反应，当个体所感知的环境要求与他所认为的自我能力之间不平衡时，则会出现应激反应。经常参加体育锻炼，可降低肾上腺素受体的数目或敏感性，能降低心率和血压，从而减轻处于消极应激状态下应激源对生理的影响，国内外的相关研究也表明：经常从事身体锻炼的人与习惯坐着的人相比更少产生生理上的应激反应，因此，体育锻炼对降低应激反应具有明显的效果。

（三）体育锻炼可在一定程度上消除疲劳，提高学习效率

疲劳是一种综合性症状，他与人的生理和心理因素有关。人的随意活动主要通过大脑皮层来调节，大学生持续紧张的学习压力极易造成身心疲劳和神经衰弱，而当一个人情绪消极或任务超出个人的能力时，其生理和心理上都会很快地产生疲劳。体育锻炼可使与文化学习有关的中枢得以休息，这有利于消除脑力劳动所产生的疲劳，从而提高学习效率。

二、体育锻炼可培养和保持良好的情感体验

情绪状态是衡量体育锻炼对心理健康影响的最主要的指标。大学生具有兴奋性高、波动性大、封闭性强等较明显的情绪特点，情绪的成熟是人格全面成熟的一个重要方面。研究发现，有紧张烦躁情绪的人只要散步 15 分钟，紧张情绪就会松弛下来，其原因是运动可增加脑部血流量，促进体内一种能产生良好感觉的“内啡肽”的释放，从而改善情绪，而经常参加体育锻炼的人，还可从运动中不断获取一定程度的满足，这种满足会令人产生快乐而积极的情绪，并由此成功或满足的体验来不断强化自己的自信心，进而在保持良好的情感体验中更好地完成学习和工作。

三、体育锻炼可帮助确立良好的自我概念

自我概念是个体主观上对自己身体、思想和情感等的整体评价，它是由许许多多的自我认识所组成的，包括“我是谁”、“我主张什么”、“我喜欢什么”、“我不喜欢什么”等等。由于体育锻炼可使人体格健壮，精力充沛，因而它对改善人的身体表象和自尊有着重要影响，身体表象是指头脑中形成的身体图像，身体自尊主要包括一个人对自己运动能力的评价，对自己外貌（吸引力）的评价，以及对自己身体的抵抗力和健康状况的评价（见图 2-1）。无论是男性还是女性，对身体表现不满意会使个体自尊变低，并产生不安全感或忧郁症状。有研究表明，肌肉力量与身体自尊、情绪稳定性、外向性格和自信心是正相关，并且加强力量训练会使个体的自我概念显著增强，因此，体育锻炼对帮助学生树立自我概念会产生积极的影响。

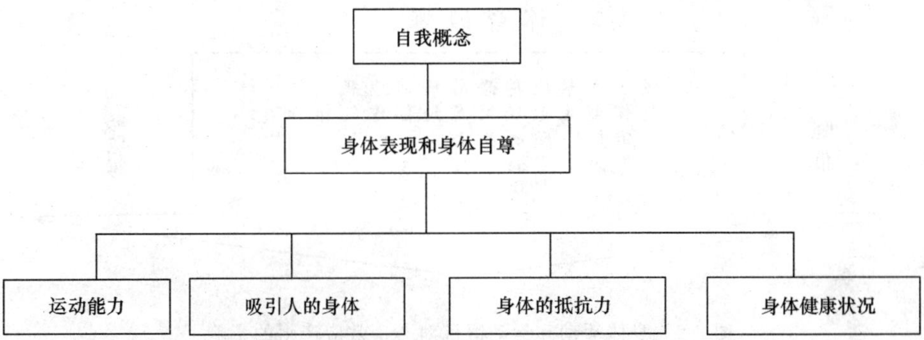

图 2-1　身体表象和身体自尊与自我概念的关系

四、体育锻炼有助于促进坚强意志品质的形成

意志品质是指一个人的果断性、坚韧性、自制力以及主动独立等精神，意志品质既是在克服困难的过程中表现出来的，也是在克服困难的过程中培养起来的。由于参加体育锻炼就是不断克服主观和客观上的种种困难如胆怯、疲劳、损伤、气候条件、动作的难度等，这便有助于磨炼大学生的意志，从而培养大学生果断、坚韧等优良的意志品质，而且这些从锻炼中培养起来的坚强意志品质，也会迁移到日常的学习、生活和工作中去。

五、体育锻炼有助于消除心理障碍，促进健全心理的形成

健康的心理寓于健康的身体之中。人的焦虑、忧愁、烦恼、抑郁等不良情绪，会影响人的情感、意志、性格和良好人际关系的建立，容易形成不健康心理。研究表明：体育锻炼有助于摆脱压抑、悲观等消极情绪，降低焦虑、忧郁等心理障碍，美国心理学家德里斯考发现，跑步能成功地减轻大学生在考试期间的焦虑情绪；试验也表明：长期坚持用力的运动，可降低患忧郁症的危险，有人用跑步和药物同时分别治疗两组精神忧郁症的精神病人，三个月后获得同样的效果。

体育锻炼不仅能有效地促进大学生的智力发展和良好的心理品质的形成，而且还能够调节情绪、改善人际关系、消除心理障碍，确立良好自我概念，从而形成健康心理，达到增进心理健康的目的。综上所述，体育锻炼对参加者的心理效应可产生如图 2-2 所示的影响。大学生可根据各自身心特点，选择最佳的体育锻炼方式，以获取最大的促进健康心理的效应。

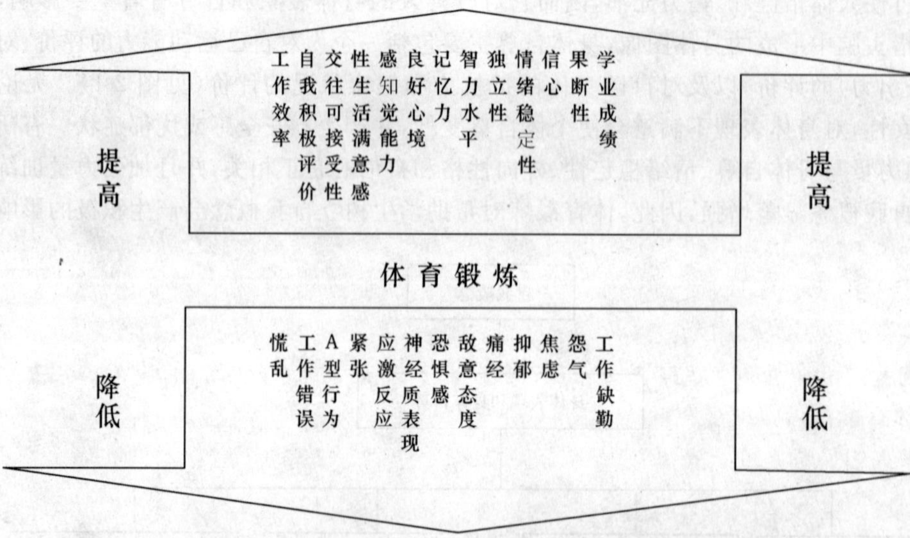

图 2-2　身体活动和运动锻炼对心理效应产生的影响

第四节　体育锻炼对社会适应能力的影响

能否适应社会是决定一个人事业成功的关键。不管你拥有多少知识、不管你具备多么强的业务能力、不管你坚定了多么高的报国之志，如果你不具备适应社会的能力，那么，你将会与事业的成功无缘。体育锻炼以其自身特点，对提高人的社会适应性产生着积极影响。通过本节的学习将使你懂得如何采用体育锻炼培养自己的社会适应性，让你更加积极主动地参加体育锻炼，让你在体育锻炼中领悟、培养与人相处的方法和能力。

一、体育锻炼与价值观念、竞争意识和竞争手段

(一)体育锻炼可以培养适应社会需要的价值观

价值观念是文化观念的核心,也是文化精神的集中体现,它是指人们对社会经济活动的价值判断或价值取向。人们在从事体育锻炼的过程中可以形成正确的价值取向,积极主动的体育锻炼将有效地形成人们适应社会的价值观。

1. 体育锻炼促进人们和平相处

人们渴望和平,追求安定,只有国际的和平、社会的安定,才能有经济的发展、社会的进步、人民群众的安居乐业。虽然体育体现的是竞争,但它是建立在统一规则基础上的公平竞争,是建立在友好气氛上的相互交流与切磋。所以,体育可以培养人的和平观念,体育可以规范人的和平行为,体育在潜移默化中使人们养成了和平的价值趋向。

2. 体育锻炼处处体现着自由和平等

从体育所包含的内容和要求来说,它不分肤色、贫富、贵贱、种族、信仰和性别,人人都可以参与,人人都可以拥有。它构建了一个平等的使每个人都乐于接受、通俗得使每个人都乐于接受的模式,在这种平等的意识里,人的尊严、人的权利真正得以展现。正是由于体育在人们的参与中处处让人领悟机会的均等,所以,它处处体现着人与人的平等,使人从参与中深深感触体育锻炼的自由性。体育的平等参与、平等拥有,必将影响着人们以平等的观念去处理自己要处理的一切,形成人与人平等的观念和行为。

3. 体育锻炼最能体现付出与收获的关系

大到体育健儿奥运赛场上为国争光,小到每一个体育锻炼者的跑步或打拳,无不以吃苦耐劳、持之以恒的付出而换取领奖台上辉煌,无不以自己亲身的实践锻炼,达到自身体质的增强。体育锻炼在付出与收获上的因果关系,使人们领悟成功的喜悦是靠平时的奋斗获取,辉煌的成就是由汗水铸成。所以,人可以通过体育锻炼培养其拼搏进取的人生观。

4. 体育锻炼可以培养人们崇尚知识、崇尚人才的理念

由于人们从公平的竞争里,逐渐体会到任何一项体育比赛,不仅是速度的角逐、力量的抗衡,而且更是战术的拼杀、技术的较量、知识与力量的交融。所以,人又从体育的优胜中进一步领悟到要想在激烈的竞争中立于不败之地,必须崇尚知识、崇尚人才。

(二)体育锻炼可以培养适应社会需要的竞争意识和竞争手段

竞争即为了自己的方向利益而与人争胜。当今社会科学技术迅猛发展,各行各业的竞争日趋激烈。政治家要竞选,军事家要搞军备竞赛,企业家要追逐利润,商业家要占领市场,即使是普通的劳动者也要在优化组合中经受考验。面对如此激烈的竞争环境,为了求生存、求发展,必须培养自己的竞争意识,具备应有的竞争手段。

1. 体育竞争是以实力而获胜

在任何体育竞争活动中,最讲现实、不论资历,任何优胜者都要经过严格的训练,吃苦耐劳,勇于拼搏,不断提高自己的身体技能、心理水平、战术意识和团队精神,并具备把握机遇的能力,才能取胜。任何不劳而获的结果,在体育的竞争中都是不允许的。因此,每一位参与者都将从体育的竞争中懂得优胜的结果来自于强大的实力。教育人们只有通过艰苦的努力才能获胜。

2. 体育的竞争最体现公平性

由于任何一项体育的竞争，都将在严密、严格的规则和规程约束下进行，所以，体育的竞争最讲法制，而不徇私情，它不承认个人身体、心理以外的任何不平等性。从这一意义上讲，体育竞争教育每一位参与者必须养成公平竞争的意识，并以公平的竞争方式应对人生旅途中一次又一次的竞争。

3. 体育的竞争最能锻炼参与者遭遇挫折和失败的适应性

体育运动大到奥运会，小到活动游戏，无不以追逐胜利为目的，无不以胜利或失败而告终。然而，体育竞赛的残酷性又往往表现在成功、获胜只能是相对的、暂时的，而挫折和失败又是经常的、普遍的。挫折—奋斗—成功—再挫折—再奋斗—再崛起……描绘了体育竞争内在的规律性，同时也反映出了每一位成功者要不停息奋斗的人生轨迹，折射着人生的喜怒哀乐。所以，体育可以使参与者在比赛中建立竞争意识，体育又使每一位参与者领略胜利的欢喜、失败的痛苦，锻炼着人们享受成功或承受失败的适应性。

二、体育锻炼与协作意识、社会角色、个性形成

(一)体育锻炼促进协作意识和协作能力的形成

1. 体育锻炼所固有的特性，直接影响着人们形成适应社会需要的个性

个性是指个人在其生理和心理素质的基础上，在一定社会环境条件下，通过实践锻炼和陶冶，逐步形成的观念、态度、习惯和行为。它是一个人比较稳定的心理、生理素质和社会行为特征的总和，是一个人能否适应社会或能否被社会接受的关键因素。

人们的个性心理特性包括人的能力、气质和性格等内容。其中决定一个人个性的重要因素是一个人的性格。人的性格多种多样，有的人热情、坚定、果断，有的人冷漠、动摇、懦弱，有的人固执、自信、骄傲，也有的人优柔、谦和、自卑。但不管哪一种性格，其形成都与体育锻炼有着密切的关系。

2. 体育锻炼是培养人们胜任社会角色的有效途径

在社会结构中，需要有各司其职的多种特定权利、义务和行为规范的人员组成。每一个社会角色，都代表着有关的行为期望与规范。体育运动场合，恰好能为人们学习社会角色提供优越的环境与适宜的条件，可为人们提供尝试社会角色的各种机会。

三、体育锻炼与人际关系

社会学曾研究指出了影响人际关系改善的主要因素有沟通能力、对身体语言的理解和使用能力、自我意识水平和移情能力等。而体育锻炼又恰恰对影响人际关系改善的主要因素具有直接作用，所以，应当重视采用体育锻炼方式，以培养和增强人际交往能力的提高。

(一)体育锻炼可以提高人的沟通能力

一个人与他人沟通及关系的状况，是其生活品质的最为主要的方面。生活的丰富、事业的成功，与别人稳定情感关系的建立和维持，都离不开沟通。试想：一个不具有沟通能力的人，怎么能与他人交流思想、交流感情？一个不具备完全、准确表达个人意愿和意图的人，又怎能让对方给予充分的理解和支持？然而，使人真正具备沟通能力，真正掌握沟通能力，掌握沟通方式，体育锻炼将发挥重要作用。

由于体育教学和体育锻炼的特殊性，每一个动作技术，都是在老师的讲解示范和参与者的练习实践中进行的。因此，时时存在对动作技术纠正的沟通，处处存在相互练习中自我完

善的沟通，同时还存在相互配合的默契沟通。这种沟通不仅具有直观性、及时性和准确性，而且也是主动性沟通、注意力集中性沟通和信息交流充分性沟通的典型体现。所以，经常参加体育锻炼，对提高人的沟通能力，形成良好的人际关系，将产生积极的影响。

(二)体育锻炼可以增强对身体语言的理解和使用能力

身体语言是沟通的有效方式之一，是社交过程中必须具备的能力。我们可以从不同的身体姿势所代表的含义中去理解对方的寓意，也可以通过身体语言向对方表达自己内心真实的感情。缺少了身体语言的沟通能力，我们不仅可能将对方的身体语言表达置若罔闻，不能进行准确的解释，使信息发出者得不到应有的反馈信息，失去一次又一次的联系；而且也有可能让别人从你身上找不到代表任何情景的身影，使人感觉到你是一个感情淡漠、不易接近的人。体育作为社会文化的组成部分，在劳动人民的创造和实践中，不断地丰富着它艺术表现的内涵。所以，世人曾用优美的词句把各种各样的体育动作赞美成“空中的芭蕾”、“浮出水面的鲜花”……的确，体育对提高人的身体语言表达能力是无与伦比的。即使是普通的体育活动，也提高着参与者的协调和柔韧性，使参与者在练习中寻找美的身姿，使参与者在练习中体会动作外观与内涵的统一。所以，体育锻炼可以发展自己的身体语言，使之在社会的人际交往中发挥作用。

(三)体育锻炼可以改善自我意识水平、移情能力和社交技能

自我意识水平在制约人际关系中的作用是具有针对性的，尤其现代社会中人与人之间往往表现得非常含蓄，甚至表现为恭维而不讲实话。例如，明明我们能力平平，别人却说我们能力超群；实际上别人并不接受我们，但却表明与我们有很密切的关系。特别随着一个人在社会结构中的位置越来越高，更有可能得不到有关自我的真正反馈，从而使其更脱离真实世界，并导致其自我意识水平越来越低，移情能力越来越落后，社交技能越来越简单，最终成为只会自以为是、天下唯我独尊，只会板着脸孔训人、抓起笔杆画圈的庸人。

细节了解 2-1

体育与现代人

有研究指出，现代人一般具备以下四方面特征：一是人的独立性和个性自由；二是开放性、创造性和开拓精神；三是有科学知识、技术、理性和科学精神；四是效率概念、时间概念、自律和责任感及集体精神。

从传统人向现代人转变的过程，就是人的现代化的过程。在这一转化中体育运动所产生的影响为：第一，体育运动传播着现代人的社会知识；第二，体育运动灌输着现代人需要的行为规范；第三，体育运动培养着现代人正确的价值观念；第四，体育运动支撑着现代人树立生活的目标；第五，体育运动锻炼着现代人具备社会角色的能力。

体育活动，尤其集体项目，每个队员在其担当的角色中，只有很好地尽其位置权利和义务，才能达到与同伴的协作和默契配合。老师或教练的评价是阶段性的，观众的评说又带有滞后性，随时随地进行自我意识的体会，就成了自己改进动作技术、调整比赛战术的直接原因。通过体育运动所形成的自我意识行为，在不断运动实践中将变成一个人的自觉行动，将这种能力运用到社会交往中，就可以了解自己的真实面目和别人对自己言行的真实反映情况，提高社交技能。

同时，体育比赛经常出现因某一队员故意犯规而激怒对方，裁判员的反判、错判而造成对方队员的情绪激动，因比分落后而久攻不下出现急躁，或因胜利在望而放松警惕等情绪状

况下，队员所表现的一系列特殊行为。如能准确判断和迅速采取乘机而入的相应措施，比赛就有可能发生转机。如果我们把体育比赛中所养成对别人所表现出来的真实的情绪状态和行为作准确理解的习惯并运用于社会交往中，就能够掌握如何对别人作恰当而又为社会所接受的反应，提高我们的社交技能。

思考题：

1. 体育锻炼有哪几个方面的作用？试分别阐述。
2. 思考体育锻炼与社会适应能力之间的关系。

第三章 体育锻炼与营养

重要问题提示

- 热能的来源
- 大学生营养的特点
- 如何做到膳食平衡
- 体育锻炼与营养补充

第一节 热能与营养素

一、热 能

当今男女大学一般年龄多在 17～25 岁之间，体内的物质合成代谢尚大于分解，能量代谢旺盛，对热能的需求量相对较大。按照世界卫生组织的标准，男大学生热能供给量为 3070 千卡/日，女大学生为 2310 千卡/日，与国人标准类似。大学生若长期热能供给不足，就会动用体内储存的脂肪和糖元，甚至体内的重要物质——蛋白质分解供能，引发饮食性营养不良。热能供给不足，还会影响蛋白质的吸收和利用，从而加重蛋白质的缺乏，进而导致“蛋白质——热能营养不良”。其临床表现为基础代谢降低、消瘦、贫血、精神萎靡、皮肤干燥、肌肉软弱、脉搏缓慢、体温降低、抵抗力下降、易感染疾病。同时，工作、学习效率和健康水平下降。但是，如果热量供给过多，如过多地摄入糖和甜食，食物的产热量超过机体的需要量，就会导致体内脂肪积聚过多而出现肥胖。肥胖增加机体负担，有碍活动和形体美感。因此，热能的供给量要适宜，各种营养素的分配要合理。三大热能物质：糖、脂肪、蛋白质按重量的供给比例应为 5∶0.7～1∶1(或 4∶1∶1)。

二、营养素

营养就是指人类从外界获取食物，经过消化、吸收、代谢，利用食物中身体需要的物质以维持生命的整个过程。身体利用的这些物质，俗称“养分”或“养料”，而它们就是营养素。营养素是指食物中可以给人体提供能量，机体构成成分和组织修复以及生理调节功能的化学成分，凡是能维持人体健康以及提供生长、发育和劳动所需要的各种物质均称为营养素。人体所必需的营养素主要有蛋白质、脂类、碳水化合物、无机盐、维生素、水和膳食纤维等七类。蛋白质、脂类、碳水化合物主要是供给能量、修补身体、维持体温；水、矿物质、维生素等主要是调节生理功能、维持生命正常活动。现把七大营养素介绍如下：

(一)蛋白质

蛋白质是一切生命的物质基础,在体内不断地进行合成与分解,是构成、更新、修补组织和细胞的重要成分,各种酶和激素对体内生化反应的调节、抵御疾病的抗体的组成、维持渗透压、传递遗传信息,无一不是蛋白质在起作用。成年人体内的蛋白质占体重的15%~18%,占细胞内固体成分的80%以上,分散在器官、组织和体液内。蛋白质的主要功能是构成、修复人体组织;提供能量;参与和调节生理活动;构成酶、激素、抗体等特殊物质。蛋白质的来源主要有两类:一是动物性食品,如奶类、鱼类、肉类和蛋类;二是植物性食品,如豆类、谷类粮食,蛋白质供能的热量占每日总膳食热能的10%~14%。

蛋白质是机体的结构和功能物质,大学生的身体结构和各器官、系统的功能有待于进一步发育和完善,加之用脑过多,对蛋白质的需求量比常人要大,日供给量一般应在90g以上。女大学生每月行经失血50~60mL,且经期对食欲、睡眠、精神和体力均有一定的不良影响,需得到生理性的补偿,膳食中应供给充足的蛋白质和铁,确保血红蛋白的合成以补偿经期的失血。若大学生蛋白质长期摄入不足,会导致发育受阻,身体生埋机能、免疫力和记忆力下降,危害身心健康和影响正常的学习生活。

(二)脂类

脂类是脂肪和类脂的总称,是构成人体组织细胞的重要成分,主要由碳、氢、氧三种元素组成,有的还含有磷、硫、氮等,这些元素先组成甘油和脂肪酸,再由其按不同比例组成甘油酯或甘油三酯,脂肪酸分为饱和脂肪酸、多不饱和脂肪酸和单饱和脂肪酸,其中多不饱和脂肪酸中的亚油酸、α-亚麻酸对人体最为重要,但又不能合成,必须从食物中摄取。脂肪在体内主要分布在皮下、肌肉间隙和脏器周围,由于受到进食的影响,将其称为动脂。磷脂类和固醇类主要分布在细胞原生质和细胞膜中,不易受到进食的影响,故称为定脂。我国成年男子体脂的平均含量为体重的10%~15%,女性为18%~20%。脂肪的主要功能是储存能量和提供能量的主要物质;维持体温、保护脏器、促进脂溶性维生素和其他物质吸收;构成机体组织和激素等活性物质的成分。脂类的主要来源:一是动物性脂类,如动物油、蛋黄油和禽类油等;二是植物性脂类,如花生油、豆油等,由于个体差异,对脂类的需求存在很大差异,我国成人每日膳食中脂类占总热能的15%~20%。

(三)碳水化合物

碳水化合物,又称“糖类”,是生命活动提供能源的主要营养素,是人体能量的主要来源,但人体内的含量极少,必须经常提供。由碳、氢、氧三种元素构成,其中多数氢和氧的比例与水分子相同,故称碳水化合物,主要分为单糖、双糖和多糖。糖类主要的功能为:提供热能,是构成人体组织的必需成分,增加肝脏内的糖原储存而保肝解毒。糖类大部分来源于淀粉,小部分来源于单糖和双糖,粮谷类及其制品是糖类的主要来源,广泛存在于米、面、薯类、各种杂粮中,是人类最重要、最经济的食物,动物性食品也含有一定量的糖类,糖类占每日所需热量的60%~70%。

(四)维生素

维生素是维持人体生命活动必需的一类有机物质,也是保持人体健康的重要活性物质。维生素在体内的含量很少,但在人体生长、代谢、发育过程中却发挥着重要的作用。但由于体内不能合成或合成量不足,必须从食物中摄取。维生素分两类:一是水溶性维生素(维生素B族、维生素C),这一类占大多数,它们不在体内储存,需每日从食物提供,由于代谢快不易中毒；二是脂溶性维生素(维生素 A、D、E、K 等)，它们可在体内储存，不需每日提供，但过量会引起中毒。维生素不是构成机体组织和细胞的组成成分，也不会产生能量，它的作用主要是参与机体代谢的调节，大多数的维生素，机体不能合成或合成量不足，不能满足机体的需要，必须经常通过食物获得。

维生素对调节机体代谢、促进身体发育是必不可少的物质，对青春期大学生性器官的成熟、提高机体的反应能力、适应能力和获得性免疫力的发展具有重要作用。大学生机体代谢旺盛，各器官的功能处于继续提高阶段，需要多于成人的各种维生素参与调节。鉴于维生素的种类较多，现将主要维生素的功能和需要量及所在食物整理表 3-1 所示。

表 3-1　　主要维生素的功能和需要量及所在食物

名称	生理功能	每日需要量	含量较多的食物
维生素 A	与视觉特别是暗视觉密切有关，维持上皮细胞的正常形态与功能，有助于骨骼生长发育；增加机体抗感染能力，少数维生素 A 代谢产物有延缓或阻止癌前病变的能力	1000μg 视黄醇当量(成人)	动物肝脏、乳制品、蛋类、菠菜、芋头、韭菜、胡萝卜、青椒、南瓜
维生素 B1 (硫胺素)	参与物质代谢和能量代谢，特别以辅酶形式参与糖代谢；维持神经和消化系统正常功能	取决于人体消耗情况，成人每消耗 4184kJ(1000 千卡)热能约需要 0.5μg 维生素 B1	谷类、豆类、动物内脏、肉类、蛋类
维生素 B2 (核黄素)	是体内多种氧化酶系统的构成部分，是重要的递氢体，参与广泛的代谢作用	取决于人体的消耗情况，需要量同上	动物内脏、乳类、蛋类、绿色蔬菜、豆类
维生素 C (抗坏血素)	作为酶及还原剂参与多种生化反应；促进胶原蛋白合成与细胞间质形成；促进铁蛋白合成和叶酸利用；促进胆固醇代谢，降低血胆固醇含量，参与肾上腺素的合成；阻断某些物质的致癌作用	60mg	新鲜蔬菜和水果
维生素 D	调节磷代谢，促进钙、磷吸收，促进骨骼、牙齿的生长和钙化，与甲状旁腺一起防止低钙性手足抽搦症	人体皮肤在紫外线照射下能合成维生素 D，因而经口摄入需要量不恒定。一般成人为 2.5μg(100 国际单位)	海鱼、鱼肝油、动物肝脏、蛋黄、奶油、干酪
维生素 E (生育酚)	抗氧化、保护细胞；抗溶血；调节体内某些物质，如 DNA 的合成；保护某些蛋白及酶类；与生殖有关；抗衰老	不恒定，为 10～20 国际单位(成人)	植物油、豆类、谷类、蔬菜、蛋黄、肉类
维生素 K	促进凝血酶原合成，参与凝血机理	因人体肠道细菌能合成维生素 K，经口摄入的需要量不恒定，一般人为 1～10mg	新鲜蔬菜、动物肝脏、蛋类

注：引自吴纪饶《大学生健康教育》，高等教育出版社 2005 年版，第 177～188 页。

(五)矿物质

矿物质又称"无机盐",是构成人体组织和维持正常生理活动的重要物质。人体组织几乎含有自然界中的所有元素,其中碳、氢、氧、氮四种元素主要组成蛋白质、脂肪和碳水化合物等有机物,约占人体重总量的96%,其余各种元素大部分以无机化合物形式在体内起作用,统称为矿物质或无机盐。也有一些元素是体内有机化合物(如酶、激素、血红蛋白)的组成成分。这些矿物质根据它们在人体内含量的多少分为常量元素(又称宏量元素)和微量元素。体内含量大于体重的0.01%的称为常量元素,它们包括钙、磷、钾、钠、镁、氯、硫等七种,它们都是人体必需的元素。含量小于体重的0.01%的称为微量元素,种类很多,目前人们认为必需的微量元素有14种,它们是锌、铜、铁、铬、钴、锰、钼、锡、钒、碘、硒、氟、镍、硅。矿物质虽不供能,但有重要的生理功能:构成骨骼的主要成分;维持神经、肌肉正常生理功能;组成酶的成分;维持渗透压,保持酸碱平衡等,现将不同矿物质的功能、来源和供给量如表3-2所示。

表3-2 不同矿物质的功能、来源和供给量

元素名称	生理作用	食物来源	每日供给量
钙	牙齿和骨骼的主要成分;维持神经、肌肉的正常兴奋性;血液凝固因子,也是体内许多重要酶的激活剂	奶和奶制品、小虾皮、芝麻酱,大豆及其制品、深绿色蔬菜等	800mg
铁	合成血红蛋白的主要原料之一;体内参与氧化还原反应的一些酶和电子传递体的组成部分	动物内脏(特别是肝脏)、血液、鱼、肉类	成年男子12mg,妇女18mg,孕妇和乳母28mg
锌	促进生长发育;参与核酸和蛋白质的合成,可促进细胞生长、分裂和分化,也是性器官发育不可缺少的微量元素;改善味觉,增进食欲;增强对疾病的抵抗力	海牡蛎、畜、禽肉及肝脏、蛋类、鱼及一般海产、奶和奶制品、谷类和豆类、蔬菜水果	成人为每天15mg
碘	促进生长和调节新陈代谢	海带、紫菜、海鱼、海虾	成人每日150μg
硒	人体内谷胱甘肽过氧化物酶的重要组成成分;参与甲状腺素的代谢;是重金属的解毒剂	肝、肾、肉类和海产品	50μg
磷	能量储存,活化物质,参与酶合成,调节酸碱平衡,牙和骨骼的组成成分	肉,坚果,谷类,鱼卵	800mg
镁	参与牙和骨骼的组成,维持神经、肌肉和心肌的健康,碳水化合物、脂肪代谢、蛋白质合成都需要镁参与	绿叶蔬菜、谷类、豆类、坚果类	300～400mg

续表

钾	保持正常水分，调节酸碱平衡，维持心肌、神经和肌肉的健康	动、植物食物中都含钾，蔬菜、水果中含量丰富	2000mg
钠	维持体液渗透压	食盐	6g 食盐
铬	促进胰岛功能，参与碳水化合物代谢	啤酒，啤酒酵母，蘑菇，黑胡椒	50～200μg
铜	以氧化酶形式发挥作用；在体内促进铁吸收并有抗氧化作用	动物肝、肾中含量丰富，大豆、豌豆中也较多	2～3mg
氟	可置换羟磷灰石中的羟基形成氟磷灰石，有预防骨质疏松和龋齿作用	茶叶、海产品	3～4mg
钼	钼在体内的氧化还原反应中起传递电子的作用	肉类、谷类、豆类	150μg

注：引自 http://christina0607.bloghome.cn/posts/100974.html.2007-06-25.

（六）水

水是维持生命必需的物质，机体的物质代谢、生理活动均离不开水的参与，人体 70%左右是由水组成的，水是体内各种生理活动和生化反应必不可少的介质，没有水一切代谢活动便无法进行，生命也就停止了。水还是体内吸收、运输营养物质、排泄代谢废物的最重要的载体。水还能够调节体温、滋润细胞、润滑组织、保持腺体正常分泌。人体每日对水的需求量受到很多因素影响，例如年龄、环境温度、劳动强度和持续时间等。一般情况下，正常成人每日约需水 2500mL。人体主要通过饮水和进食食物获得水分。碳水化合物、脂肪和蛋白质代谢过程中也产生一部分水，称为代谢水，但数量较少。

细节了解 3-1

优质饮用水的特点

一、无污染的水——无毒、无害、无异味

二、没有退化衰老的水——具有生命活力的水

三、符合人体生理需要的水——含有一定量有益的矿物质、pH 值呈现中性或弱碱性等、水中溶解的氧和二氧化碳比例适中

（七）膳食纤维

膳食纤维是指人体不能消化的多糖类食物，主要包括纤维素、半纤维素、果胶、树胶等成分，虽然不能被消化，但其作用不可忽视，它可刺激消化液的产生和促进肠道蠕动，吸收水分利于排便，还可降低血浆胆固醇水平，改善血糖生成反应，影响营养素的吸收速度和部位，对肠道菌群的建立也起有利的作用。膳食纤维主要来源于植物的细胞壁，因此水果、蔬菜、谷类、豆类等不失为膳食纤维素的良好食物选择。

第二节 大学生营养与膳食平衡

一、营养与健康

营养与健康的关系十分密切，合理的营养是健康的物质基础保障，健康又是营养合理有效的反应，合理的营养不仅能促进身体健康，而且还能增进、改善心理状况。著名营养学家、诺贝尔获得者莱纳斯比林斯断言："合理营养可使人的寿命延长20年。"同样营养不良或者不足能够诱发某些疾病，例如缺乏维生素A会引发夜盲症、缺钙会引发佝偻病等，但是营养过剩也不利健康，例如热量和脂肪过多会引发肥胖症、高血压、冠心病和糖尿病等。下面从合理营养、营养不良等方面简述营养和健康的关系。

(一)合理营养

根据人体生长发育、从事各种活动和环境变化等情况，适当地用多种食物营养来满足营养的需求，补充供人体所需的营养，叫做合理营养。合理营养是一个综合性概念，它既要求通过膳食调配提供满足人体生理需要的能量和各种营养素，又要考虑合理的膳食制度和烹调方法，以利于各种营养素的消化、吸收与利用。

1. 合理营养确保机体代谢平衡

机体代谢包含物质代谢和能量代谢两个方面。构成身体结构的物质每天都在进行自我更新，即从食物中摄取各种小分子营养物质转化成自身的大分子物质，同时又将自身的大分子物质分解成小分子化合物排出体外，在这种物质的合成与分解过程中伴随能量的释放、转移和利用，这就形成了人体的物质代谢和能量代谢。所谓代谢平衡是指人体每天从外界摄取的营养物质应该等于人体生长发育和进行正常生命活动所需要的物质。因此机体的代谢平衡是人体各器官、系统发挥其正常生理功能的重要保证，是实现人类身心健康的基本条件之一。只有合理摄入机体所需要的各种营养素，机体代谢才能保持平衡，生命活动才能正常进行。一旦机体的营养素供给失衡，正常的代谢活动就会发生紊乱，人体就会生病，甚至危及生命。

2. 合理营养能增强机体的免疫力

免疫力是机体免疫系统抵抗外来病源微生物侵袭的能力。机体的免疫系统——白细胞(T淋巴细胞、B淋巴细胞、吞噬细胞)、红细胞以及免疫球蛋白等都明显受营养状况的影响，良好的营养是促进造血干细胞分裂繁殖生成血细胞和各种免疫球蛋白形成的先决条件，营养不良会使机体免疫系统形成受阻及其免疫能力下降。当蛋白质、某些微量元素或维生素缺乏时，免疫反应明显受到抑制，抵御传染病的能力明显降低。脂肪与碳水化物过多时，对免疫系统也有不良影响。因此，营养素的合理摄入不仅消除了营养缺乏或过剩直接导致的疾病，而且还可以通过免疫力的增强提高自身的抗病能力。

3. 合理营养可防病治病

营养素的全面摄入不仅可以通过增强机体的生理功能和自身免疫力，来预防和延缓某些疾病的发生，而且合理的营养还对机体的应激状态和伤病后的康复有着积极的作用，良好的营养能提高机体的应激能力，促进病体的康复。从古至今人们都把合理营养作为预防和治疗疾病的重要手段。例如，我国中医历来讲究饮食调理，提倡养生食疗，从而达到养生保健的目的。所谓"养生食疗"即是利用食物中所含有的营养成分的特性，加以合理地烹调方法，以协助养生和治疗疾病的一种科学方法。夏禹时代人们已认识到酒能舒筋活血；战国时期，名医扁鹊就曾说过“……君子有疾，期先命食以疗之，食疗不愈，然后命药”；晋代葛洪的《肘后方》用海带和其他海藻治疗甲状腺肥大；梁代陶弥景的《名医别录》用牛、羊肝治疗夜盲症；唐代孙思邈的《千金翼方》用谷白皮煮汤熬粥治疗脚气病，这些都是古代有效的食疗方法和相关记载。

4. 合理营养可促进智力发展

智力是指人认识、理解客观事物并运用知识、经验等解决问题的能力。它包括记忆、观察、想象、理解、分析、判断等能力，其实质就是大脑各种功能的综合反应。那么一个人智力水平的高低当然主要取决于其大脑的结构和功能，二者受遗传因素和环境因素的双重影响。人出生之后，遗传基因就规定了智力发展水平的上限和下限，良好的环境因素可促进脑神经细胞的生长和发育，为大脑结构和功能的完善奠定良好的基础，确保智力发展达到较高的水平。

在影响脑神经细胞生长和发育的多种环境因素中，营养素是最为重要的因素之一。因为营养素是神经细胞分裂增殖和实现其正常生理功能的物质条件。如果在大脑神经细胞的决定性生长期和成熟期营养素缺乏，如蛋白质、类脂质等的摄入不足，不但会影响到脑细胞的数量、大小和髓鞘的形成，而且也影响到传递信息的神经递质的合成，导致神经细胞功能低下，神经传导障碍，严重影响一个人的智力发展水平。

大学生已达到成人年龄阶段，脑细胞的数量已定型，但神经细胞的结构和功能尚未发育完善，此时又是一生中广泛接受外界信息，进行知识、技能学习的黄金阶段，脑神经细胞功能活跃，营养物质消耗多，必须供给充足的营养素，确保神经细胞结构和生理功能进一步完善，为智力的发展创造良好条件。

5. 合理营养可保持青春活力

青年时期身体各器官、系统功能活跃、代谢旺盛，表现出勃勃生机，充满青春活力。合理营养是这种状态得以维持的重要条件。人体各器官、系统保持高度协调和旺盛的生命活动离不开大量能源物质的消耗和为能源物质的合成与分解代谢提供一个稳定的内环境的各种营养素。另外，人体整体机能的表现还与神经和体液对各器官、系统在功能上的调节密切相关。营养素的合理摄入，不仅是神经细胞发挥高效率调节的基础，而且也是实现体液调节的必要条件。体液调节是由体液中的激素、酶、无机盐和维生素等完成的。营养的好坏，对体液调节的机能物质有直接影响。如蛋白质的质量优劣，可影响血液和肝脏中嘌呤氧化酶的活性，脂肪可影响雌性激素的合成，高蛋白膳食和维生素 C 可促进肾上腺功能的提高，缺铁则会降低血液的携氧功能等。由此可见，合理的营养可实现人体各器官系统维持最佳生理状态，保持青春活力。

6. 合理营养可塑造健美体型

人的体型受遗传基因和环境因素的双重影响，环境因素中营养素和体育锻炼又是最为重要的两个因素。健美的体型表现为身体匀称、肌肉发达、皮脂适中、四肢健美。合理的营养可塑造和保持健美的体型。在生长发育过程中，只有全面营养素的摄入，特别是优质蛋白质、钙、磷、维生素的合理摄入，加上适量的运动，才能使骨骼、肌肉的生长发育达到完美的程度。生长发育完成之后，要想保持健美的体型，更应注意合理营养。在保证维生素、无机盐、微量元素充足的情况下，要特别注意三大能量物质的摄入比例，应以适当增加蛋白质的比例、减少糖和脂肪的摄入为宜，即多吃一些瘦肉、蛋、鱼、奶、水果、蔬菜，少吃面食、肥肉及油炸食品，以防发胖改变体型。

(二)营养不良

营养不良是指营养素引起的机体营养失调的症状，包括营养不足和营养过剩两个方面的含义，营养摄入不足是最常见的营养不良表现，既可以是原发性的，也可以是继发性的，一般是由于偏食或者饮食习惯引发的；营养不足还表现在营养吸收不足，利用减少，而营养素的消耗却没有减少，在营养供给达不到机体需要时候，会造成机体营养缺乏状况，形成营养不良；营养过剩主要是因为饮食过饱造成的，是机体能量过剩而造成营养物质不能有效被吸收利用，在体内不断积聚而带来的营养失调状况。

营养不良对身体健康的影响十分重要，身体表现的不同症状能够反映出营养的过剩或不足，身体某一症状的出现往往不是一种营养素的缺失或者过剩造成的，但是可以寻找到某种主要的营养素缺乏或过剩，下面分别将营养不足和营养过剩的症状简述如下：蛋白质缺乏可能会引起发育不良，易受疾病传染，易感疲倦、怠惰、衰弱、贫血等症状；维生素 A 不足可能会引起皮肤干燥症、毛囊性皮肤角质化、夜盲症、干眼症、角膜软化症等；维生素 D 不足可能会引起骨质软化或骨质疏松症等；维生素 E 不足可能会引起头发缺少光泽、稀疏而少、易脱落，肌肉萎缩，头皮发干，头发分叉，易出虚汗，性机能低，妇女痛经易引发贫血等；维生素 K 不足可能会引发皮下出血；维生素 C 不足可能会引起牙龈肿胀、海绵状出血，舌头有深痕，不能适应环境变化，易患感冒、微血管破裂、甚至坏血症等；缺乏维生素 B_1 可能会引起脚气病、消化不良、气色不佳、对声音过敏、小腿偶有痛楚、大便秘结、厌食、严重时呕吐、四肢浮肿等；缺乏维生素 B_2 可能会引起口角溃烂、鼻腔红肿、失眠、头痛、精神倦怠、眼怕光、眼角膜发炎、皮肤多油质、头皮屑增多、手心脚心有烧热感等症状；缺乏维生素 B_3 可能会引起舌头肿痛、口臭等；缺乏维生素 B_6 可能会引起口唇和舌头肿痛、黏膜干涸、肌肉痉挛等症状；缺乏维生素 B_{12} 可能会引起皮肤粗糙、毛发稀黄、食欲不振、呕吐、腹泻、手指脚趾常有麻刺感等症状；缺乏维生素 P 可能会引起毛细血管变脆和断裂出血、动脉粥样硬化等症状；缺钙则性情不稳定，易动怒，关节痛，四肢麻木、抽筋等；缺铁则疲劳，皮肤瘙痒，指甲易断；缺锌可能引起嗅觉和味觉障碍、脱发、睾丸萎缩、精子没活力等；缺碘可引起甲状腺肿等。

营养过剩同样会给机体带来不同的危害，具体状况见表 3-3。

表 3-3　　营养过剩给机体带来的危害

营养素	过剩症状表现
蛋白质	食欲不振，大便干燥，加重肾、肝负担等
脂肪	消化不良，腹泻，食欲不振，肥胖，动脉硬化，还将会引起高血脂、冠心病等
碳水化合物	龋齿、肌肉松软、易生脓疮等
铁	食欲不振、呕吐、腹泻、大便异常
钙	妨碍磷的吸收、可以引起结石症、早衰等
磷	妨碍钙的吸收
氟	引起氟斑牙、骨质异常

续表

钠盐	口渴、肾功能受损，加重和产生高血压，加重产生水肿，增加心脏负担
维生素C	食欲减退、乏力、精神困倦、消化不良
维生素D	食欲不振、血钙过高、组织钙化、中毒等

注：引自谢彬《体育与健康》，华中科技大学出版社2002年版，第51页。

二、膳食平衡

伴随着人们对体育锻炼的认知，锻炼后的营养补充也开始成为大家关注的焦点，因为如果营养供给不到位，就好比建房子没有材料一般，体育锻炼根本就无从谈起。合理的营养是通过合理膳食获得的，就经常参加体育锻炼的人来讲，平衡膳食是达到合理营养的主要途径。平衡膳食能提供足量的优质蛋白质，蛋白质所含有的氨基酸构成平衡，能满足生长发育和机体更新修复的需要。平衡膳食能提供充足的各种维生素以满足正常代谢的需要，各种维生素之间保持平衡。平衡膳食能提供比例合适的矿物质，以构建身体组织和保证正常生理功能。平衡膳食能提供适量的膳食纤维，以维护肠道功能的正常，预防慢性病。大学生因为其特定的群体特征和独特的生活方式造就了其营养的特征，因此，在大学生膳食时也要针对其自身的种种特征进行合理安排。

（一）膳食平衡的基本要求

为了保证人体健康，膳食中应含有人体所需要的数量充足的营养素，但又不能过剩。营养合理的膳食是精心搭配多种食物的平衡膳食。平衡膳食的基本要求如下：

膳食平衡应包括7大类食物，即谷物、食用脂肪、肉类（肉、鱼蛋类等）、根茎薯类、奶制品、水果和蔬菜类。膳食提供的能量能满足生命和活动的需要且不过剩，三种供能营养素（蛋白质、脂肪和碳水化合物）的构成比例适当：蛋白质占12%～15%，脂肪占20%～30%（其中饱和脂肪酸不宜超过总能量的10%），碳水化合物占55%～65%。

（二）膳食平衡的基本原则

人体需要的营养素有两大类：需要比例大的称为宏量营养素，包括蛋白质、脂肪和碳水化合物；人体需要量较小的称为微量元素，分为矿物质和维生素两类。平衡膳食应带含有人体所需的各种营养成分。其中最主要的有蛋白质、脂肪、碳水化合物、维生素、矿物质、膳食纤维、水。1997年4月10日中国营养学会常务理事会通过了“中国居民膳食指南”，提出了7项平衡膳食的基本原则：

（1）食物多样，谷类为主，粗细搭配。

（2）多吃蔬菜、水果和薯类。

（3）每天吃奶类、豆类或其制品。

（4）经常吃适量鱼、禽、蛋、瘦肉，少吃肥油和荤油。

（5）减少烹调油用量，吃清淡少盐的食品。

（6）三餐分配要合理，零食要适当。

（7）每天足量饮水，合理选择饮料。

（三）大学生膳食平衡的注意事项

1. 一日三餐安排好

大学生的能量消耗大，特别是从事脑力劳动较多，因此，要养成良好的饮食习惯，保证身体的营养供给。合理安排一日三餐的时间、食量和能量摄入，是合理膳食的重要组成部分。一日三餐应遵循“早吃好，午吃饱，晚吃少(清淡并要早)”的原则。食物的能量分配为：早餐占25%～30%，午餐占30%～40%，晚餐占30%～40%。成年人一般一日三餐，两餐之间间隔4～5h。

良好的饮食习惯除了不挑食、不偏食、少吃零食等外，还应格外注意早餐的摄入，尤其是要有足够的热量供给，以保证上午连续4h学习的能量消耗。大学生尤其要注意改掉不吃早餐的坏习惯，否则会因热能的消耗而出现低血糖，血糖的降低首先引起的就是脑神经细胞，使其兴奋性下降，生理功能降低，从而影响学习的效果。理想的早餐应包括谷类、动物性食物、奶或奶制品、蔬菜和水果等四类食物。营养充足的早餐至少应包括其中三类。

午餐的数量要多，质量要高。用谷类食物(主食)、动物性食品、豆类及其制品、蔬菜水果合理搭配。

晚餐要清淡、量少，且不宜吃得太晚(在六点前完成)。晚餐过于丰盛会延长消化时间，导致睡眠不好。有研究表明，晚餐经常进食大量高脂肪、高蛋白质食物，会增加动脉粥样硬化的机会，从而增加患冠心病、高血压等疾病的危险性。

2. 饮食适量，因人而异

控制食量是保持健康体重和健康身心的重要措施。一个人胃的容量是相对固定的，胃肠的消化能力也是有限的，不要不顾胃的容纳和消化能力而吃过多的东西。饥一顿饱一顿的做法会损伤人体的胃肠系统，造成消化功能紊乱，引发胃炎、胃和十二指肠溃疡、胆囊炎、胰腺炎等疾病。

每个人的高矮胖瘦不同、身体活动量也不同，因此，在确定个人膳食食物的具体食用量时，要充分考虑每个人的具体情况，适当调整。

3. 细嚼慢咽助消化

细嚼慢咽是良好的饮食习惯。它可以将食物咀嚼得更碎更小，还能促进唾液分泌，帮助胃肠道消化吸收营养成分。用餐时间不要过于仓促，这是保证细嚼慢咽的基本条件；早餐用时以15～20min为好，午、晚餐以30min左右为宜。不宜过短也不宜太长。进餐时间过短、急急忙忙、狼吞虎咽不利于消化液的分泌，也不利于消化液与食物的充分混合，影响食物的消化，会引起胃肠的不适；进餐时间太长，不断地摄取食物，有可能造成摄取过量，吃得过饱。

4. 暴饮暴食要切忌

暴饮暴食是一种不健康的饮食行为，它是引起胃肠道疾病和其他疾病的一个重要原因。人们平时一日三餐，定时定量，消化系统形成了与之相适应的规律，如果突然改变饮食习惯，摄入过多的食物或饮料，会引起胃肠功能失调。大量油腻食物停留在胃肠内，不能及时消化，会产生气体和其他有害物质。这些气体和有害物质会刺激胃肠道，很可能引发急性胃肠炎，出现腹胀、恶心、呕吐、腹泻等症状。暴饮暴食后胃内压力加大，可引起急性胃扩张。暴饮暴食还会明显增加胰腺等消化腺的负担，使十二指肠内压力增高，从而增加发生急性胰腺炎或急性胆囊炎的危险。研究发现，暴饮暴食后心脏病急性发作的危险明显增加。

5. 饮酒适度，切勿贪杯

每次大量饮酒或醉酒都是对健康、特别是对肝脏的一次损害。长期无节制饮酒，不仅使人食欲下降，食物摄入量减少，多种营养素缺乏，而且严重时还会导致急慢性酒精中毒、酒精性肝硬化甚至引发肝癌，并增加患高血压、脑卒中等疾病的危险。因此，应文明饮酒，不过度劝酒，切忌不醉不休或借酒浇愁。

适量饮酒的限量值是：成年男性一天饮用酒的酒精量不超过 25g，成年女性一天饮用酒的酒精量不超过 15g。

男性的日饮酒限量为：54 度白酒接近一两，或 38 度的白酒一两半，或红葡萄酒半斤，或啤酒大约三杯。女性的日饮酒量约是男性的一半。

6. 零食适时和适量

零食是指非正餐时间所吃的各种食物。零食可以提供一定的能量和营养素，吃零食也是一种生活享受。但是，零食所提供的能量和营养素不如正餐全面、均衡，所以吃零食的量不宜过多。零食最好选择营养价值高的食品，如水果、坚果、酸奶等，含糖或脂肪较多的食品不宜选用。

7. 最佳饮品白开水

水占一个健康成年人体重的 60%～70%，饮用水是人体内水的重要来源，饮用水能够帮助食物的消化吸收，通过血液将肠道吸收的各种营养成分运输到各器官组织，并将产生的代谢废物排出体外。饮用水稀释了血液，降低血压的黏稠度。饮用水通过出汗和排尿、排便从人体内排出，可带走有毒物质，冲洗肠道，缓解便秘。饮用水还能调节体温、维持体液平衡。

饮用水少，人体缺水时，新陈代谢受到直接影响：血容量减少，血液黏稠度增高，代谢产生的废物不能及时被清除，容易引发多种疾病。

人体对水的需要量受年龄、温度、身体活动等因素的影响。建议在温和气候条件下从事轻体力活动的成年人每天至少饮水 1200mL(约 6 杯)。

煮沸后自然冷却至 20℃～30℃的白开水是最好的饮用品。白开水清洁卫生，水中的矿物质经过煮沸沉淀也变得适中。白开水既能迅速解渴，又不会引起胃肠不适。白开水的放置时间不宜过长，最好是当天烧开的水，不要放置超过 24h。

多数饮料都含有一定量的糖，大量饮用饮料特别是含糖量高的饮料会在不经意间摄入过多能量，造成体内能量过剩。另外，饮后如不及时漱口刷牙，残留在口腔内的糖会在细菌作用下产生酸性物质，损害牙齿健康。有些人，尤其是青少年，每天喝饮料代替喝水，是一种不健康的行为。经常适量饮茶，对人体健康有益。茶叶中含有多种对健康有益的化学成分，如茶多酚、咖啡碱、儿茶素等。绿茶具有防癌的功效。但长期大量饮用浓茶会妨碍铁质的吸收。

第三节 体育锻炼与营养补充

任何形式的体育锻炼都是通过肌肉的收缩活动来完成的，肌肉的收缩以消耗能量为基础，锻炼时的运动强度越大、持续的时间越长，消耗能量就越多，运动后必须进行合理的营养补充，才能使体育锻炼起到促进人体生长发育、增强体质和提高健康水平之目的。否则将会造成人体运动性营养不良，有碍正常生长发育，使人体机能下降。

一、体育锻炼与糖

糖是体内热能的主要来源，机体 60% 的热能由糖提供。在进行体育锻炼的过程中，肌肉收缩所需能量也主要由糖分解供给。糖供能经济、迅速，氧化供能时，比脂肪耗氧量少、效率高、氧化完全，代谢终产物为二氧化碳和水，不增加体液的酸度。运动中肌肉摄糖可为安静时的 20 倍或更多。体内糖的储备为：有肌糖元 250～350g、肝糖元 70～90g、血糖总量 5～6g。在大于 1h 的运动，如长跑、长距离游泳、自行车、滑雪、马拉松、足球、篮球、网球等，体内糖储备耗竭时，运动能力明显下降。由此可见糖是影响人体运动能力，尤其是持久耐力的重要因素。当然，对一般参加体育锻炼的大学生，不必过多食用高糖膳食或补糖，以防热能积蓄而发胖。

二、体育锻炼与蛋白质

蛋白质是实现肌肉收缩、运输与储备、调节物质代谢与生理机能的主要物质，这些无不与人体运动能力密切相关。此外，氨基酸还可作为能源物质分解供能。在肌糖原充足时，蛋白质供能仅占总热量的 5%；而当肌糖原耗竭时，可上升至 15%。蛋白质不能被彻底氧化成 CO_2 和 H_2O，中间代谢产物呈酸性，过多时会使体液酸度增加，降低运动能力，引起疲劳和水的需要量增加等副作用。

体育运动使体内蛋白质代谢发生变化。耐力性运动使蛋白质分解加强，合成速度减慢，机体尿氮和汗氮排出量增加；力量性运动在使蛋白质分解加强的同时，活动肌群蛋白质的合成则增加，因而肌肉增大。以上表明运动使机体对蛋白质的需要量增加。动物实验证实，运动前和运动后立即供给蛋白质，对改善肌肉的力量有良好效果。若蛋白质摄入不足，不仅影响运动效果，而且还会发生运动性贫血。但是，不能错误地认为多增加蛋白质营养，就会促进肌肉组织的增长。事实已证明，必须在进行渐进性的力量性锻炼前提下，有适宜的蛋白质营养才能使肌肉增长。而且过量补充氨基酸或蛋白质会引起一系列的副作用，如蛋白质的酸性代谢产物会使肝、肾负担增加，导致肝和肾的肥大并容易疲劳，大量蛋白质会导致机体脱水脱钙。高蛋白对水和无机盐代谢不利，有可能引起泌尿系统结石和便秘；高蛋白食物常伴随高脂肪的摄入会增加中年后形成动脉粥样硬化和高血脂症的危险性。

三、体育锻炼与脂肪

脂肪是低强度（小于最大吸氧量 55% 的运动强度）、长时间运动时的能源，在氧供充足的情况下，脂肪酸才能氧化供能。脂肪供能耗氧量大，在氧供不足时代谢不完全，而且其代谢中间产物—酮体，会使体内酸性增加，对机体和运动有不良影响。所以大学生膳食中的脂肪不宜过多。实验证明，在同一运动负荷下，高脂肪膳食可使氧消耗增加 10%～20%，增大了心肺功能的负担。高脂肪膳食后，会引起高血脂症，血液黏滞性增加，毛细血管内血液流动缓慢，红细胞运输与交换气体功能减弱，因而降低耐久力。脂肪的代谢产物蓄积会降低耐久力并引起疲劳。过多食用脂肪会降低蛋白质和铁等其他营养素的吸收率，过多的脂肪食物常会带入外源性的食物胆固醇，引起高脂血症。

细节了解 3-2

部分活动的热能消耗

运动(或劳动)名称	能耗量	
	$(kcal \cdot h^{-1} \cdot m^{-2})$	$(kJ \cdot h^{-1} \cdot m^{-2})$
醒卧	40	167
坐	50	209
书写	60	251
站立	85	356
洗衣	100	412
家务	140	586
散步	140	586
自行车	250	1047
游泳	350	1465
滑雪	500	2094
跑步	600	2512

注:引自王步标、华明、邓树勋《人体生理学》,高等教育出版社 1994 年版,第 287 页。

体育锻炼可提高人体氧化利用脂肪酸的能力,系统的体育锻炼会使骨骼肌中线粒体数量、体积、单位肌肉毛细血管密度、线粒体酶及脂蛋白脂酶的活力增加。有氧运动可使体内甘油三酯和低密度脂蛋白胆固醇减少,而高密度脂蛋白胆固醇增高,对防止动脉硬化及冠心病有良好作用。此外,有氧运动使脂肪组织中的脂肪酸游离出来供能,以及运动造成的机体热量负平衡,都促使体内脂肪的消耗,有助于减少体内脂肪。

大学生膳食中适宜的脂肪量应为总热量的 25%～30%。高脂肪膳食时氧的利用率较低,加之脂肪不易消化,在胃内停留时间长,且在运动时人的消化机能常处于抑制状态,因而不宜在运动前食用高脂肪饮食。同时,应限制在大学生膳食中过多采用脂肪。

四、体育锻炼与维生素

维生素是维护身体健康、促进生长发育和调节生理机能所必需的一类(低分子)有机化合物。维生素在体育锻炼或运动训练中具有特殊生理作用。由于维生素参与机体的各种代谢,运动时物质代谢旺盛,维生素的需要量增加,缺乏或不足时对运动能力产生不利的影响。如表现为机体做功能力下降、肌肉收缩无力、疲劳加重等。维生素不足还可使人体的活动能力减弱,抵抗力下降,代谢紊乱,酶活力降低,氧化还原过程变慢,运动效率下降。使人倦怠、食欲不振、头痛、便秘、易怒、疲劳。维生素的进一步缺乏,可导致机体的生活能力及器官机能衰竭。研究证实,运动可加速维生素不足症的发生和使症状加重。

维生素营养充足时,不仅有助于机体吸收热能来源和构成体质的原料,而且在细胞中能引起如酶和激素的作用,刺激生理机能,影响代谢及热能的转换过程。有实验证明,缺乏维生素可导致工作能力的下降,补充所缺乏或不足的维生素,可以提高运动能力。有学者认为,当食物中维生素 C 和 B_1 供给充足时,能加速肌肉中磷酸肌酸(CP)及糖原的合成,促进血液及肌肉中乳酸的消除。但当过量补充某一种维生素会引起体内维生素的不平衡。脂溶性维生素 A 和 D 的过量摄入，可在体内蓄积而引起中毒。维生素 A 中毒的症状为：厌食、兴奋过度、长骨末端外周部分疼确、头发稀疏、肝肿大及皮肤瘙痒等；维生素 D 中毒的表现是异位钙化。有资料报道，过量的维生素 C 摄入，会引起胃肠道不适。

大学生在热能营养充足和平衡膳食的情况下，一般不会发生维生素缺乏，但在大运动量训练或减体重期，热能营养不能满足需要时，或添加食物的营养密度不够，以及吃蔬菜、水果较少时，应适当补充维生素制剂。因为维生素大多不能在体内合成或合成量甚微，以预防维生素的营养不良。

五、体育锻炼与矿物质

人体在运动过程中，由于代谢机能旺盛，因而对经常参加体育活动的大学生来说，矿物质的营养状况对其健康和运动能力有重要影响。下面介绍营养中较易缺乏或对运动有特殊生理意义的几种矿物质。

细节了解 3-3

补钙途径

人体对钙的吸收是主动的，是从低浓度到高浓度过程的吸收。其中，维生素 D 起运输作用，食物中的蛋白质与乳糖可促进钙的吸收，而食物中的植酸、草酸及脂肪酸则影响钙的吸收。应多食用虾类及肉骨类食物，以达到补钙的目的。

(一)钙

钙是构成人体的重要元素之一，机体内约 99% 的钙是以结合形式存在于骨骼中，1% 的钙以离子形式存在于血液、细胞外液等体液中，是钙的活性形式。钙在神经冲动的传导、肌肉收缩及其酶的激活、血液凝固以及维持细胞膜完整性等一系列生理过程中均发挥重要的作用。钙离子为磷酸化酶激酶的激活所必需，因而在糖原的分解代谢中发挥重要作用，这表明钙与能量代谢过程密切相关。

钙的缺乏可引起肌肉抽搐、长期不足导致骨密度降低。有研究表明：高钙摄入(大于755mg/d)有利于不同运动水平能量消耗时的骨密度提高。由于体育活动改善了钙量代谢，所以，参加体育活动需要适当补充更多的钙。

国人普遍存在钙摄入不足的问题，大学生应该注重从富钙的食品中摄取钙以预防骨骼营养不良。

(二)磷

磷与钙一起构成骨的主要成分。有资料报道，运动量加大时，可引起磷负平衡。磷广泛分布于食物中，且吸收率高于钙。因此，一般情况下人不会缺磷。磷的吸收也与维生素 D 营养有关，维生素 D 缺乏时，肠道对钙、磷的吸收降低。

(三)铁

铁在肌肉细胞能量代谢中发挥重要作用，体育运动可增强铁的代谢，长期的运动训练或体育锻炼使组织铁的储存量明显减少。由于铁与体内氧的运输以及多种生物氧化过程有关，所以铁营养不良降低机体的有氧运动能力和耐久力。即使是轻度的缺铁性贫血也可导致工作能力的降低。有研究报道：每 100mL 血液中降低 1g 血红蛋白，可使次限量负荷运动后的心率加快4.7%、血乳酸水平也显著增高。有许多研究证明，在动物和人因缺铁导致的运动能力降低，经补铁剂治疗后运动能力又可恢复。由此看来，运动导致人体对铁的需要量增加。如果膳食中铁的含量不足，会造成运动性贫血和运动能力的下降。对经常参加大运动量锻炼的大学生推荐每日铁供给量：常温下运动20mg(男)、25mg(女)，高温下运动25mg(男)、30mg(女)。应选择含铁丰富的食物，如动物肝脏、蛋黄、豆类、芝麻、黑木耳和猪血以及某些蔬菜(芹菜、韭菜等)。但也应防止铁中毒，铁中毒时出现恶心、便秘、胃肠功能紊乱、肝组织中铁剂沉着严重时可发生肝硬化。

(四)锌

锌是人体内较为重要的一种必需微量元素，有研究发现，一次急性运动后，可明显提高血清锌浓度。进行长期大运动量训练可导致低锌血症的发生。普通大学生的锌需要量为15mg/d，可直接从富锌的食品，如富蛋白食物、海洋生物以及鲜肉中摄取，不必额外补充。

六、体育锻炼与水

水是生命的源泉，是维持生命活动必需的物质。人体只有在水分充足时才能维持良好的细胞功能、调节体温，获得最大的体力能力。脱水和身体过热(体温增高)，不仅易发生疲劳和运动能力下降，而且还会对健康造成危害。

人体的需水量取决于排出水量。每日水的摄入量应与机体经各种途径排出的水量保持动态平衡。成人一般每天由尿中排出的代谢废物和电解质的总量为40～50g，肾脏为排除这些代谢废物至少需排尿1500mL。所以，成年人一般情况下每天对水的最低生理需要量为1500mL，为安全计每日每千克体重供水40mL为宜。高温、运动等出汗多时，供水量应相应增加。

运动时脱水，不仅使运动者体温升高和心血管负担加重，而且还可导致肾脏损害，引起肾缺血、少尿、无尿、血尿、泌尿道结石形成。人体脱水时最大吸氧量减少和维持最大吸氧量的运动时间明显缩短。在炎热的夏季进行体育锻炼时，为了预防因大量流汗失水对机体造成的危害，运动者可在运动前、运动中、运动后适当补充水分，但要避免猛饮。

思考题：

1. 合理营养的作用是什么？
2. 体育锻炼后如何进行营养补充？

第四章　体育锻炼与保健

重要问题提示

- 了解科学健身的内涵
- 掌握科学安排运动量的方法
- 掌握常见运动损伤的治疗与预防方法
- 学会自我医务监督的方法

第一节　科学健身

在日常生活中，我们经常会遇到这种情况：有些人因缺少锻炼，而导致肌肉韧带力量薄弱，身体抵抗能力下降而体弱多病；有些人因不懂得科学的锻炼身体的方法，本想参加体育锻炼增进健康，却不料因没做准备活动而产生运动损伤；有些人因不懂得掌握合适的运动量，导致疲劳过度，而影响了正常的学习生活和工作等，诸如此类的例子不胜枚举。之所以出现以上问题，是因为我们忽视了一个问题——健身也要讲求科学。

科学健身，既要遵循运动技能形成的规律，又要遵循人体生理变化的规律，还要加强自我监督，以达到增强体质、增进健康的目的。它应包括遵守体育锻炼的原则、充分的准备活动、掌握合适的运动量等，适当的整理活动可有效消除运动疲劳。

一、体育锻炼的原则

体育锻炼的原则是体育锻炼客观规律的反映，是人们从事体育锻炼实践，达到锻炼目标所必须遵循的基本原则。

（一）自觉性原则

自觉性原则是指体育锻炼者必须有明确的健身目标，自觉地从事体育锻炼。

（二）循序渐进原则

循序渐进原则是指体育锻炼的内容、方法和运动负荷安排的合理顺序。体现在内容、方法上，做到由易到难，由简到繁，由已知到未知，逐步深化，不断提高。体现在运动负荷量与强度上，要力求控制在最佳范围，安排适宜的运动负荷。由于人体内外环境变化的适应是一个缓慢的由量变到质变的过程，锻炼效果的大小，在很大程度上取决于运动刺激的量和强度，因此运动负荷是否适宜，是贯彻这一原则的关键。

（三）持之以恒原则

体育锻炼必须持之以恒，使之成为日常生活中的重要内容，人体运动技能的提高，各器官、系统功能的改善，身体素质水平的提高，都是通过肌肉活动反复强化的结果。体育锻炼对机体的刺激，促进了机体结构和机能的适应性变化，新的适应不断产生，人的体质就不断增强。

（四）全面性原则

全面性原则是指通过体育锻炼使身体形态、生理机能、身体素质、心理品质以及适应能力等，都得到全面和谐的发展。

（五）针对性原则

针对性原则是指体育锻炼必须根据个人的实际情况有针对性地付诸实施。

体育锻炼必须从个人的实际出发，针对年龄、性别、职业、健康状况、体育基础、生活条件等综合考虑后，决定其行之有效的项目、内容、方法、负荷量等，不可千篇一律，强调统一。

体育锻炼力求全面影响人体。选择锻炼内容和方法时，既要立足于身体锻炼的全面性，又要有因人而异的针对性；既要突出不同锻炼阶段的重点，又要兼顾各种锻炼方法的相互促进；既要注意锻炼机体的全身，又要考虑发展机体的局部。只有正确运用身体锻炼的内容和方法，全面锻炼身体，才能使锻炼者的身心得到全面协调发展。

二、体育锻炼的方法

（一）准备活动

准备活动也叫“热身”，是一种为正式运动做准备的身体练习。

细节了解 4-1

准备活动的分类

准备活动的内容是各种身体练习，可分为一般性准备活动、专门性准备活动和混合性准备活动。一般性准备活动的目的是使运动系统、神经系统、内脏器官的兴奋性和功能适度增强，体温和代谢活动水平有所提高，为正式开始体育活动作好身体方面的准备。专门性准备活动的目的在于恢复和增强专项运动技能，调整好运动器官对该运动专项的适应关系，因而专门性准备活动一定要符合专项动作的特点。混合性准备活动则是把一般性和专门性准备活动有机地组织在一起，使之兼有二者的生理效应。

准备活动最大的好处，就是使身体发热。体温升高之后，可以使肌肉黏滞性下降，提高肌肉收缩和舒张的速度，增加肌力；在较高体温情况下，血红蛋白和肌红蛋白会释放出更多的氧，从而增加了肌肉的氧供应；肌肉中温度升高还可使这些部位的小血管扩张，增加肌肉中的血供应；同时，体温升高还能增加肌肉及韧带的伸展性，加大柔韧性，预防运动损伤。

准备活动还可以调节内脏机能水平，以适应体育锻炼的需要。因身体各内脏生理惰性较强，适量的准备活动可以使内脏机能逐渐适应正式锻炼的身体需要，避免运动时由于内脏器官不适应而造成不舒服的感觉。

准备活动还可提高神经的兴奋性，将运动者的心理状态调整到体育锻炼的情景中，使大脑皮层处于最佳的兴奋状态，已达到较好的运动效果。

总之，准备活动的量与强度应比正式运动小，以免由于疲劳影响正式运动。量和强度有多大，要根据运动项目、个人情况和气候情况决定。一般需要 10～15min，做到身体发热、微出汗即可。冷天做准备活动，时间可以长些。

（二）整理活动

整理活动是指在正式练习后所做的旨在加速机体功能恢复的较轻松的身体练习。其目的是使人体由紧张剧烈的运动状态平稳过渡到安静状态，是加速疲劳消除、促进体能恢复的必要措施。

人体的各项机能从安静状态进入到工作状态，需要有一个逐渐的过程；从工作状态恢复到安静状态，同样也需要有一个逐渐的、不要突然改变的过程。运动之后，作适当的整理运动，对机能恢复和消除疲劳有积极作用。

1. 肌肉在运动之后往往不易很快放松，此时如果完全静止休息，肌肉中许多代谢产物就不能迅速排除，会使肌肉僵硬，甚至产生酸疼。在运动后作一些放松练习及牵拉（肌肉被动拉长）的练习，可以使肌肉充分放松，并使肌肉中储积的代谢产物尽快排出，有助于消除疲劳与预防肌肉酸疼。

细节了解 4-2

如何做整理活动

整理运动一般应该包括慢跑、深呼吸和一些缓和的放松练习。活动量要小一些，逐渐使肌肉放松，使各内脏器官逐渐恢复到平静状态。例如中长跑锻炼后，除了上述练习外，还可以仰卧在垫子上，将双腿举起并抖动，这样可以使肢体血液回流，并起加速排出肌肉中的代谢产物的作用。牵拉肌肉的练习主要是针对运动时那些主要的肌群，如跑主要是延伸下肢的肌肉，举重、体操等可适当牵拉上肢和躯干的肌肉。

2. 在运动之后呼吸、循环等内脏器官还得继续工作一段时间，以补充运动时欠下的“氧债”。如果突然站着不动，那么身体这种静止姿势就妨碍了呼吸的运动幅度，影响氧的补充。同时，运动后突然停止不动，血液由于重力的作用就淤积在下肢扩张着的血管里，使静脉血回流减少，进而导致心输出量骤然降低，血压下降。严重时可导致大脑暂时性缺血，头晕甚至休克。在运动之后，采取由快跑过渡到慢跑，再过渡到走的整理运动，可以使神经系统有足够的时间调节下肢血管，使它们收缩以减少血液淤积，就可避免上述情况的发生。

（三）运动量的科学安排

参加体育锻炼必须善于掌握运动量，因为运动量太小，不用动员肌肉与内脏器官的机能潜力就可以轻而易举地承担下来，锻炼效果不大；相反，如果运动量过大，就会超过人体负荷的界限，不仅达不到增强体质的目的，而且还会对锻炼者的健康产生不良影响。

在进行体育锻炼时怎样判断自己确定的运动量是否合适呢？检验运动量是否合适，一般可以用客观生理指标的测定和锻炼者的主观感受来分析判定。

细节了解 4-3

运动量的决定因素

运动量主要决定于运动持续时间和运动强度两方面。运动中动作的快慢（如跑步、游泳等）和用力的大小（如举起的重量等）就是运动强度。运动的持续时间是比较容易安排的，如跑步 20 分钟、打拳 10 分钟等等。

测量脉搏变化是最简便易行的办法。一般人安静时的脉搏（与心率一致，可代表心率）为 60～80 次/分，耗氧量增加时心率相应加快。最大强度运动时可能达到的心率值称为最大心率(又称极限心率),其推算公式为:220－年龄。最大心率仅是一个理论值,在实际运动中是不允许达到最大心率的,那样会对机体,特别是对心肺造成难以挽回的损害。在运动中一般将心率控制在靶心率范围内,靶心率是人体完成最大做功的65%～85%时的心率。按照这种强度的运动、锻炼效果最明显,且不会对身体造成大的损害。还可以在早晨起床前、锻炼前和锻炼后1h各测一次脉搏(测一分钟的脉搏)。如果运动量小,在锻炼后1h脉搏就可以恢复到晨脉水平,表明身体能承担这一运动量。如果次日晨脉比往日升高较多(每分钟超过10次),而且还有疲劳感,如无疾病或其他原因,则表明运动量过大,应适当调整。其他生理指标,如动脉血压、肺活量、血红蛋白、心电图等都可用来检测运动量安排得是否合适。因为这些方法比较复杂,在此不再介绍。

通过主观感觉来衡量运动量是否合适也是十分重要的,一般包括运动前、运动中和运动后的感觉。正常人在运动量安排的合适时,工作、学习、劳动起来精力充沛。参加锻炼前也是跃跃欲试,很想参加锻炼;锻炼以后略有疲惫感,但不影响正常的食欲和睡眠等。有时肌肉也会有轻度疼痛,四肢乏力,但这些现象经过一夜休息,第二天早晨就会消失,而且身体状况自已感到愈来愈好,疲劳也消失得愈来愈快。当运动量过大时,第二天早晨常会感到萎靡不振,周身无力,甚至有头晕现象。在锻炼之后,常感到极度疲劳,吃不下,睡不好,对锻炼有厌倦和冷淡的感觉,运动中并且容易出汗等。这些都说明运动量需要适当调整。在判断运动量是否适宜时,最好把客观生理变化和主观感觉结合起来,这样会更加准确。

(四)运动疲劳的产生及消除

人运动到一定时候就不能按原来的强度运动了,这时可以认为产生了疲劳。譬如我们举哑铃,举了10次之后,第11次就举不上去了,这时可认为出现了疲劳。疲劳时运动能力下降,经过休息后工作能力又重新得到恢复,所以疲劳是一种生理现象,不但不用怕,而且还可以用它作为是否达到适宜运动量的一种标志。训练也好,锻炼也好必须达到一定程度的疲劳,才能刺激身体各项机能,以及获得超量恢复的效果。

产生疲劳的原因是很复杂的,一些比较公认的说法有衰竭学说、堵塞学说、内环境稳定性失调学说、保护性抑制学说等。在人体运动中产生疲劳的原因可能是复杂的、相互渗透和影响的,不同运动项目疲劳产生的原因也是不同的,所以单独用一种学说去解释所有运动的疲劳也是不科学的。我们对各种运动产生疲劳的原因,一定要具体分析。在体育锻炼之后,只有尽快消除疲劳和恢复体力,才能有利于工作、学习及继续下一次的锻炼。那么,在运动后怎样才能尽快地恢复体力呢?

1. 整理活动是消除运动疲劳、恢复体力的一种好方法,详细内容见前面对整理活动的介绍。

2. 运动后如果采用相互按摩或自我按摩,也可以改善肌肉的血液循环,促进代谢产物的排出,有利于消除运动后肌肉的疲劳。按摩可以在运动后20～30min时进行,也可以安排在晚上睡觉前进行。按摩的顺序是:从轻到重,力量逐渐加强,进行推摩、揉捏、按压和叩打等,最后用局部抖动结束。

3. 温水浴(水温在32℃～40℃)对于循环系统和神经系统都具有良好的作用,同时可以清洁皮肤,去除污物和汗液。温水浴后使人精神爽快,促进体力的恢复。

4. 补充足够的营养。因为劳动使能量消耗增多,如果不是为了减肥,那么因补充足够的食物,使摄入热能与消耗掉的热能相抵,即达到平衡。此外,因为运动的缘故,体内水分、维生素及无机盐也有所消耗，应适当补充。维生素C能促进有氧功能；维生素B族及维生素E也有减轻疲劳，提高工作能力的作用；钠、钾、钙、磷、铁、锌等无机盐是体内代谢及构成某些细胞成分必不可少的，运动后需及时补充。这些物质主要来源于饮食，应注意在饮食中增加上述物质丰富的蔬菜、水果、蛋、肉、奶等。补充水分对恢复体力也是很重要的，但是不要猛饮，要慢慢喝，还可以在水中加少量盐。详细内容见本书第三章。

5. 最后，要保证充足的睡眠。睡眠时大脑完全处于抑制状态，可以使工作一天的器官充分地休息。同时抑制状态又是促进合成的过程，许多消耗掉的物质的复原，以及许多损毁的细胞、组织的修复也大多都在睡眠中完成。所以良好的睡眠习惯对恢复体力来说是至关重要的。

三、体育锻炼的注意事项

1. 运动一定要规律，一般保持一周运动3～5次，每次20～60min。

2. 关于热身，以抻拉为主，配合小运动量慢跑等，一般15～30min为佳。

3. 饮食一定要跟上并且合理。强身健体三分靠练七分靠吃。饭后1～2h再进行锻炼，也不宜空腹锻炼。大运动量后的正餐很重要，最好运动完30min后再进食，多以馒头、米饭等主食和肉类为主，补充糖和蛋白质，但不宜暴饮暴食。

4. 关于饮水：随时补充水分，不要渴了再喝，“渴”说明你身体已经严重缺水，尽量喝带镁离子、钠离子的运动饮料、矿泉水或淡盐水，切忌喝冰水。

5. 关于恢复：如受伤，小伤当时冷敷，加压包扎，两日后热敷（无破裂伤口），如有破裂伤口或较严重，则应简单包扎后送医院治疗。

6. 关于个人习惯，不抽烟，少喝酒最好。

第二节　常见运动损伤与防治

一、运动损伤产生的原因

人体由于运动方式不当而造成的各种损伤，统称运动损伤。运动损伤产生的原因如下：

1. 思想上对预防运动损伤不够重视，预防措施不得力。运动前准备活动不充分，运动中注意力不集中，动作粗野，不注意自我保护而受伤。

2. 运动时心理状态不良。一是兴奋性过高，争强好胜，或急于求成，常在抗争和冒失中受伤，二是运动情绪低下，往往畏难，恐惧，在矛盾、犹豫的心态下容易受伤。

3. 身体素质差，运动技术水平低，造成动作不协调、不到位，出现错误的动作，违背了生物力学原理，而造成运动损伤。

4. 内容组合不科学，程序安排不合理，机体局部负荷强度过大，运动中又不从实际出发进行调整，容易造成运动损伤。

5. 场地、器材不符合安全要求，如场地狭窄、不平坦，器械安置不牢固，未能充分利用保护装置和保护措施，容易造成运动损伤。

6. 空气污染、噪音、光线不足，或气温过高、过低，以及运动着装不符合运动要求，都会直接或间接地造成伤害事故。

二、运动损伤的预防

1. 加强安全教育,提高预防损伤的意识。

2. 运动前做好准备活动,对易受伤部位的关节、韧带、肌肉要充分活动开,运动结束后要做好整理活动。

3. 合理安排运动负荷,要根据个人的身体状况区别对待。同时还应注意全面地锻炼身体,使技术与体能获得均衡的发展。

4. 认真检查场地器材,杜绝事故隐患。掌握运动器械的正确使用方法,加强运动中的保护和自我保护,禁止穿不适合运动的鞋和服装参加运动。

5. 加强医务监督,定期进行体格检查,科学地安排锻炼计划。

三、常见运动损伤的现场处理

(一)软组织损伤的处理

肌肉、韧带、皮肤等软组织损伤时,受伤局部有疼痛、肿胀、压痛、活动障碍,开放性损伤还有创口。损伤后24～48h内,通常称为急性损伤早期。

1. 闭合性软组织损伤早期的处理

损伤局部无创口者,称为闭合性软组织损伤。主要包括关节扭伤、肌肉及韧带拉伤以及局部组织的挫伤等。早期处理的内容主要是:

(1)冷敷。具有止痛、止血和减轻局部肿胀的作用。受伤后可尽快用凉水或冰袋冷敷伤部,有条件时可用氯乙烷、冷镇痛气雾剂喷射受伤部位。喷射距离约为10cm,喷射时间为3～5s,重复使用至少间隔半分钟(不宜使用于面部和创口)。冷敷时须防止冻伤,尤其在寒冷季节。如受伤部位已出现肿胀,不要揉搓、推拿和热敷。急性软组织损伤1～2天内,原则上不做热敷。

(2)加压包扎。加压包扎是处理急性软组织损伤的关键,包扎得当可达到止血、防肿和缩短伤后康复时间的效果。当受伤局部刚出现肿胀或肿胀不明显(如臀部、大腿部),但疼痛剧烈活动障碍明显的,应经短时冷敷后尽快加压包扎。包扎时注意松紧适度,包扎太松达不到加压,太紧会引起局部血循环障碍。包扎后要注意观察肢体血液循环状况,一旦出现青紫、发凉或麻木感,应及时松解重新包扎。加压包扎一般约需24h。

(3)限制活动和抬高患肢。当肢体受伤较重时,为防止伤处继续出血,减轻肿胀和疼痛,一定要限制活动和抬高患肢数日,以促进血液、淋巴液的回流,加快消肿。

2. 开放性软组织损伤的早期处理

因外力作用使局部皮肤、黏膜破裂,伤口或创面与外界相通,常有组织液渗出或血液自创口流出的损伤,统称为开放性软组织损伤。

(1)首先要止血。一般毛细血管出血,几分钟内会自行止血。创口出血较多时,现场用干净的手帕覆盖创口,再直接压迫或加压包扎止血。手指出血,则用力压住指根两侧或扎紧指根部止血。未看清创口前不要盲目按压。

(2)减少创口污染,保持新鲜创口清洁,尽可能减少不洁物品接触创口。

(3)创口小,边缘对合良好的,可在消毒后直接用胶布牵拉固定一周。创口大或位于面部的创口要到医院处理。

(4)必要时口服消炎药物,以防感染。对于较深的污染伤口,应在清创后注射破伤风抗毒素。

面部浅表的擦伤可用生理盐水或盐开水洗净创面,创口周围用75%酒精消毒,创面擦0.1%新洁尔灭溶液或消炎软膏,无需包扎。面部不要擦有色药水。关节附近擦伤用消炎软膏包扎较好,这样可防止关节活动时创面干裂影响愈合。

(二)骨折和关节脱位的处理

运动中出现的骨折多属外伤性骨折,是骨骼直接或间接受到暴力所致,如挤压伤、跌伤等。常见有锁骨、肱骨下端、桡骨下端、腓骨和第五跖骨底部等骨折。骨折部位表现疼痛、压痛、肿胀、出现淤斑,明显错位时可出现畸形和异常运动,X线检查可确诊。

关节脱位也叫"脱臼",是指组成关节的骨端关节面之间失去正常的解剖关系。除表现局部疼痛、肿胀外,主要有关节畸形和活动障碍。为了排除脱臼同时伴有骨折,整复前最好先拍片。常见脱位的关节有肩关节、肘关节、指关节和髋关节等。

骨折和关节脱位的处理主要有以下几点:

1. 外伤后一旦出现骨折或脱位征象,应先行固定。如属开放性骨折(或关节脱位),应先止血、包扎,再固定。在明确诊断后,用石膏或小夹板固定。固定后要注意观察局部血液循环,抬高患肢。当固定部位的肢体出现麻木、压痛、肢端青紫或石膏断裂、小夹板松解等情况时,要重新固定处理。

2. 对于开放骨折或脱位,要对创口清理,切勿将露出创口的骨组织送回创口内,以免感染。注意骨折或脱位是否损伤神经、血管或内脏是极为重要的。

3. 当骨折、脱位复位固定两周左右,应及早做肌肉的等长收缩锻炼(肌肉间歇舒缩,但骨骼并不发生运动),以改善局部血液循环,防止肌肉萎缩,也有利于组织的修复愈合。

(三)脑震荡的处理

脑震荡是指头部外伤后因脑神经细胞受到震动而引起的意识和机能的暂时障碍。脑震荡的表现主要有:暂时性意识障碍或昏迷,时间从数秒到半分钟不等;逆行性遗忘(受伤前后的经过不能回忆,但对往事记忆清晰),伴有头痛、头晕、恶心呕吐,可持续数日;神经反射和脑脊液检查正常,血压、呼吸、脉搏基本正常。

脑震荡可按以下几点处理:①绝对卧床休息(平躺,不垫枕头)直至上述症状基本消失;②药物对症治疗,如服止痛片、镇静药等。遇有下列情况之一应立即送医院处理:①昏迷不醒;②虽清醒,但头痛、呕吐剧烈;③两眼瞳孔不对称,或清醒后再次陷入昏迷,提示有颅内出血的可能。

四、伤后恢复运动的一般原则

急性损伤后除少数需要卧床休息外,绝大多数只需受伤部位局部休息,这样才能保持身体机能水平不致出现明显下降。即使休息的肢体也要早期进行功能锻炼(除避免重复损伤动作外),以利于伤处愈合和恢复功能。慢性损伤包括劳损一般不需要休息,可以锻炼和治疗相结合。

确定伤后恢复锻炼时机的一般原则是:第一,要依照组织损伤后大致的愈后时间来确定。一般认为肌肉损伤7～10天,韧带损伤7～14天,肌肉韧带断裂3～6周,骨折4～12周,也可长达半年才能愈合(如股骨颈骨折)。组织损伤的愈合时间受损伤程度、治疗是否得当以及个体差异等多种因素影响；第二，肌肉损伤要待肌肉抗阻试验呈阴性后方可重新参加运动。恢复运动时应先进行主动性和静力性练习，逐步过渡到负重和剧烈运动。运动负荷从小到大，不可操之过急；第三，骨折临床愈后，先进行功能锻炼，待该部位恢复到活动无疼痛和压痛时，方可参加运动；第四，恢复运动时，损伤处可用保护带进行预防性保护，如使用护膝、护踝、护肘等。

第三节　体育锻炼与自我医务监督

一、自我医务监督

（一）自我医务监督的意义

自我监督是指体育运动参加者在训练和比赛期间采用自我观察和检查的方法，对健康状况、身体反应、功能状况和比赛成绩进行记录和分析。它既是体格检查的重要补充，也是间接评定运动量大小、预防运动性伤病的有效措施。它还能促使运动者遵循科学的锻炼和训练规律、培养良好的运动卫生习惯。

（二）自我医务监督的内容和方法

自我医务监督主要包括：主观感觉（包括身体感觉、运动情绪、睡眠、食欲、出汗情况等）和客观检查（脉搏、体重、肺活量、尿便情况、身体素质、运动成绩、伤病情况、体质评价等）两个方面（见表4-1）。

具体操作时，锻炼者将运动后出现的各种生理反应和所测定的有关数据，在医务监督表所属栏目内记录下来，如睡眠情况良好，即在相应的栏目内画（√）记号，在客观检查各栏中，还要填写上具体的测定数据，以此类推。然后对整个记录进行综合分析与判断。如果主观感觉各栏目均属良好、正常之列，客观检查指标也在正常范围之内，身体素质、运动成绩稳定或上升，又无重大伤病，表明前一段实施的锻炼计划、选择的内容和方法、安排的运动负荷以及运动技术难度都是合理的。如果发现异常反应时，应及时检查和分析原因，并在教师的指导下，认真调整锻炼内容和运动负荷，必要时暂停锻炼，或就医作进一步检查。其他指标一栏，可根据条件选用一些简单有效的测检方法，如握力、臂力等。女同学还要记录月经情况，如运动后月经量多少、经期长短、有无痛经等。本监督表每周记录一次（见表4-1）。

表4-1　自我医务监督表

类　别	内　容	反　应			
主观感觉	身体感觉	良好	一般	欠佳	不好
	运动情绪	活跃	一般	淡漠	低沉
	睡眠情况	良好	一般	不佳	失眠
	食欲情况	良好	一般	减退	厌食
	出汗情况	正常	较少	较多	虚汗

续表

	项目					
客观检查	脉搏(次/分)	有规律			不规律	
	体重	增加		保持		减轻
	减少	肺活量(ml)		增加		保持
	尿便情况	正常			混稀	
	素质成绩	提高		保持		下降
	运动成绩	提高		保持		下降
	伤病情况	记录伤病原因和程度				
	体质评价	上等	中上等	中等	中下等	下等
其他						

系专业：　　　　　　　　姓名：　　　　　　　　日期：

二、常见的运动生理反应及其处理

(一)极点和第二次呼吸

在达到一定强度和一定持续时间的体育运动过程中，有时会感到胸闷、呼吸困难、心率激增、肌肉酸软无力、动作迟缓不协调、情绪低落，甚至想中止运动，这种状况称为“极点”。出现极点以后，如果依靠意志力和稍减缓速度坚持运动下去，不久这种难受的感觉就会减轻或消失，动作重新变得轻松有力，呼吸又逐渐均匀自如，心率也有所恢复，这种现象称为“第二次呼吸”。

极点出现后，应该继续坚持运动，运动强度可以稍微降低。第二次呼吸的出现标志着极点已经被克服，生理过程已达到了新的平衡，此后呼吸循环功能将维持在新的较高水平上。极点出现的迟早、反应程度的强弱以及消退得快慢等，与运动项目、运动强度、训练水平、赛前状态、准备活动等因素有关。一般来说，中长跑运动中极点现象较明显，运动强度越大、训练水平越低，极点反应出现得就越早越明显，消失得也越迟。良好的赛前状态与充足适当的准备活动都能推迟极点的出现和减缓极点的反应。在极点出现时，应加强呼气，以更多地排出二氧化碳，使血液的酸度减小，可减轻极点的反应，加速其消退。要认识到极点是运动中常见的生理现象，不必紧张和恐惧，只要坚持锻炼，随着运动技术水平的提高和体能的增强，极点现象是可以延缓和减轻的。

(二)肌肉酸痛

即在一次大运动量活动后或久未活动刚刚开始锻炼的一两天后出现的肌肉酸胀、疼痛感，又称为“延迟性疼痛”。产生原因是肌肉在自身黏滞性较高时收缩过猛，引起局部肌纤维及结缔组织的细微损伤，并伴有肌纤维痉挛。治疗方法可采用热敷、按摩、电疗或静力牵引练习，有助于缓解痉挛，也可口服维生素C，促进受伤组织修复。肌肉酸痛的预防应注意科学安排运动负荷，一定要遵循循序渐进的原则，充分做好训练前准备活动和训练后整理活动，对重点肌肉群更应注意保护，多进行伸展牵拉练习可预防肌肉酸痛。

(三)肌肉痉挛

肌肉痉挛俗称抽筋，是肌肉不自主的强直收缩，表现为疼痛难忍，并且一时不易自行缓解。运动中最常出现痉挛的是小腿腓肠肌,其次是拇屈肌和屈趾肌等。痉挛常在游泳或冬季户外运动时发生,有时也因情绪紧张而导致。处置办法是立即对痉挛的肌肉进行牵拉。如小腿腓肠肌痉挛时可伸直膝关节或用手将足用力背屈,同时拍打按摩疼痛的肌肉,一般即能缓解。预防痉挛的发生应在运动前对经常发生痉挛的肌肉充分按摩,在低水温游泳时不要在水中停留时间太长。冬季应注意局部保暖,夏季长时间运动应注意补充盐分。

(四)低血糖

如在运动中出现非常饥饿的感觉并伴有疲乏无力、头晕、心慌、出冷汗等,极可能是低血糖。原因是摄入糖不足或运动中消耗过大使血糖浓度低于正常,而出现植物功能反应。在饥饿状况下从事运动或长跑、长时间剧烈运动等都易导致低血糖发生。发生低血糖应立即停止运动,平卧,注意保暖。轻者可喝些热糖水或吃点食物,昏迷者应立即静脉推注50%葡萄糖 40~60mL,会很快缓解。预防措施:在空腹或饥饿时不要长时间进行剧烈活动。马拉松等长跑运动应准备含糖饮料补充糖分。

(五)中暑

常发生在高温环境下长时间运动时,尤其是气温高、散热差、头部阳光直射,或身体疲劳、缺水时最易发生。发病时,表现为头痛、头晕、呕吐、烦躁、乏力、大量出汗、体温上升,严重者可昏迷和痉挛。对中暑者,应移到阴凉处休息。头部冷敷,服用清凉饮料,也可用藿香正气水、仁丹等。严重者须用50%酒精擦身散热,并及时送医院治疗。预防措施包括:在高温炎热季节应适当减少运动量和运动时间,避免在烈日直晒下锻炼,穿着散热较好的宽松轻薄的衣服,并应及时补充含盐饮料。

(六)昏厥

昏厥是在运动中脑供血不足而导致的一时性知觉丧失。原因是运动中下肢血液回流不足,心脏射血减少,也和运动中低血糖有关。患者眼前发黑,全身无力,突然昏倒。检查时可见面色苍白、手足发凉、脉搏细弱、血压下降、呼吸缓慢等。发生昏厥,应立即使患者平卧,足略高于头部,同时进行由小腿向大腿、心脏方向的按摩,促进血液回流,一般片刻后会自然清醒。如一时未清醒,可掐压人中、合谷等穴位。如停止呼吸即施行人工呼吸。预防措施包括:平时应坚持锻炼,增强体质,疾跑后不要立即停止不动,久蹲后不要猛起,避免在饥饿时参加剧烈运动等。

三、不宜参加体育锻炼的疾病

就青年人来说,主要患有以下几方面疾病的人,不宜参加体育锻炼:

(一)体温升高的疾病

发热期间及病愈后数日至数周内、病毒性感冒愈后两周内,不宜参加运动,以防并发心肌炎等。

(二)内脏疾病的急性期

各种疾病的急性期均不应继续参加运动。有些疾病在其后的恢复期中能否参加运动,也应慎重对待,例如下列疾病:(1)病毒性肝炎。由于肝脏受到损害后恢复较慢,一般在肝炎愈后 2~4 个月内不能参加运动;(2)活动性肺结核。应禁止参加运动。如病灶已钙化,病变范围不大,无自觉症状者可参加适当的运动,但要定期检查;(3)风湿性心瓣膜病和先天性心脏病患者,未经医学检查确定病情已稳定、功能已正常前不能参加运动;(4)确诊有心脏舒张期杂音和病理性收缩期杂音者，暂不宜参加运动；(5)心脏早搏(期前收缩)。早搏是常见的一种心律失常，半数以上的正常人偶有早搏，男性居多。生理性早搏往往在过度疲劳、失眠、精神紧张、情绪激动或烟酒过量时出现，由于心脏本身无其他不正常现象，这类人可以适当参加运动。病理性早搏是由心脏病或其他疾病(如风湿病、病毒感染等)引起，有病理性早搏的人未经医师许可不能参加运动。

(三)高血压

严重高血压自觉症状明显者，暂不能参加运动。但下列两种高血压者可参加适当运动：(1)"运动性"高血压。运动后收缩压和舒张压均比正常高出 1.3～2.7kPa(10～20mmHg)，主要是由于过度疲劳和过度紧张引起的。如无自觉症状并经常运动者可继续参加锻炼，但运动量宜小，不能参加激烈的体育比赛；(2)青年性高血压(青春期高血压)。在我国青年中的发病率为 2%～3%，安静时收缩压可达 18.7～21.3kPa(140～160mmHg)，舒张压基本正常，平时无自觉症状。发生原因可能与青春期神经——内分泌的变化有关。这些人不宜参加举重、潜水等闭气运动。

(四)具有出血倾向的疾病

支气管扩张咯血、肺结核咯血和消化道出血的病人不能参加运动，以防病情加重。

思考题：

1. 准备活动和整理活动的作用及其生理学机理是什么？
2. 何谓运动性疲劳？
3. 常用于加速消除疲劳的方法有哪些？
4. 简述运动中抽筋的处理及预防措施。
5. 简述中暑和昏厥的预防措施。
6. 简述开放性软组织损伤现场处理时的注意事项。
7. 脑震荡后出现什么情况时应立即送医院处理？
8. 青年人中哪几类疾病患者不宜参加运动？
9. 运动中出现"极点"后应怎样对待？

第五章　现代体育锻炼项目

重要问题提示

- 了解各项目的起源与发展
- 掌握各项目的基本技术和练习方法
- 掌握各项目的基本战术配合及组合练习方法
- 了解各项目的基本竞赛规则

第一节　篮　球

一、简　介

美国马萨诸塞州斯普林菲尔德市基督教青年会训练学校体育教师詹姆士·奈史密斯博士于1891年创造了篮球运动。1913年，形成了近似现代的篮板、篮圈和篮网。因这项游戏起初使用的是桃篮和球，遂取名为“篮球”。

细节了解5-1

NBA球队简介

NBA是National Basketball Association的缩写(国家篮球协会)。成立于1946年6月6日。成立时叫BAA，即全美篮协会(Basketball Association of America)，是由十一家冰球 馆和体育馆的老板为了让体育馆在冰球比赛以外的时间，不至于闲置而共同发起成立的。BAA成立时共11支球队：纽约尼克斯队、波士顿凯尔特人队、华盛顿国会队、芝加哥牡鹿队、克利夫兰叛逆者队、底特律猎鹰队、费城武士队、匹兹堡铁人队、普罗维登斯蒸汽队、圣路易斯轰炸机队和多伦多爱斯基摩人队。1949年BAA吞并了当时的另外一个联盟(NBL)，并改名为NBA 。1949～1950赛季，NBA共17支球队。1976年NBA吞并了美国篮球协会(ABA)，球队增加到22支。1980年达拉斯小牛队加入NBA。1988年，夏洛特黄蜂队和迈阿密热火队加入NBA。1990年奥兰多魔术队和明尼苏达森林狼队加入NBA。1995年两支加拿大球队多伦多猛龙队和温哥华灰熊队。山猫队于2004年加入NBA，使NBA的球队达到30支。NBA各队都有自己用动物形象做的由杂技团的特技演员担任的吉祥物。另外，主场都配有由清一色舞姿优美、身材一流、品学兼优的女大学生组成的拉拉队助威，用来活跃主场气氛，调动观众积极性。

自20世纪30年代篮球运动登上世界体育舞台之后，由于规则的不断完善，对篮球的技战术提出了更高的要求，因此，比赛日趋激烈，随技术和战术的进一步提高和高大队员的相继出现，世界各强队经过近20年的努力，开始力争在速度与高度方面取得优势，同时更加注意进攻与防守的平衡。直到20世纪70年代，形成身高与技术同步发展的基本格局，使身体、技术、智力、心理等各对抗因素融为一体，为现代篮球运动奠定了基础。

进入 20 世纪 80 年代后的篮球运动，开始向职业化方向发展。1986 年国际业余篮联取消"业余"名称，改为国际篮联，翌年又通过了职业球员可以参加大赛的决定。由于这一重大改革，促使 20 世纪 90 年代世界篮球运动迅速向"高速度"、"高空优势"、"激烈对抗"的方向发展。防守采取"以球为主、球人兼顾"的综合性体系，进攻则打破固定位置的界限，根据"球的落点"向移动进攻的方向发展。

国际篮联举办的重大比赛有四年一届的世界篮球锦标赛、世界篮球青年锦标赛、奥运会篮球赛，还包括许多世界级和洲际比赛。

二、技术练习

(一)运球

1. 原地和移动运球

练习方法：①原地高低运球，体会手指、手腕上吸下压动作，触球部位和控制球。②移动运球，利用界线做移动运球练习，体会手脚协调配合。

技术要点：①原地运球应保持两脚前后开立，两膝弯曲，身体重心落于两脚间，运球手五指自然分开，用手指和手掌四周触球，运球臂自然弯曲，肘关节靠近身体，以肩关节为轴随球上下摆动。另一臂屈肘，自然抬起，上体稍前倾，抬头目视前方。②移动运球使球的落点在同侧脚侧前方，用身体护球，移动速度与球和地面的入射角成反比，与接拍球的力量成正比。

图 5-1 变换运球

练习要求：①原地运球时应注意保持正确的姿势，重点体会手触拍球的部位手指手腕用力和引球动作，凭感觉来运球。②移动运球时要注意运球动作与脚步的协调配合，运球时球的落点，力量大小要适中，让球始终在自己的控制范围之内。③运球要注意肘关节靠近身体，以肩关节为轴。

方法变换：①原地运球中，适时变换为体前换手变向运球，体侧前后推拉球，背后运球，胯下运球和运球前后转身(见图 5-1)。②移动中做各种运球练习，同时双手运两球练习。

2. 直线运球和变向运球

练习方法：一人一球沿界线做运球练习。端线做直线运球，边线做"之"字运球变向，变向时可采用背后，体前变向，胯下变向或运球转身。

技术要点：①直线运球要抬头、目视前方、跑动自然放松，运球时接拍球的后侧上方，球的落点在身体侧前方。②体前变向运球按拍球的异侧上方，身体内倾、外侧脚用力蹬地，球的落点在身体异侧前方(见图 5-2)。

图 5-2 变向运球

练习要求：运球动作与脚步要协调配合，运球的落点和用力大小要适当。变向时机要掌握好，加速、超越要果断。适当加强弱手运球能力。

方法变换：①直线运球中，听信号做运球急停，急起练习，急停后持球做突破练习。②在全场区内，按规定做直线、折线、弧线运球练习，并运用不同的运球方法变向。

3. "运球追捕球"游戏

游戏方法：根据人数在半场或全场区内，每人一球，在规定的范围内运球，设法去捅掉别人的球，保护好自己的球，1分钟内计算自己捅掉别人球的次数。

游戏规则：①必须在场内运球，不可静观。②被迫出界按被捅掉一次记处。

变换方法：①在全场区内、半场区内、三分线内及限制区内做练习，被捅掉球者或违例出界者自动退出，看谁坚持到最后。②在半场或全场内多人运球，几人抢断，一旦运球者被抢断，两人交换，反复进行。

(二)传、接球

1. 原地和移动传、接球

练习方法：①两人一组，原地做双手胸前、单手肩上、单手体侧、反弹传球，同时练习接球。②两人一组，行进间双手胸前传接球练习。③四列纵队，半场内做四角传、接球练习。

图 5-3 双手胸前传球

图 5-4 单手肩上传球

图 5-5 单手体侧传球

技术要点：①双手胸前传球。传球时，双手五指自然分开，拇指相对成“八”字形，用指根以上部位持球，掌心空出，双臂弯曲持球于胸前。两眼注视传球目标(见图 5-3)。②单手肩上传球。传球方法同双手胸前传球，右手传球时，左脚向传球方向，跨出半步，同时双手将球引到右肩侧上方，右手传球的后下方，左肩对着传球方向，体重落在右脚上(见图 5-4)。③单手体侧传球，传球方法同双手胸前传球，当传球手引球到体侧时，前臂摆动要快，幅度要小、腕指用力抖动将球传出(见图 5-5)。④反弹传球。这是一种近距离隐蔽传球方法，双手传球同双手胸前传球。适当加大腕指的力量、球击地点一般距接球队员距离 1/3 处，反弹高度在腰腹之间。⑤移动传接球应屈膝，降低重心，侧身跑时头部上体向有球方向扭转，侧身探肩；接球要判断持球者的传球可能性及预测自己的位置。

练习要求：①保持基本站立姿势，持、传、接球的手法要正确，传球速度由慢到快，由近到远。②移动时要注意动作连贯，上下肢配合协调、接球要稳、迅速回传。

方法变换：①原地五角传 2 球练习，反复进行，由慢到快。②横向移动换位传接球练习。③“∞”字围绕传接球练习。

2. 组合练习

练习方法：3 人一组，其中一人模拟防守，传接球双方斜线站立，相距 5～6m，一人持球面对防守者做原地突破→运球→传球；原地转身→运球→传球；原地转身→传球→接球急停等练习，3 人轮流交换。

图 5-6 同侧步突破

技术要点：①转身时屈膝降低重心，重心落在中枢脚上，然后以中枢脚为轴，以另一脚的脚前掌内侧为发力点，跨步蹬地完成前后转身。②急停时含胸弯腰，收腹屈膝跳步急停(一步急停)单或双脚起跳，双脚同时落地。③同侧步突破(原地)以左脚为中枢脚，右脚向右前方跨步，同时身体右转探肩，待球离手后，左脚快速向右侧前方迈步(见图 5-6)。交叉步突破(原地)以左脚为中枢脚，右脚向左前方跨步，上体左转探肩，球离手后迅速运球，加速超越对手（见图 5-7）。

图 5-7　交叉步突破

练习要求：①练习时，动作协调幅度要大、动作衔接要相互协调。②为了体现对抗性原则，练习中模拟防守逐渐加强，直至转入正式攻防对抗。

方法变换：①上步、卡位接球，面对防守做“突破”动作，然后直线运球，后传球。②接球后利用转身摆脱防守，行进间运球后传球。③假动作摆脱防守、空回，行进间接传球急停，前转身回传球。

3. 传球追触游戏

游戏方法：在全篮球场区内，先指定三名追触者，进行移动传接球，并在传接球过程中触及场上任意奔跑躲闪的队员，被追触及的队员，加入追触队伍，直至触及场上跑动的最后一名队员，游戏就算结束。

游戏规则：①追触者不得运球，只能传球，否则判违例。②追触过程中只能手持球触人，否则不算。③被迫出界以触及线外。

方法变换：①上述游戏可传、运球结合进行，但触及前的运球不得违例。②全场区内分人数相等两组，同队队员之间传接球，另一队防守。若抢断成功即转入攻方，在规定的时间内，看哪一队传接球次数多。多者为胜。

（三）投篮

常用的投篮方法有：原地单、双手投篮，行进间高、低、反、勾手投篮，跳起投篮、补篮和扣篮等。

1. 定位和移动投篮

练习方法：①一路纵队，罚球线后原地投篮，双手胸前、双手头上、单手肩上投篮。②45°角行进，可运球，单手肩上，低手投篮练习。

技术要点：①定位投篮有双手胸前，双手头上，单手肩上投篮等形式。投篮时，双脚自然开立，微屈膝，分别持球于胸前、头上和肩上，用力蹬地伸展腰腹，向前上方引球伸臂，目视投篮目标，最后压腕、拨指将球投出。②行进间投篮由跨步接球，上步腾空投球出手和落地缓冲三个阶段（见图 5-8）。③跳起投篮应双脚蹬地向上起跳，目视投篮目标，双手举球至肩上方，在身体接近最高点时，通过压腕、拨指将球单手或双手投出，落地缓冲。

图 5-8　进行间投篮

练习要点：①定位投篮应结合原地和跳起投篮同时进行，目视篮筐（瞄篮），用力大小与投篮点的距离成正比，投篮时要全身协调用力，使球在最高点时出手，并沿弧线正向篮筐（见图 5-9）。②行进间投篮时跑动与接球要协调配合，至篮下时要注意把水平速度变为垂直向上的力量，投篮时用手腕和手指的力量。

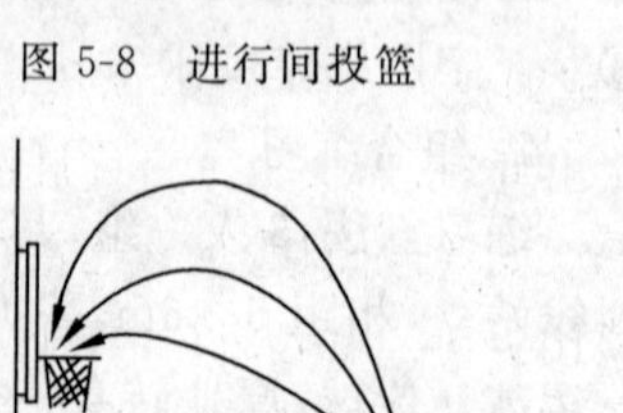

图 5-9　定位投篮

方法变换：①两人一组，一人定位移动投篮，或接球急停跳投，另一人抢篮板回传，规定中篮个数，而后两人交换。②在限制区周围及 3～5 个点，按顺序投篮，中篮后移动下一个点上继续投篮。③两人一组，一人变向切入，接同伴传球后上篮。

2. 组合和对抗投篮

练习方法：3 人一组，一人模拟防守，一人传球，另一人距防守 5～6m，在跑动中接球→急停→转身→运球→跑投，跑动中空回→接球→急停→跳投练习。

技术要点：①接球急停要注意保护好球，转身动作不宜太大，运球跑篮时注意选好角度和距离。②空回摆脱对手时，假动作要逼真，侧身跑空回，跳投注意维持好身体平衡，以便冲抢篮板球。

方法变换：①运球→转身→跨步→跳投，进攻队员在运球过程中，后转身运球摆脱对手，跨步跳投。②假动作摆脱对手，空回接球→急停→跳投（见图 5-10）。③背接球→假动作→转身→跳投。进攻队员背对防守接球，跨步假动作、前转身跳投。

图 5-10 运球、急停、跳投

3. 跑投加罚球接力游戏

游戏方法：两组人数相等，分站于中线两侧，各自面对一个球篮。排头队员持球，听口令后运球向各自篮下投篮。中篮后接球至罚球线后罚球，罚中后跟进接球传给下一个同伴，先完成的一组为胜。

游戏规则：①运球投篮不中，应在篮下补中方可进行罚球。②罚球不中，抢篮板球再罚，直到罚中。

方法变换：两组人数相等，分别在三分线弧顶设一模拟防守者，其余沿中线贴近。排头队员听口令后运球，绕防守者一圈到篮下投篮，中篮后接球回传下一个队员，直至最后一名队员。先完成者为胜。

三、实战对抗

（一）教学比赛

1. 半场三对三教学比赛

比赛方法：将全班分成实力相近的若干队，每 3 人为一队，进行双淘汰赛，即某队先投中 5 球即获胜，第一轮胜队与负队各为一组再赛，第二轮后双胜再赛，单胜再赛，失败两次后淘汰出局，最后决出本班优胜队。

比赛规则：①具有违例行为即交换球权。②投篮命中为 2 分，由失分队在中圈处发球继续比赛。③遇有犯规，均不罚球，但须罚 1 分，单独计，若某队累计负分为 10 分则为失败。④防守队获得球后，须将球运或传出三分线。

2. 五对五全场教学比赛

比赛方法：将全班分成实力相当的两个队，每队出一名裁判员，且隔 10 分钟换一次，场上队员每隔 5 分钟须替换 2 名队员，全队队员每人至少在场上比赛 10 分钟，比赛结束以得分多者为胜。

比赛规则：①各队都须遵守所有篮球规则。②所有防守队员犯规，均罚球两次。③裁判的严重失误，由教师纠正并判罚该队失 2 分（限于教学比赛）。

(二)战术配合

战术配合作为整体攻防战术的基础，是 2～3 人之间为制胜于对手的协同行动方法，包括进攻战术(传切、突分、掩护、策应)和防守战术(挤过、穿过、交换、关门、夹击、补防和围守中锋)两部分。

1. 进攻掩护配合(含挤过配合)

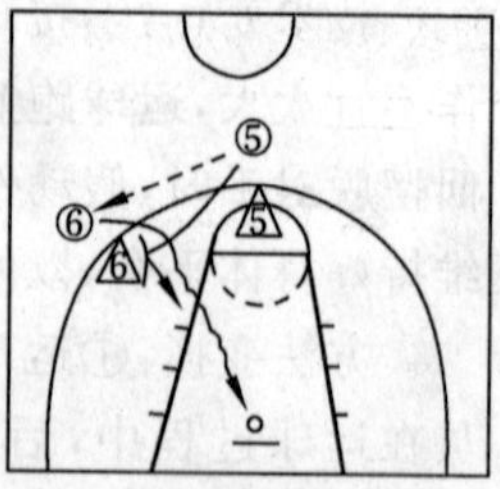

图 5-11　进攻掩护

练习方法：在三对三模拟比赛中，进行进攻掩护战术配合和防守挤过战术配合进攻队员散开站位。进攻队员⑤传球给⑥后跑至防守队员△6的侧后方为同伴⑥做掩护。⑥接球后先向右做突破假动作，然后突然从左侧贴着⑤的身体运球突破上篮。⑤转身跟进配合或冲抢篮板球(见图 5-11)。

练习要求：(1)双方队员站位相对固定，防守队员消极防守，主要配合进攻队员练习成功。(2)掩护队员要及时抢占有利合法位置，以能挡住防守队员移动路线为原则。(3)练习熟练后，进行反掩护战术配合，防守队员则进行挤过战术配合，破坏其进攻掩护(见图 5-12)。

图 5-12　反掩护

战术要点：(1)掩护配合要求同伴之间相互默契，协同一致，掌握好配合时间，同时掩护者掩护位置要正确，掌握好距离(距离对手约半步距离)。(2)挤过配合时，防守队员在对方掩护一刹那，抢先靠近对手，从两个进攻队员之间挤过，以便继续盯防自己对手。

2. 防守关门配合(含补防配合)

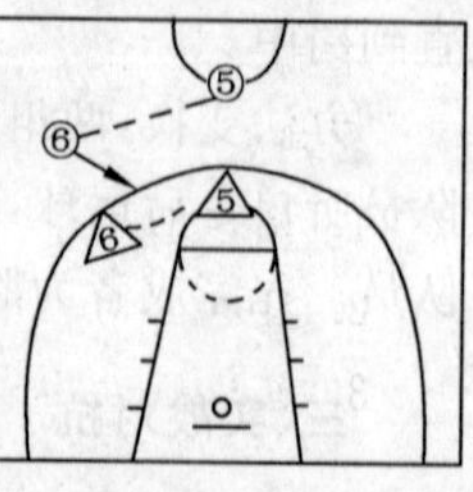

图 5-13　防守“关门”

练习方法：⑤持球，传球给⑥，△6采取偏于左侧站位防守，迫使⑥向右侧突破，△5采取错位防守，人球兼顾。当⑥运球突破时，△6迅速移动与△5靠拢“关门”(见图 5-13)。

练习要求：(1)防守队员要随球积极移动，关门时不留空隙。(2)当关门战术完成后，进攻队员传球后，防守队员要根据场上情况，快速回防自己的对手。

战术要点：(1)防守队员利用滑步技术积极随球移动，保持重心平稳，加大防守面积，配合成功后要迅速转入下一个动作。(2)战术失败后，临近的防守队员应放弃自己的对手，进行补防，而漏人的防守队员要及时换防。

(三)阵型介绍

阵型是实现整体攻防战术的队形布局，它对于克制对手的长处，充分发挥本队的优势，具有非常重要的作用，但是任何一种阵型都存在自身的优点和不足。最基本的阵型有：“二一二”区域联防和“一三一”进攻区域联防。

1. “二一二”区域联防

由于防守队员分布比较均衡，移动距离近，中区防守力量较强，便于协作配合与调整变换防守队形，适用防守外围突破和夹击中锋，也有利于争抢篮板球和发动快攻。但是不利于防守 45°角和弧顶的中距离投篮，也不利于在球场底角进行夹击配合。所以，弧顶后面的队员要机智灵活，速度快。篮下两侧队员要求是身材比较高大、身体素质好、掌握技术较全面的队员。此阵型可根据场上需要变换为“二三”或“三二”区域联防。

2. “一三一”进攻区域联防

“一三一”进攻区域联防是最基本的进攻阵型，具有队员分布广、攻击点多、便于相互联系、有利于冲抢篮板球及保持攻守平衡等特点。特别在对付“二一二”区域联防时，由于外围快速传递调动对方，易使防守出现空隙，加之中锋策应组织起的三角进攻，常在局部地区形成的多打少局面。因此不仅为中远距离投篮创造机会，而且还可迫使对方扩大防区，为内线进攻创造有利条件。“一三一”进攻区域联防具有较强的灵活性，根据场上变化，又可变换为“一二二”、“一四”、“二一二”等阵型。

细节了解 5-2

篮球竞赛须知

1. 比赛时间：每场 4×12 分钟或 2×20 分钟。掷界外球、发球和严密防守时受 5 秒钟限制，球从后场进入前场需 10 秒内完成，进攻队员不得在对方限制区内停留超过 3 秒，一次进攻不得超过 30 秒。

2. 违例：①带球走；②干扰球；③非法运球；④拳击球；⑤球回后场；⑥球出界。违例时失去球权。

3. 犯规：①侵人犯规，包括与对方队员发生身体不合理接触和违反体育道德的犯规，还有双方犯规，以及取消比赛资格的犯规。②技术犯规，即未发生身体接触而发生不道德行为均要被罚技术犯规。

四、比赛规则

不同的比赛规则有所区别，三人制篮球比赛规则、NBA 与 FIBA 规则的区别、普通篮球比赛规则的详细内容见：

中国学校体育网 http://www.schoolsports.com.cn/info/folder.asp?folder_ID=314

思考题

1. 篮球基本技术包括哪些？

2. 篮球运动中防守基础战术包括哪些？

3. 篮球运动中进攻和防守的基本阵型有哪些？各自的特点是什么？

第二节 排 球

一、简 介

排球运动是一项全面发展身体素质的运动项目。通过训练能增强体力、弹跳力，提高速度、灵敏度和协调性，并能培养人的顽强、机智、沉着、冷静、果断的良好品质和团结协作的集体主义精神。排球运动 1895 年起源于美国，由威廉·基·莫根先生所创造。作为一种球类游戏，利用篮球胆，隔着网拍来打去，命名为“volleyball”，即“空中飞球”之意。排球运动问世一百余年，经历了三个阶段，即从娱乐排球向竞技排球过渡阶段；竞技排球迅速发展阶段；竞技排球多元化和娱乐排球兴起阶段。1949 年，在巴黎成立了国际排球联合会，决定每四年举办一次世界锦标赛；1964 年第 18 届奥运会排球被列为正式比赛项目；1965 年排联又决定每四年举行一次世界杯赛。1905 年排球运动传入我国，历经 16 人制、12 人制、9 人制排球。新中国成立后，开始推广 6 人制排球，我国运动员创造了“平拉开扣球”、“前飞”、“背飞”、“快速反击”、“快抹”等进攻新战术。

细节了解 5-3

中国女排简介及战绩

中国女排是一支具有光荣历史的队伍。20 世纪 80 年代曾获得辉煌的“五连冠”，即：1981 年和 1985 年世界杯冠军；1982 年和 1986 年世界锦标赛冠军；1984 年奥运会冠军。

90 年代，中国女排分别在 1990 年和 1998 年世界锦标赛、1991 年世界杯、1996 年奥运会上 4 次获得亚军。中国女排以技术全面、快速多变、攻防平衡的特点立足于世界强队之列。

2001 年，中国女排由新的教练班子和以年轻队员为主组成一支新队伍。重组后的中国女排的精神面貌令人耳目一新，在 2001 年世界大冠军杯上获得冠军。2003 年，中国女排在世界杯上夺回了失去了 17 年的世界冠军称号。2004 年，中国女排在雅典奥运会上时隔 20 年后再次夺得奥运会金牌。

2002 年世界女排锦标赛第四名；第十四届亚运会获得冠军；2003 年世界女排大奖赛冠军；2003 年亚洲锦标赛冠军；2003 年第九届世界杯冠军；2004 年雅典奥运会冠军。

二、技术练习

（一）准备姿势

在起动、移动和击球前所采用的合理的身体动作或姿势，称准备姿势。其目的是为了迅速起动和快速移动。准备姿势分稍蹲、半蹲、低蹲三种。稍蹲（见图 5-14）用于扣球、拦网和球离自己较远时；半蹲用于接发球；低蹲用于后排防守和前场保护。

（二）移动

从起动到制动之间的位移动作称移动。其目的是为了及时接近球，保持好人与球的位置便于击球。

图 5-14

1. 移动步法

（1）并步与滑步：后脚蹬地，前脚向前跨出一步，后脚迅速跟上，做好击球前的准备姿势，称并步移动。向体侧连续做两次以上的并步，称滑步移动。并步用于向前的短距离移动，滑步宜于向左右侧稍远距离移动。

（2）交叉步：一脚蹬地向异侧做体前交叉迈步，另一脚侧跨落步，成击球前的准备姿势，称交叉步移动。用于垫击体侧 2～3m 的来球或二传手和拦网者的网前移动。

（3）跨步和跨跳步：前脚向来球方向跨出一大步，膝弯曲，上体前倾，重心移至跨出腿上，称跨步移动。跨跳步在跨步的基础上有一个腾空步。跨步移动用于垫击距身体前方 1m 左右的快、低来球。跨跳步是在跨步还不能接近来球时采用的，也可与并步、滑步、交叉步、跑步的最后一步结合运用。

（4）跑步：当球距身体较远时，采用的快速起动、跑动后完成的垫击球的方法，称跑步移动。

2. 移动的练习方法

（1）徒手移动模仿练习，体会各种移动要领。

（2）看信号做各种移动练习。

（3）结合抛球，做各种移动的击球。

（三）传球

1. 传球技术

（1）正面传球：指面对目标的传球。两手自然抬起，屈肘，手指张开，手腕稍后仰，成半球形，两拇指相对成“一”字形。掌心空出（见图 5-15）击球点在脸、额前上方约一球距离，触球的后中下部，利用蹬地、伸膝、展髋、伸臂和手腕、手指的弹力与身体的协调力量将球向前上方传出(见图 5-16)。

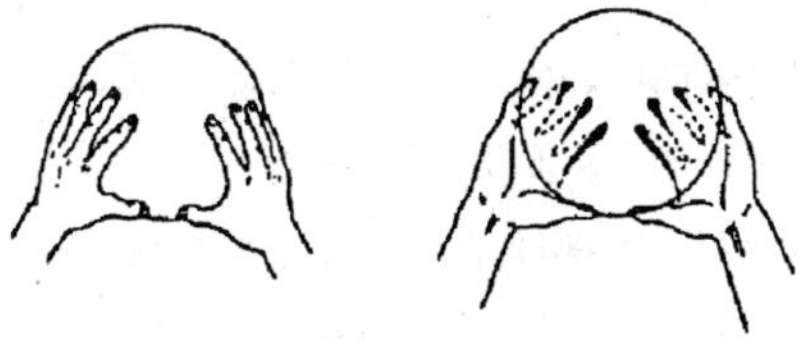

图 5-15

图 5-16

(2)背传:指背对传球目标的传球。手臂、手腕和手指向后上方用力。

(3)侧传:指身体侧对传球目标,在不转动身体的情况下,靠双臂向侧方传球。上体和双臂应向传球方向一侧伸展。

(4)跳传:指跳起在空中传球。跳传的形式有:原地、助跑、双脚和单脚跳传。

2. 练习方法

(1)徒手模仿传球,体会动作要领;(2)两人一组,一抛一传练习;(3)对墙连续传球;(4)两人对传,一人定位,另一人做不同方向的移动传球;(5)三人三角侧传;(6)结合发球、接发球进行二传练习;(7)结合进攻战术与进攻队员配合的传球练习。

(四)垫球

用身体任何坚硬部位垫击球的动作称垫球。最常用的是小臂和前臂击球。垫球主要用于接发球、接扣球以及防守和处理各种困难球。

1. 垫球技术

(1)正面双手垫球:指运动员用双手在腹前将球垫起的动作方法。两手并拢(见图 5-17)掌跟相靠、两拇指、小臂平行,用前臂和手腕关节以上 10cm 触球,配合登地、跟腰、抬臂、压腕、夹臂协调用力将球垫出(见图 5-18)。

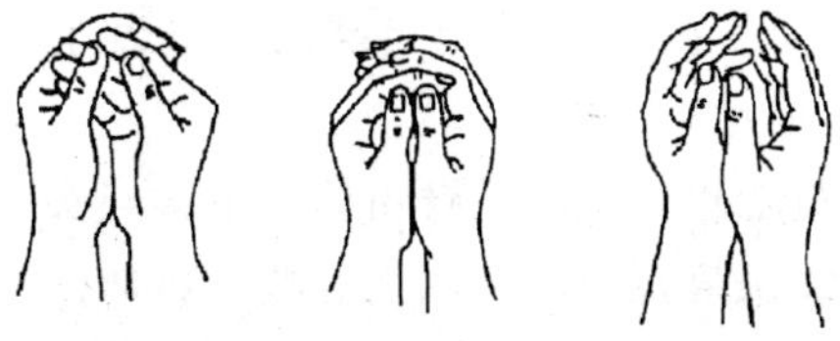

图 5-17

图 5-18

(2)侧垫球:指在体侧的双手击球。向体侧跨出一步,两臂在同侧稍前的位置截住球,垫击球的后下部。

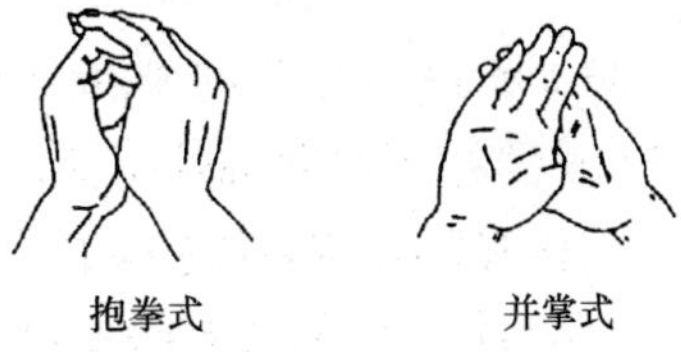

图 5-19

(3)背垫球:指背对垫球目标的双手垫球。蹬腿、挺胸、展腹上体后仰带动两臂向后上方摆动抬送球。击球点一般在胸部以上高度。

(4)单手垫球:指用一只手的坚硬部位垫击来球。用手背、掌根、虎口等处垫击球。

(5)挡球:来球高、速度快、力量大,不便于传和垫球时,用双手或单手在胸部以上挡击来球称挡球。挡球手型(见图 5-19)击球点在肩部以上,单手挡球用单手掌根点击球的中下部。

(6)滚翻、前扑、鱼跃垫球：

滚翻垫球：来球距身体远而低时，迅速向来球方向移动跨出一大步，重心下降并落在跨出腿上，用双手或单手前伸垫击球，顺势做单肩后滚翻站立。

前扑垫球：处在低姿防守中来不及向前去接近球时，两腿迅速蹬地，使身体向前下方伸展扑出，用双手或单手前伸垫击球，击球后，两手撑地，屈肘缓冲身体下落。

鱼跃垫球：来球低而远时，可采取向前猛然跃出，用双手或单手在空中完成击球动作，击球后，双手撑地，屈肘缓冲，使胸腹着地滑行。

2. 垫球的练习方法

(1)徒手模仿垫球动作，体会蹬跟抬压夹动作要领；(2)垫固定球，体会触球部位及动作要领；(3)两人一组，一抛一垫练习或两人对垫；(4)自垫不同高度的球；(5)对墙垫球；(6)一对三练习(见图 5-20、图 5-21)；(7)三对三练习(见图 5-22)；(8)三角垫球练习，体会侧垫技术；(9)一发一垫、一扣一垫练习；(10)三人垫、传、扣练习。

图 5-20

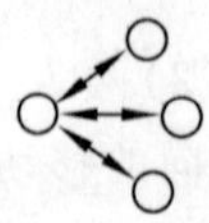

图 5-21

图 5-22

(五)发球

1. 发球技术

(1)正面、侧面下手发球：指面对球网(侧对球网)手臂由后经下方向前摆动，在体前腹部高度击球过网的发球。抛球于腹前(体侧)一臂距离，以掌根或虎口击球的后中下部。

(2)正面上手发球：指发球人面对球网站立，利用转体收腹带动手臂加速挥动，在头的右前上方最高点用全手掌击球过网的发球。

(3)正面、勾手发飘球：指近似正面上手发球、击球力量通过球的重心，使发出的球不旋转产生飘晃飞行效果的一种发球方法。勾手发飘球是指发球队员侧对球网站立发出的飘球。击球部位为掌根，手臂的挥动轨迹应有一段直线运动。

(4)勾手大力发球：指发球人侧对球网站立，利用蹬地转体带动手臂由体侧下方经头前上方作轮摆式挥臂击球的发球，发出的球力量大、速度快、弧度低、旋转强、下落快。将球抛在左肩前上方约 1m，右臂向身体右侧后下方摆动，利用蹬地转体动作发力，带动右臂做直臂弧形挥摆，用全掌击球的后中下部，击球的瞬间，手腕和手掌向前用力推压，使球产生强力上旋。

(5)跳发球：指发球人利用助跑跳起，像扣球似的将球击入对区的一种发球方法。跳发球由于击球点的升高，能充分地发力，增强发球的攻击性。

2. 练习方法

(1)徒手模仿发球练习，体会动作要领；(2)两人近距离隔网发球练习；(3)发球计数比赛(如规定任务、对抗等)；(4)按要求在发球区向对区发直线、斜线球，或前场、后场球。

(六)扣球

1. 扣球技术

(1)正面扣球(均以右手扣球为例)：左脚迈出一步，右脚快速跨出一大步，左脚跟上，踏在右脚前(制动落地)，两臂经体侧后引，起跳时，两臂自后积极向前摆动，双腿蹬地起跳，挺胸展腹，上体稍向右转，右臂向后上方抬起，身体成反弓形。击球时，迅速转体、收腹发力，依次带动肩、肘、腕各部位关节向前上方成鞭甩动作挥动(见图 5-23)在右前上方最高点击球的后中部。

(2)勾手扣球:起跳后左肩对网,右臂从身体右侧通过转体动作发力,向头前、上方做轮摆式挥动击球的扣球方法,适用于远网和由后排调整过来的斜网球。

图 5-23

(3)扣快球:指扣球队员在二传队员传球前或传球的同时起跳,并迅速把二传队员传来的低弧和平弧球击入对方场区的扣球。特点是距离短、速度快、节奏快,实扣效果和掩护作用好。

近体快:在二传体侧扣球、助跑与网保持 45°～60°夹角,在二传传球出手时快速起跳,空中等球,当球飞行至击球点时击球。

背快:在二传队员背后约半米处扣二传传出的背传快球。

短平快:在二传体前 2～3m 处扣二传队员传来的快速平弧度球。

背平快:在二传队员背后 2m 处扣背传来的快速平弧度球(也叫背溜)。

平拉开:在 4 号区标志杆附近扣二传传来的快速平弧度球。

(4)自我掩护的扣球

扣球队员运用各种快球的假动作迷惑对方,达到避开拦网,掩护自己的进攻,称自我掩护扣球。

“时间差”:利用起跳时间上的差异。做起跳的假动作,诱使对方起跳,再立即起跳扣半高球。

“位置差”:利用起跳位置上的差异。做近体快起跳假动作,再变向跨步快速起跳扣错位半高球或小弧度球。

“空间差”:利用冲跳使身体的空中位移,把起跳点和击球点错开。队员佯打短平快,突然向前冲跳“飞”到扣近体快球的击球点上扣半快球,称前飞。队员在近体快球的位置上冲跳,“飞”到二传身后 1～1.5m 处扣背传的平弧半快球,称背飞。

2. 扣球的练习方法

(1)徒手助跑、起跳、扣球练习,模仿、体会动作要领;(2)两人一组,自抛自扣练习,体会扣球动作要领;(3)对墙扣球练习;(4)扣固定球练习;(5)规定路线或落点的扣球练习;(6)有拦网的扣球练习。

(七)拦网

1. 拦网技术

(1)单人拦网:队员面对球网,距网 30～40cm,两臂屈肘于胸前,两手从额前沿网上沿伸出,伸过网去接近球,用手腕下压盖在球的前上方,含胸收腹,缓冲落地。(2)集体拦网:由两到三人互相靠近同时起跳组成的拦网。用于拦对方的高点强攻。

2. 拦网的练习方法

(1)徒手模仿练习,体会动作要领;(2)两人一组原地、移动网上击掌;(3)两人一组原地、移动拦抛练习;(4)结合各种扣球的拦网练习。

三、实战对抗

(一)阵容配备

阵容配备是合理搭配场上队员,提高攻防能力。

1. “四二”配备：两名二传，两名主攻手，两名副攻手（见图 5-24）。适用于一般水平球队。

2. “五一”配备：五名进攻队员和一名二传队员组成（见图 5-25）。水平较高的球队普遍采用。

3. 交换位置：为了便于组织进攻，把二传队员换到 2 号位或 3 号位，或把主攻手换到 4 号位或把防守能力强的队员换到防守任务重的区域。

（二）进攻战术

1. “中一二”进攻战术：由 3 号位队员担任二传的进攻（见图 5-26）

2. “边一二”进攻战术：由 2 号位队员担任二传的进攻（见图 5-27）

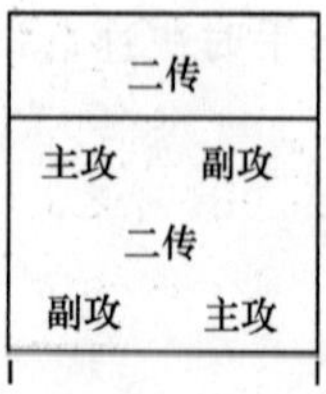

图 5-24

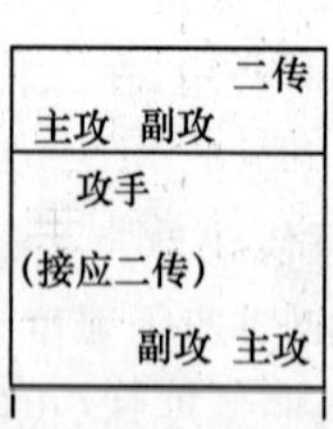

图 5-25

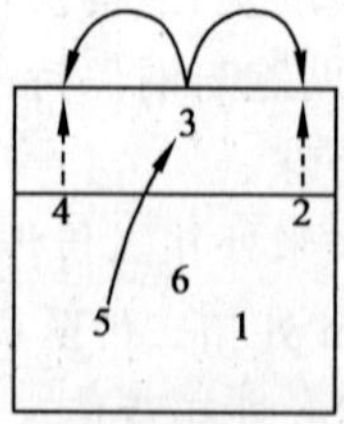

图 5-26

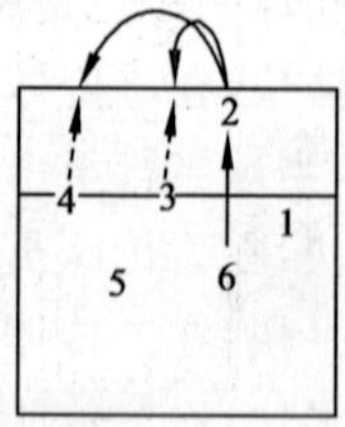

图 5-27

3. “插上”进攻战术：后排队员插到前排担任二传的进攻（见图 5-28）。

（三）防守战术

五人接发球站位（见图 5-29）。

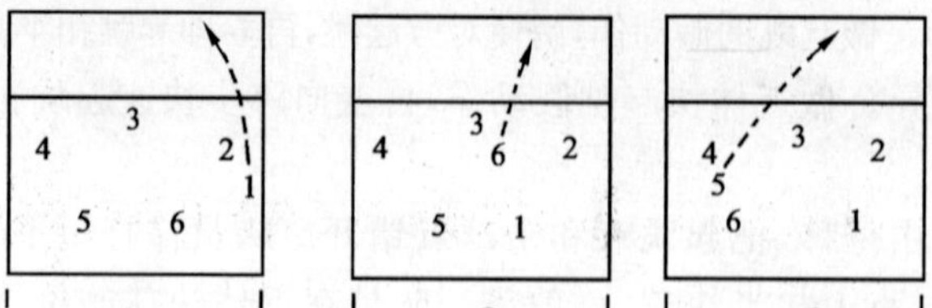

①　②　③

图 5-28

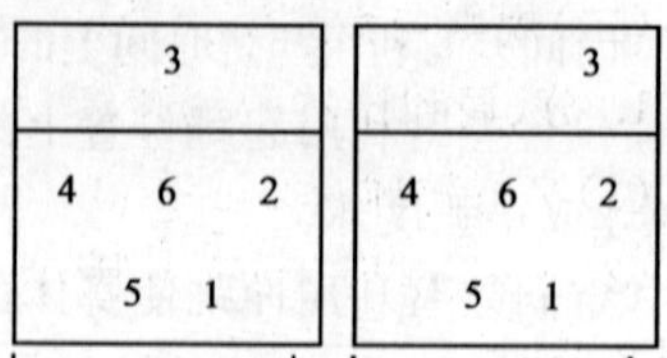

图 5-29

四人接发球站位（见图 5-30）。

心跟进防守阵形（见图 5-31）。

边跟进防守阵形（见图 5-32）。

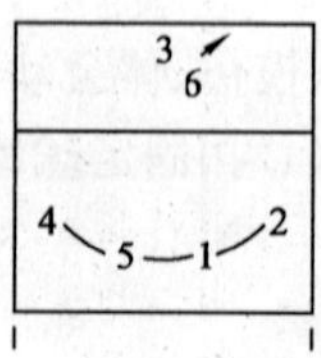

图 5-30

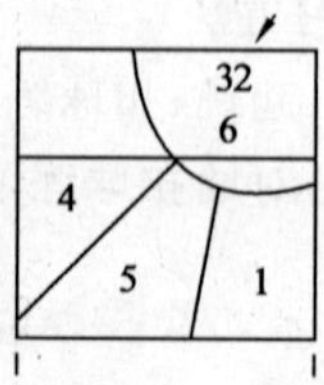

图 5-31

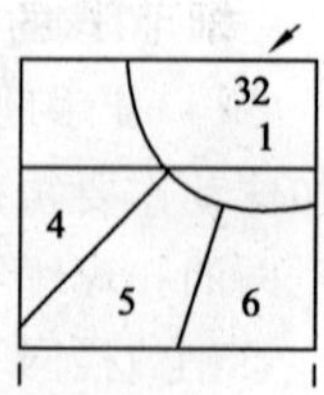

图 5-32

（四）实战对抗练习

发、接、传（二传）、扣串连练习。两边接发球，组织直线进攻（见图 5-33）。

各轮次的一攻配合练习。

防反的系统训练（见图 5-34）。

保攻的系统训练（见图 5-35）。

推攻的系统训练（见图 5-36）。

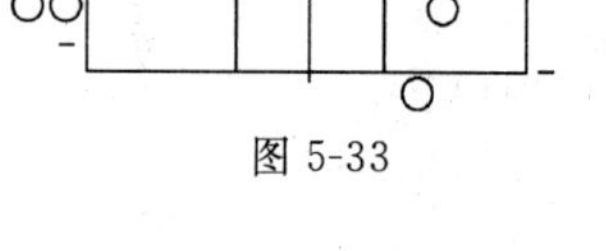

图 5-33

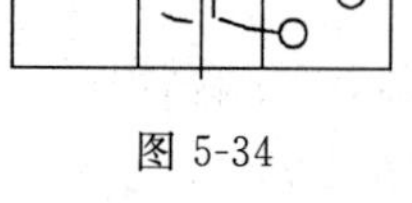

图 5-34

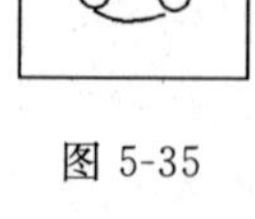

图 5-35

图 5-36

四、基本规则

(一)场地与设备

1. 比赛场地(见图 5-37)

上空至少 7 米的无障碍空间,边线端线属于场内,进攻线属于前场区。

2. 球网(见图 5-38)

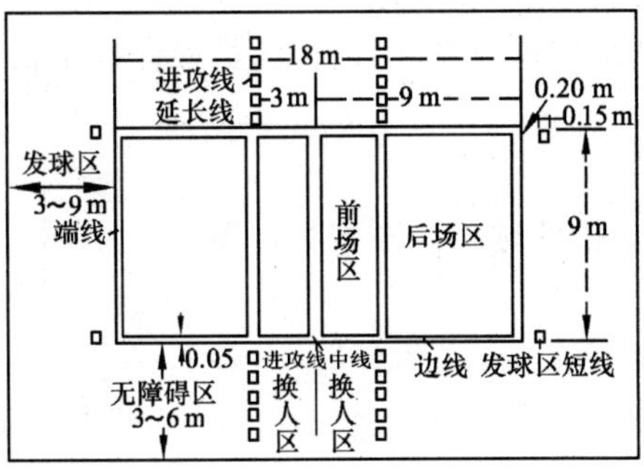

图 5-37

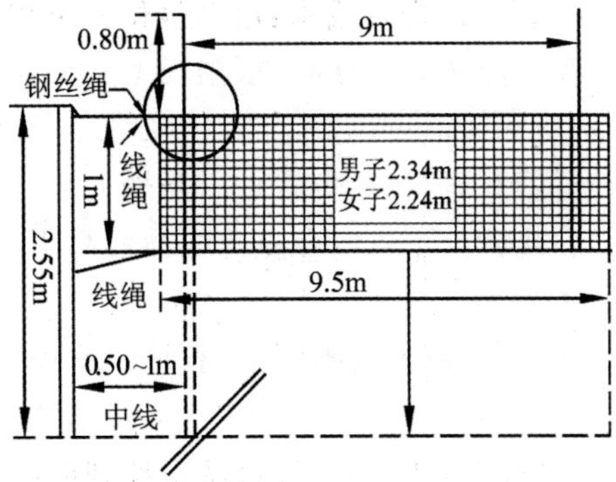

图 5-38

3. 球圆周 65～67cm,重量 260～280g。

(二)规则与裁判法简介

1. 分、局和比赛的获胜

(1)实行每球得分制。

(2)正式比赛五局三胜制,比赛开始由双方队长挑选场区或发球。每局比赛结束和决胜局到 8 分时,双方交换场地。

(3)前四局每局为 25 分,决胜局为 15 分。比分应拉开 2 分,无最高限分。

细节了解 5-4

软 式 排 球

用重量轻、球体软、反弹力低的特殊排球进行游戏、比赛的运动形式较软式排球。比赛场地 9m×18m,网高男 2.30m,女 2.20m。比赛采用 6 人制,进攻方法与硬式排球相同,防守不能设自由人。计分方法采用硬式排球方法。

2. 发球犯规

(1)来抛球、击球时脚踏端线,未在两边线延长线内发球。

(2)发球未从球网上沿通过,或未从两标志竿间通过。

(3)球落在界线外。

(4)鸣哨后 8 秒未将球发出。

(5)发球次序错误或掩护。

(6)球抛起后,在落地前未将球发出。

3. 界内、外球

(1)界内球:球触场内地面(包括边、端线)。

(2)界外球:球的落点在边、端线外的地面上,球触标志竿及任何物体。

4. 比赛中的击球

(1)球队的击球：球在本方最多击球三次，一名队员不得连续击球两次(拦网除外)。

(2)击球犯规："四次击球"、"借助击球"、"持球"、"连击"。

5. 越过球网或过中线

(1)拦网时，允许越过球网触球，但必须在对方进攻性击球时，后排队员不准参与拦网。

(2)队员一只或两只脚或身体其他部分全部越过中线，判为过中线；这些部分置于中线上空是允许的。

6. 位置错误

(1)在发球队员击球时，根据场上队员脚着地部位进行判断，同排队员应保持左右位置，同列队员应保持前后位置。

(2)"活球"时，队员位置可以互换。

(3)后排队员不可以在进攻线前将高于球网上沿的球直接击入对方场区。

7. 暂停、换人

(1)死球时，裁判员鸣哨前，教练员或场上队长可以请求"暂停"。

(2)1～4局，8分和16分时自动技术暂停，各为1分钟，相应包括决胜局，每队仅有一次暂停机会，时间为30秒。

(3)每队每局可以换人6人次。

8. 自由人

(1)"自由人"仅限为后排队员，不得发球。

(2)"自由人"着装应不同于其他队员。

(3)"自由人"只能在"死球"时，从本方进攻线与端线间，进、出场地，不需请求裁判员。

详细比赛规则见：中国学校体育网

http://www.schoolsports.com.cn/info/folder.asp? folder_ID=314

思考题：

1. 排球基本技术有哪些？

2. 各项基本技术如何运用？

第三节　足　球

一、简　介

古代足球运动起源于中国。据《轩辕皇帝传》记载："黄帝令作蹴鞠之戏，以练武士。"《太平清化》也提到"蹴鞠始于轩后，军中练武之剧，以革为圆囊，充以毛发"。据考古发现，在更远时期，"足球舞"即已被刻画在甲骨上。之后，这种被称为"蹴鞠"的足球游戏历经数千年不衰，至唐宋元明时代，除开展对抗性的足球竞赛，还盛行于各种形式的个人足球表演。《文献通考》对我国古代足球竞赛游戏规则的描述，又进一步证实了我国古代足球与现代足球的大致相似性。

现代足球运动诞生于英国。1863年10月26日，剑桥大学、牛津大学和凯尔波里特专科学校，与伦敦周围地区11个俱乐部代表，在伦敦女王大街共济会酒家举行联席会议，组成英格兰足球协会。从此，这一天被称为现代足球诞生日。两个月后，足协制定出14条规则，基本上以剑桥规则为主。随后的100多年，足球运动在全世界迅猛发展起来。1900年，足球首次在奥运会上露面，1908年，足球被正式批准为奥运会项目。1930年，乌拉圭成功举办了第一届世界足球锦标赛。1904 年 5 月 21 日在法国巴黎成立了国际足球联合会(FIFA),总部设在瑞士苏黎世。国际足联的创建,标志着足球作为一项世界性的体育项目登上了国际体坛,使足球运动在更广泛的范围内开展起来,影响也愈来愈远。国际足联从最初的 7 个会员国,发展到现今的 190 多个,是世界第一大国际单项体育组织。国际足联举办的重大比赛有四年一届的世界杯足球赛、奥运会足球赛、世界青年足球锦标赛、世界少年足球锦标赛和女子世界杯足球赛,还有许多洲际比赛。

二、技术练习

(一)踢球

1. 踢球技术

(1)脚内侧、脚背正面、脚背内侧踢球

练习方法:①按技术要领反复做无球的动作练习。②手提网兜装球,反复做踢球动作练习。③一人踩球,另一人用脚背正面试踢。④对墙练习,或两人一球对传。

技术要点:①脚内侧踢球:支撑脚踏在球侧后 15cm 左右处,膝盖稍弯曲,踢球腿稍后摆,前摆时小腿加速,脚跟扭转前顶,脚尖翘起,用脚内侧触球的后中部,将球踢出(见图 5-39)。②脚背正面踢球:直线助跑,支撑脚踏在球侧 10~15cm 处,踢球腿后摆放松,前摆大腿带动小腿,当膝盖摆至接近球上方的刹那,小腿爆发式前摆,脚背绷直,脚尖向下,用脚背正面触球的后中部。踢球后,身体随球跟进(见图 5-40)。③脚背内侧踢球:与出球方向成 45°斜线助跑,支撑脚踏在球侧后 20~25cm 处,踢球腿大腿带动小腿由后向前摆,当膝盖摆至接近球内侧上方刹那,小腿爆发式前摆,脚背绷直,脚尖指向外斜下方,用脚背内侧触球的后中部。踢球后,踢球腿随球前摆。

图 5-39 脚内侧踢球

图 5-40 脚背正面踢球

练习方法:①按技术要领反复做无球的动作练习。②手提网兜装球,反复做踢球动作练习。③一人踩球,另一人用脚背正面试踢。④对墙练习,或两人一球对传。

练习要求:①踢球力量由小到大,注意体会动作要领。②脚背正面踢球时,低头、收腹、身体稍前压,以免将球踢高。③支撑脚踏位要准确,否则会出现捅球、出球无力、出球偏高、动作变形等错误。

(2)其他踢球方法

①脚内侧踢空中球:大腿高抬外展,小腿下垂,利用送腿的力量,用脚内侧平敲球的后中部。如踢高球,可摆动小腿用脚内侧触球的中下部。

②脚背正面踢反弹球:先判断好球的落点,当球将要落地时,踢球腿小腿急速前摆,在球刚反弹离地时,用脚背正面踢球的后中部。

③脚背正面踢侧身凌空球:支撑脚脚尖指向出球方向,上体倾向支撑脚一侧,踢球腿大腿高抬几乎与地面平行,然后大腿带动小腿急速摆动,用脚背正面踢球的后中部,同时身体向出球方向扭转。

④脚背内侧踢弧线球:助跑、支撑脚站位、踢球腿的摆动与脚背内侧踢球动作相同,但在脚触球后,踝关节和脚背要绷紧,并向内扭转,偏离球的重心方向用力,用脚背内侧踢球的侧后中部。如踢过顶球,脚触球后,脚踝向内扭转,同时脚尖微上烧,踢球的侧后中部偏下一点。

2. 围圈踢球

(1)圆圈抢截

4～5 个队员围成一个圆圈,圈中站 1 名队员,圈上队员相互传球,努力使中央队员抢不到,一旦被其抢到或碰到,则传球失误队员与之交换位置。

方法变换:随着技术水平提高,可改成 2 抢 5、1 抢 3。也可限制圈上队员触球次数或缩小圆圈,以增加难度,提高练习兴趣。

细节了解 5-5

怎样练习头顶球

随着现代足球的发展,头顶球被视为“第三只脚”,由于它在抢占空间、完成传球、射门和门前化险中所起的作用,已成为足球的一项重要技术,而被广泛应用于实践。练习头顶球的方法有“自抛自顶”、“两人互顶”、“对墙冲顶等”。

(2)围圈涉猎

将队员分为两队。圈外队员踢球射向圈内队员,被射中者,则要出圈。圈内队员尽可能地躲闪逃避,最后一个未被射中者为胜利者。两队交换角色,进行游戏。

练习要求:①应使用多个较轻的球游戏,如排球。②规定用脚弓踢球或限制踢球高度,以免出现伤害。

方法变换:被球击中的队员接替圈外的“猎手”,而那个“猎手”就到了圈内,充当“猎物”。

(3)圆圈传球换位

队员围成直径 14～16m 的圆圈,互相传球,球传给谁,就立即跑向谁的位置,队员的换位在连续不断地进行。圆圈的大小根据练习目的的不同而改变。如练习头球传递,圈的直径不超过 8m,如练习长传时,可以采用大圆圈。

3. 踢球射门

技术要点:①运动中射门支撑脚选位要适当前踏,以保证踢球技术的正确运用:两臂张开以维持身体平衡。②射门时,注意力集中在球上,精确利索地踢中球的中后部位,就能保证射门的准确。③射门力量来自小腿的爆发式前摆,踢球时低头、收腹,可以避免把球踢高。

练习方法:①距离球门 25m 自己运球射门,自抛离球,用胸、大腿、正脚背接高球,然后运球射门。②与站在罚球弧线上的队员进行踢墙式“二过一”配合，然后射门。③自己或同伴抛球，练习凌空踢球射门。④禁区外，用脚背正面和脚背内侧踢直接任意球进行射门练习。⑤踢点球练习射门。⑥队员禁区外包抄到罚球点附近，接禁区外的横传、斜传球，直接射门或接球摆脱然后射门。

(二)运球

1. 运球技术

(1)脚内侧运球，脚背外侧运球

技术要点：①脚弓运球时，步幅不宜过大，肩部指向运球方向，运球腿膝关节微屈，用脚内侧轻推球前进。②脚背外侧运球时，运球腿提膝、提踵、脚尖向内转，用脚背外侧推拨球的后中部(见图 5-41)。

图 5-41　脚背外侧运球

练习方法：两人一球，采用直线、蛇形运球等形式，轮换练习。

(2)拨球、拉球、扣球

技术要点：①拨球是利用脚腕抖拨动作，以脚背内侧或脚背外侧触球，将球拨向身体侧方。②拉球时，触球脚前脚掌在球的上部，然后向后向下用力，将球拉回，也可向两侧拉球。③扣球与拨球动作基本相同，但它的用力是强劲急促的，并伴随着突然的转身或急停。

练习方法：原地练习、行进间练习、过杆练习。

2. 运球过人

运球过人指进攻队员运球闪过对手的争抢，突破对方防守的一类技术。方法很多，有强行突破、运球假动作突破、变速变向突破等。运球过人能造成局部区域以多打少的局面，是破密集防守的有效方法，它与传球配合相辅相成，为比赛的重要战术手段。

技术要领：①人球分路过人：利用对手注意力集中在球上，在他出脚抢球时，运球者将球推到他的后方，并迅速从防守者另一侧越过去控球。②变速运球过人：利用运球速度的变化(突停或突起)，甩掉对手，实现过人的目的。

练习方法：两人一组，轮换练习。

练习要求：①运球队员控制好身体的平衡，做到球随人来，人随球走。②防守队员消极防守，配合运球队员完成运球过人。

三、实战练习

(一)实战对抗

1. 对抗练习

(1)一对一

练习方法：a. 传球给进攻队员⑨号，⑦号防守，⑨号利用过人技术突破对手，然后射门

（见图 5-42）。b. 两人一组，轮换练习。

练习要求：①过人动作要简洁实用，速度要快。②防守分消极防守和积极防守两种。积极防守时要求被突破队员一追到底。

方法变换：可以做无球的摆脱与盯人练习。也可以传球到两人中间，先争控球权，得球者过人射门。两队轮换，进行过人比赛，凡过人射门成功得 1 分，失败得 0 分，得分多者胜。

（2）三对三

练习方法：①场地中央用标枪设一个 2m 宽的球门。甲乙双方只能在自己的区域进攻球门，在对方区域要进行防守（见图 5-43）。②一方得分或出界后，则由另一方进攻。③防守一方抢得球后，要带回或传回本方区域进攻。另一方立即转入防守。④每节 5 分钟，中间休息 1 分种，打若干节。

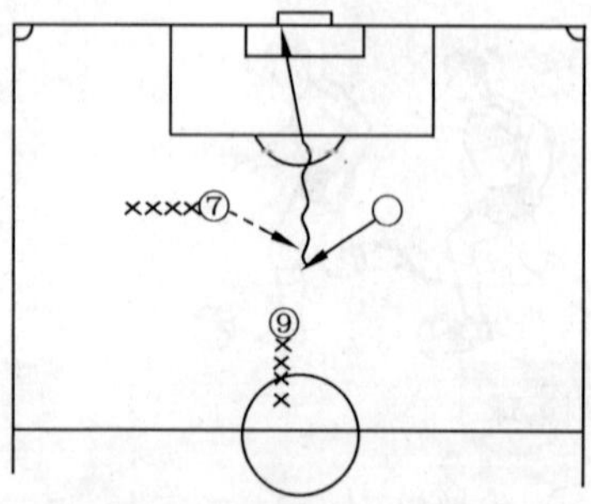

图 5-42 “一对一”练习

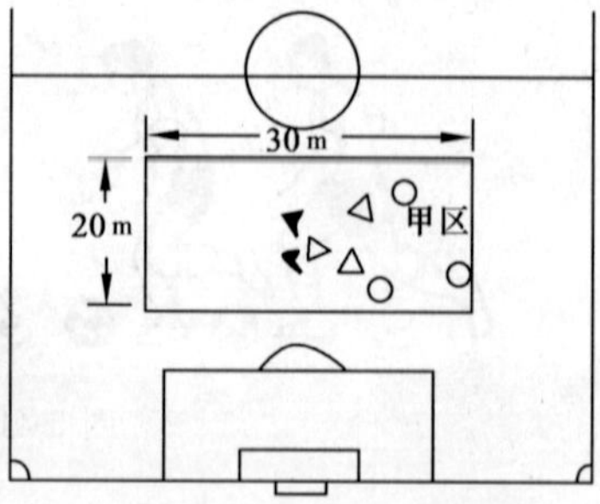

图 5-43 “三对三”练习

战术要点：①多注意传球与跑位，进行传切配合。②进攻和防守转换要快，能锻炼队员迅速敏捷的思路和学会控制节奏。

方法变换：可以采用一球淘汰制，三队轮换练习。也可以把门扩大，进行五对五练习。

2. 全场正式比赛

比赛方法：全班按实力分为两队，每队上场人数 11 人，比赛时间为上、下半场各 35 分钟。每队出一人担任助理裁判员。比赛结束以进球多的队为胜。

细节了解 5-6

弧 线 球

弧线球作为现代足球技术发展的鲜明标志，常用于踢角球和直接任意球射门。由于球在空中可以改变方向，不仅可以越过人墙，迷惑守门员直接得分，而且还可为同伴们前冲顶球创造条件。

比赛规则：①如故意踢、拉、绊、推、冲撞对方队员，或手触球，判由对方在犯规地点罚直接任意球，防守队员不能排人墙。②可以在禁区外的端线上任意一点发角球。③发界外球手、脚均可，用脚踢须把球放在地上。

（二）“二过一”战术配合

“二过一”是两个进攻队员在局部通过传切配合，突破一个防守队员的战术配合方法。攻击面一般 10cm 左右，以地滚球和低平球为主，脚法多用脚内侧和脚背外侧。

1. 直传斜插和踢墙式“二过一”

练习方法：一人一球，利用半场练习。

战术要点：a. ⑦号接⑨号的横传球，向前直传空当，⑨号斜线（有一定弧度）插入拿球向前运行。b. 接近旗杆时，传球给⑧号，⑧号直接将球传向旗杆后的空当，⑨号快速切入运球射门（见图 5-44）。

2. 交叉掩护反击“二过一”

练习方法：两人一球，利用半场练习。

战术要点：a. ⑦号运球与⑨号交叉跑动时，⑨号从⑦号脚下领球运走。b. ⑨向反方向斜传给快速切入的⑦号，传球脚的踝关节有抖动动作（见图 5-45）。

练习要求：①做掩护的队员运球时，要用远离前场的脚运球。②传运球准确迅速，跑位正确，节奏清晰，射门有力。

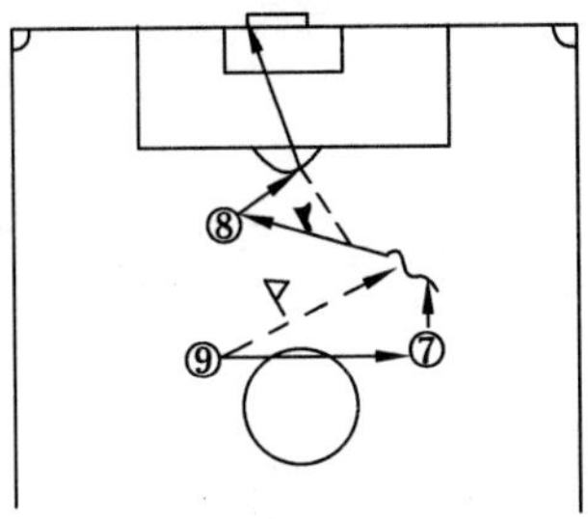

图 5-44　直传斜插和踢墙式“二过一”

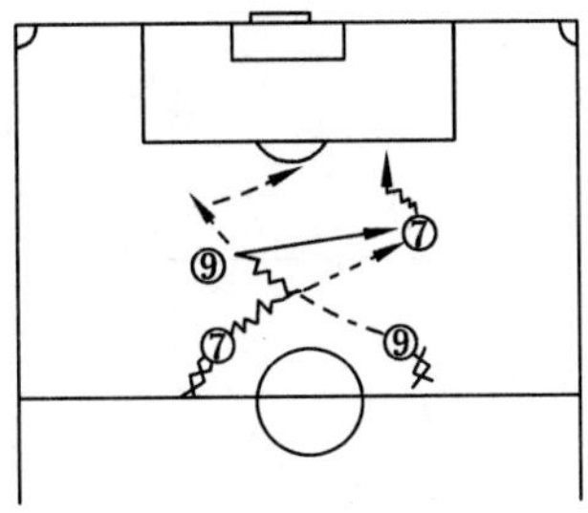

图 5-45　交叉掩护反击“二过一”

（三）阵型介绍

为了适应攻防战术的需要，全队队员在场上的位置排列和职责分工，称为比赛阵型。阵型名称一般是由场上各个位置的队员人数而定，顺序是由后（卫）向前（锋）排列（“WM”阵型除外）。

1. “4—2—4”阵型（见图 5-46）

此阵型既保持了“四前锋制”的特点，又弥补了三后卫防守的缺陷。两前卫是中场的组织者，也是防守的阻截者，由于活动频繁，“4—2—4”阵型对前卫的体力和技术的全面性有特殊要求。此阵型表现出攻守兼备、布局平衡的特点。

2. “4—3—3”阵型（见图 5-47）

其突出的特点是采用灵活机动的左边锋打法，进攻时是锋，防守时是前卫，担任双重职责。这一改变，加强了防守力量，又不减弱进攻锐气。边锋战术把突破传中、包抄射门、回抢反击表现得淋漓尽致。

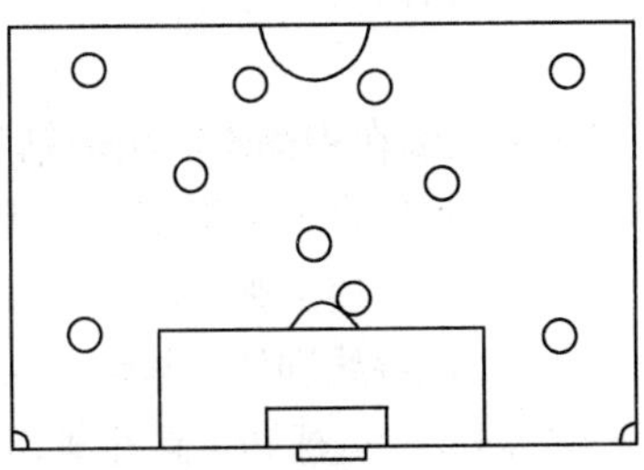

图 5-46　“4—2—4”阵型

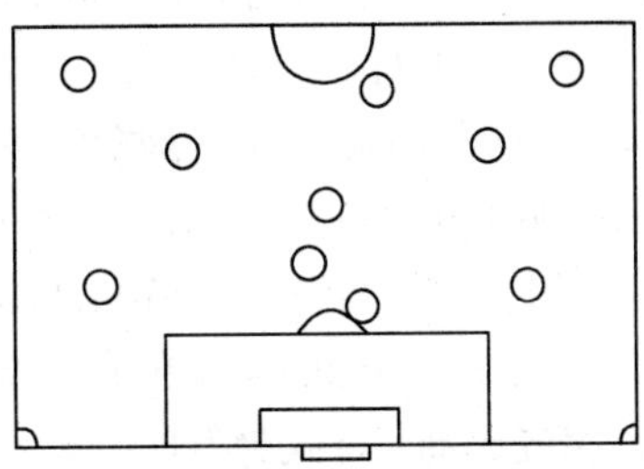

图 5-47　“4—3—4”阵型

3. “4—4—2”阵型（见图 5-48）

其特点是放弃传统的双边锋打法，采用两中锋突前，长传冲吊，中场队员见机插上的打法。比赛中以守为主，后卫线设立"清道夫"，基本上不参与进攻。随着运动员身体素质、技战术水平的提高，前卫轮番插上，两边卫积极助攻，使"4－4－2"阵型摆脱了当初重守轻攻的战术思想，赋予它新的内涵，演变成当今最流行的全攻全守阵型。

4．"3－5－2"阵型（见图5-49）

中场人数的增加，增强了全队的防守能力，压缩了对手在中前场活动空间，缩小了自己防守的空隙，增加了后防线的力量。中场后场相互融合，加大了防守的纵深，失球明显减少。进攻时两后腰坚决压上，进攻组织者的位置更加自由、灵活，不论快速反击还是短传渗透，都力争在局部以多打少。

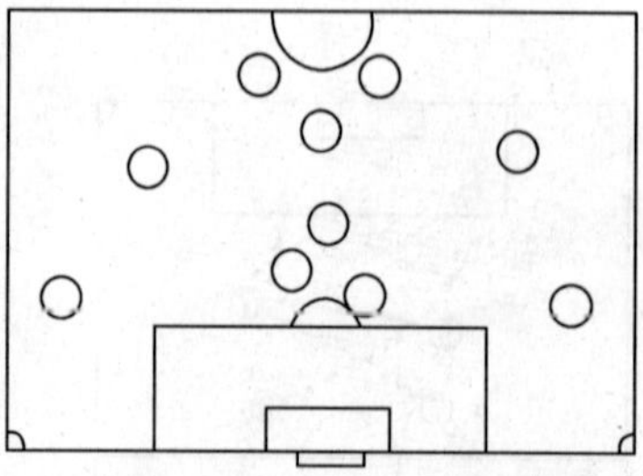

图5-48 "4－4－2"阵型

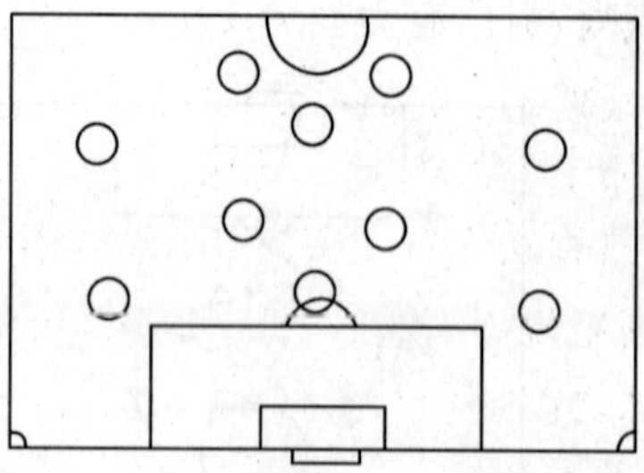

图5-49 "3－5－2"阵型

比赛阵型的选择应遵循以下原则：

（1）比赛阵型应当是简明、易懂，在场上容易实现的。

（2）比赛阵型应当使球队进攻和防守保持平衡。

（3）比赛阵型应保证正确布置上场队员，合理分配力量。

（4）比赛阵型应当为队员提供更容易地由守转攻的可能性，反之亦然。

四、足球竞赛规则简介

（一）比赛场地和球

比赛场地应为长方形，长为90～120m，宽为45～90m（国际足联规定世界杯决赛的标准场地为长105m，宽68m）；球门宽7.32m，高2.44m；球为圆形，其周长为68～71cm，在比赛开始时球的重量为396～453g，充气后的压力为0.6～1.1个大气压。

（二）队员人数和比赛时间

每队上场比赛的队员不得多于11名，少于7名，其中必须有一名为守门员。比赛分为两个45分钟的半场，每半场因故损失的时间应由裁判员酌情补足。

（三）比赛开始、进行和死球

开球前，双方队员均应在本方半场内，开球队的对方队员还须在中圈外。当裁判员鸣哨后，开球队员必须将放在场地中心的球踢入对方半场，待球滚动一周时方为比赛开始。比赛开始至结束时均在进行中，包括球碰门柱、横木、角旗杆、场上的裁判员或巡边员弹在场内和场上队员犯规而裁判员未予判罚。当球的整体在地面或空中全部越过边线或端线和比赛被裁判员鸣哨停止时均为死球。恢复比赛的方式为发球门球、角球、任意球，掷界外球、点球和重新开球。

（四）越位

1．越位位置

凡进攻队员较球更近于对方端线者，即为处于越位位置。但如果该队员在本方半场内，或至少对方队员两人较其更近于对方端线，或其平行对方倒数第二个防守队员或者平行于对方最后两名以上（含两名）防守队员，则该队员不算处于越位位置。

2. 越位判罚

队员处于越位位置，当同队队员踢或触及球的一瞬间，裁判员认为该队员正在干扰比赛或对方，或正企图从越位位置获得利益则应判罚越位。但如果该队员仅仅处于越位位置或直接得球门球、角球、界外掷球则不应判罚。

（五）犯规与不正当行为

（1）下列犯规，将判罚直接任意球：踢或企图踢对方队员；绊摔或企图绊摔对方队员；跳向对方队员；猛烈冲撞对方队员；打或企图打对方队员；推对方队员；为了得到对球的控制而抢截对方队员时，于触球前冲撞对方队员；拉扯对方队员；拉扯队员吐唾沫；故意手球（不包括守门员在本方罚球区内）。

如果队员在本方罚球区内违反了上述十种犯规中的任何一种，应被判罚点球。

（2）下列犯规，将判罚间接任意球：动作具有危险性；阻挡对方队员；守门员用手控制球时，在发出球之前行走四步以上；守门员在发出球之后未经其他队员触球，再次用手触球；守门员用手触及同队队员故意踢给他的球；守门员故意拖延比赛时间。

（3）下列犯规，将被警告并出示黄牌：犯有非体育道德行为；以语言或行动表示异议；持续违反规则；延误比赛重新开始；当以角球或任意球重新开始比赛时，防守队员不退出规定的距离；未得到裁判员许可进入或重新进入比赛场地；未得到裁判员许可故意离开比赛场地。

（4）下列犯规，将被罚出场并出示红牌：严重犯规，暴力行为，向对方或其他任何人吐唾沫，用故意手球破坏对方的进球或明显的进球得分机会（不包括守门员在本方罚球区内）。

（六）掷界外球

掷球时，掷球队员必须面向球场；两脚均应有一部分站立在边线上或边线外；单、双脚均不得全部离地；用双手将球从头后经头顶掷入场内；球未经其他队员踢或触及前，不得再次触球；不得将球直接掷入球门得分。

（七）比赛成平局后以互踢点球决胜的规定

裁判员将双方队员集中于中圈，选定球门，召集双方队长猜币，猜中一方先踢。两队轮流各踢 5 球决胜，如未分出胜负，则两队应相继各出一人再决胜，直至分出胜负为止。踢点球的队员必须是比赛结束时的场上队员。决胜过程中，场上队员均可与守门员互换位置；如守门员受伤，场下替补队员可以替补。

比赛规则还包括除了对比赛场地、球、队员人数、队员装备、裁判员、巡边员、比赛开始、比赛进行及死球、越位的规定外还包括比赛时间、计胜方法、犯规与不当行为、任意球、罚球点球、掷界外球、球门球和角球的规定。

详细内容见：中国学校体育网

http://www.schoolsports.com.cn/info/info.asp? info_ID=1907

思考题：

1. 简述足球起源。
2. 简述脚内侧、脚背内侧踢球动作要点。
3. 什么是阵型？简介“4—2—4”和“4—4—2”阵型。

第四节　网　球

一、简　介

通常认为，网球运动起源于12世纪的法国。起初法国的传教士用手掌击打一种小球来娱乐，当时，这种游戏被称作“掌球戏”。14世纪中叶，这种游戏传入英国，当时球的表面是用绒布做的，英国人将这种球称为“tennis”（网球），并流传下来。

1912年国际网联成立，总部设在英国伦敦，推动了网球运动飞速发展。为了适应网球运动的发展，1972年、1973年相继组织了国际男子和女子职业网球协会。

细节了解5-7

重要网球赛事

温布尔顿网球锦标赛、法国网球公开赛、美国网球公开赛和澳大利亚网球公开赛。以国家为单位参加的网球团体赛有戴维斯杯男子网球赛和联合杯女子网球赛。

网球运动在技术方面发展的一个突出特点就是从防御转为进攻，即由底线型打法转向上网型打法和综合型打法。发球技术也采用了大角度的切削发球，注重力量和速度，加强了进攻的威力。网球技术的发展，使比赛中双方攻守技术又提高到一个新的水平，各种打法都力求技术全面，正朝着综合型打法发展。

二、技术练习

（一）基本握拍法

球拍与手应该是融为一体的，从某种意义上说，球拍其实就是球员手臂的延伸，是球员身体的一部分。体验此种感觉需要一个逐渐适应、逐渐磨合的过程，而在此之前则要了解正确的握拍方法。

握拍时手掌边缘要与拍柄的底部齐平，勿握在拍柄的中央部位；掌心和手指应与拍柄最大面积地贴合在一起，体现出拍手一体、拍手无间的感觉，不要仅用手指“捏”住拍柄；拇指环过拍柄贴压于中指之上，勿留有空间以免在击球时球拍脱手；食指略与中指分开并自然与拍柄靠拢在一起，如果像握拳头一样死板地将球拍抓在手里，那么握拍的灵活性及随意性就要逊色许多，不利于对球拍的控制，手也容易感觉疲劳。整个手型有点儿像开枪时扣扳机的样子，食指一定要与中指分开。

除上述要领之外，网球拍的握法还有方式上的区分，应当了解。传统上有东方式（包括东方式正手及东方式反手）、大陆式、西方式、半东方式半西方式等，其依据是持拍手之虎口相对于拍柄各棱面的位置。图中的演示者都是右手握拍，左手握拍者在位置上与其相反就可以了。

1. 大陆式握拍

这种握拍法还被称为“榔头”式握拍法，因为采用这种握拍时，食指根部压在与拍面水平的那个平面上，拍面的角度几乎与地面垂直。大陆式握拍法适合用来击打任何类型的球，在发球、打截击球、过顶球、削球以及防守球时采用这种握拍效果更好（见图5-50）。

2. 东方式正手握拍

东方式正手握拍可以被称为“万能握拍法”。将手平放在拍弦上，然后下滑到拍柄根部抓握。从技术的角度讲，东方式正手握拍就是先以大陆式握拍法持拍，然后逆时针方向旋转球拍(左手握拍的选手需顺时针方向转动)，直到食指的根部压到下一个接触的斜面为止(见图 5-51)。

3. 半西方式正手握拍

以东方式握拍，然后逆时针方向(左手握拍则顺时针方向旋转)旋转球拍，使食指根部压在下一条拍棱上。底线力量型选手多采用这种握拍(见图 5-52)。

4. 西方式正手握拍

在半西方式握拍的基础上，逆时针转动拍面(左手握拍顺时针转动)，使食指根部接触到下一个平面，这种握拍就是完全的西方式握拍法。喜欢打强烈上旋的土场选手多采用这种握拍法(见图 5-53)。

5. 东方式反手握拍

以大陆式握拍开始，顺时针旋转球拍(左手持拍为逆时针)，使食指根部压在上一个斜面，便形成东方式反手握拍(见图 5-54)。

6. 双手反手握拍

使拍面处于大陆式和东方式反手握拍的中间位置，然后用另一只手以东方式正手握拍法放在持拍手的前方。适用于单手力量不足、或双手具有良好协调性的选手(见图 5-55)。

图 5-50

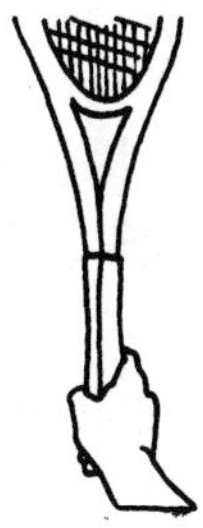
图 5-51

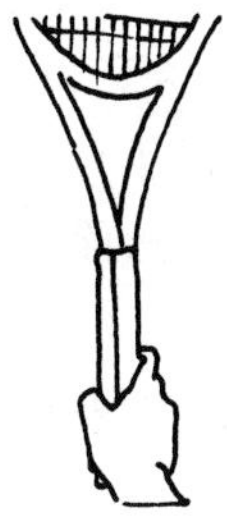
图 5-52

图 5-53

图 5-54

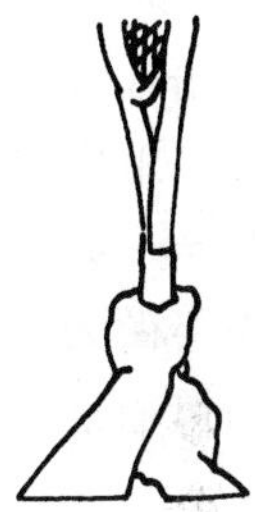
图 5-55

(二)站位方式

1. 开放式站位

开放式站位通常是在运动员进行大幅度跑动击球时使用。将右腿(左手持拍球员为左腿)与来球保持在同一直线上，引拍的同时转动腰和肩。通过右腿的支撑，可以减缓移动速度，并将重心移向该腿。

2. 直角站位

把球摆在后腿的正前方，前腿向球的方向迈出，后腿随之自然转动。引拍动作要开放到足以很容易做出转腰动作的位置；另外，也可以通过将身体重心向球的方向转移来击球。这个动作可以将腰部的转动和身体重心转移的爆发力完美地结合在一起。

3. 关闭式站位

引导腿向相反方向跨出击球。

(三)步法

1. 正手击球的步法

正手击球主要包括东方式正手击球和西方式正手击球。东方式正手击球要保持向前迈步击球的步法。一般常采用关闭式或半关闭式站位法，侧身迎接来球，击球前重心在后脚，击球时重心移至前脚。当击球时，左脚向右脚前方45°着地引拍完成，挥拍击球，右脚随身体向前方45°着地，击球完毕。然后左脚向左后45°着地，右脚与左脚平行成准备姿势。

球的落点不会都在自己的身体两侧，这时我们就要根据实际情况来分析。当球的落点在靠近身体的右侧时，右脚后撤同时转体90°，重心在右脚上，引拍完成，左脚着地挥拍击球，右脚向左前45°一步完成击球，左脚向右脚平行成准备姿势：当球的落点离身体较远时，左脚向右交叉上步，引拍完成，侧身跑2～5步，当击球时，左脚向右前方45°着地，挥拍击球，右脚随身体向左前方45°着地，击球完毕。左脚向左后方45°着地，右脚向后与左脚平行成准备姿势。

2. 反手击球的步法

球的落点取反手击球时，右脚向左前方45°着地引拍，挥拍击球。右脚向右后方45°着地，左脚向后与右脚平行站立成准备姿势。

同样，反手也会有落点远近的问题。当球的落点在靠近身体左侧时，左脚后撤同时转体90°，重心在左脚上，引拍完成，右脚着地挥拍击球，左脚向右前45°一步完成击球，右脚向前与左脚平行站立成准备姿势：当球的落点离身体较远时，右脚向左交叉上步，引拍完成，侧身跑2～5步，当击球时，右脚向前方45°着地，挥拍击球，左脚随身体向前方45°着地，击球完毕，右脚向右后45°着地左后向后与右脚平行站立成准备姿势。①

3. 基本步法

(1)交叉步

当一次击球过后，要迅速退回准备下次击球时，交叉步是最好的选择。

当向着场地中央移动时，尽可能保持肩膀平行于球网，重心保持在两腿间，两腿呈交叉状向侧面跨步。如果向右侧移动，应先跨左腿在右腿前；相反同理。当你要处理离你距离很远的球而需要做大幅度移动时(如近网短球或大角度的来球)，那就先侧身，然后疾速向球的方向奔跑。但如果每次击球都使用这样的步法，就会限制你的变向能力，而且容易导致错误地运用步法。

(2)滑步

准备击球或击球后回位的距离较短时，多数球员都会采用滑步。

面对球网，将外侧的腿向所要移动的方向滑动。内侧腿向其移动时，两腿在空中接触(注：依个人习惯，也可不接触)，然后进入准备击球状态。提示：当球处于比较靠近你的位置推荐使用这种步法；如果球距离你很远，可以使用跑动范围较大的交叉步。

(3)碎步调整

在挥拍击球前用小碎步调整可以帮助你处于最佳的击球位置。

看看一些顶级职业选手在挥拍击打落地球前，都会通过碎步来调整到理想的击球位置。多数业余选手通常只满足于移动到击球位置的附近，这样有时会导致需要弯腰，或伸长胳膊去够球，要不就只能拼命去做非常规的击球动作。提示：尽管你的击球可以过网，但它未必能达到你所期望的效果。通过碎步来调整到最佳的击球位置，将会大大提高你击球的潜能。

(4)跳步

在每次击球前，特别是进行网前截击的时候，球员应该使用分隔步法。从准备状态开

① 参见王燕、刘瑞军《对网球各种步法、步法移动的探讨》，载《文教资料》2006年第35期。

始，当对手开始挥拍时，膝盖弯曲，做一个小跳跃（高度不要超过 5cm），双脚的前脚掌着地（略宽于肩）。这样会保持一个适当的站位，很容易向对手下一次击球的方向突然起动。

（四）正手击球

技术要点：

1. 准备姿势。正确的正手击球，应提前进入准备状态。身体前倾，双膝微蹲，全身放松，左手扶拍颈部，右手采用东方式握法。同时，准备迅速起动。

2. 挥拍。当判定球朝着正手方向来时，左手辅助推动球拍同时，应迅速采取正手击球步法，同时，右手后伸引拍，做好击球准备。

3. 击球。向前挥拍击球时，要握紧球拍，手腕绷紧，球拍从低于腰部处开始，做弧线轨迹运动，逐步上升，向前挥动，约在齐腰处或稍低处击球，同时左转体，以发挥更大击球力量。

4. 随球挥拍。击球后，球拍应继续沿弧线挥拍向上，把球拍带到身体左侧肩上部。

方法变换：①一人隔网将球抛向击球者，击球者用中等力量正手击球。②自已将球抛起，等球反弹后，进行正手击球。

（五）反手击球

1. 反手上旋球

练习方法：①原地或移动做挥拍练习。②对墙做自抛击球练习。③对墙连续做反手上旋球练习（见图 5-56）。

图 5-56

技术要点：①准备姿势同正手。②引拍，判断来球，调整身体位置，做反手击球步法，同时左转体，准备击球。③击球，挥拍击球时，身体右转，带动右臂挥拍击球，同进左手做简短的推送动作。击球点在右膝前方。④随球挥拍，同正手击球，唯方向相反。

方法变换：①自抛反弹后对墙做反手上旋球练习。②一个人隔网抛球，另一人做反手上旋球练习。

2. 反手下旋球

练习方法：对墙原地或在移动中做手挥空拍练习，对墙练习。

技术要点：①准备姿势同正手击球。②引拍同反手上旋球。③击球。击球时，身体右转带动右臂向斜下做切削动作，拍击球的后下方，击出反手下旋球。

方法变换：①自抛反弹后，对墙做反手下旋球练习。②对墙反手击球后，让球跳两次后再击球，然后对墙连续做反手下旋击球。

3. 双手反击球

练习方法：做双手挥空拍练习，对墙做自抛双手反击球练习（见图 5-57）。

图 5-57

技术要点：①准备姿势，同正手击球。②引拍，由于左手臂的束缚，后伸时有些拉不开，所以应尽量转体。左手为正握法，右手为反握法。③击球，挥拍击球时，身体右转，同时左手推动右手一起向前挥拍击球。④随球挥拍（略）。

(六)网前截击

截击球是在落地之前便将球在网前击回对方场区。它通常速度快,力量大,具有较大的威胁性,在高水平的比赛中,常以主动上网截击控制对手。网前截击又分为正手截击和反手截击。

1. 正手截击

练习方法:空拍做正手截击练习,近距离对墙做正手截击练习(见图 5-58)。

图 5-58

技术要点:①网前准备姿势。身体姿势和正、反手击球相同。一般应站在发球区边线与球网间的中央位置上。②移动、击球。判断来球,迅速移动位置,同时转肩带动手臂向后作简短的引拍。引拍完成时保持拍头上翘;击球时,后脚蹬伸,重心前移,伸臂微向下推送球拍击球。

练习要求:①判明来球方向后,动作应简洁明快。②击低球时应降低重心。

方法变换:①正手将球击向墙面,截击弹回的网球。②一人正手击球,两人网前做截击动作。

2. 反手截击

除转肩、侧移和封堵路线方向相反,练习方法、技术要点、练习要求、方法变换均与正手截击相同(见图 5-59)。

图 5-59

(七)高压球

针对比较高的球进行扣杀还击的一种技术,根据球的高低程度和距离,可采取原地高压、跳起高压和后退高压。

练习方法:空拍练习,自抛高球向铁丝网击球。

技术要点:①准备姿势。及时移动到位后,直接将球拍引向脑后,自由手(未持拍手)上举,抬时翘起手腕使拍头下垂,两眼注视来球。②挥拍击球。击球时转体,挥臂,扣腕一气呵成,击球点保持在右肩上方。③随球挥拍。击球后应继续扣腕,完成随跟进动作。

练习要求:①准备姿势时,应尽早举拍,及时移动。②扣杀发力时,应做出“鞭打”动作。

方法变换:①自抛自扣练习。②一人网前高抛球,另一人做高压扣球。

(八)高挑球

高挑球是把球挑过对方头顶的一种防御性或进攻性的击球方式。

练习方法:原地空拍高挑、或移动空拍高拍、或自抛高挑(见图 5-60)。

图 5-60

技术要点:①在移动中使球拍充分后摆,并使身体侧向来球飞行路线。②击球时,拍面应击在球后下部 1/4 处。③击球后,完成随球挥拍动作。

练习要求:采用高挑球,应使球落在对方场地的端线附近。

方法变换:转移到排球场地隔网进行高挑球练习。

(九)发球

练习方法:空拍练习,自抛对墙练习。

技术要求:①准备姿势。侧对球网站立。一手持球,另一手持拍,身体放松,自然站立。

②抛球。将球轻轻抛在前侧肩的上方 2m 左右,同时大弧度地向后拉拍。③击球。击球时,利用缩胸、收腹、重心跟进的力量,去拍击球的后部。④随球挥拍。

方法变换:①对墙上目标进行发球练习。②在发球区做出标志,练习者将球发向规定的目标。

三、实战对抗

(一)单打战术

1. 发球战术。第一次发球一般要狠,第二次发球要稳,发球后立即上网,进攻型、防守型、综合型运动员,都必须掌握变化旋转、不同落点的稳健发球。

2. 接发球战术。接对方的大力发球首先做到少失误,力争将球击回过网,其次做到打落点;接对方软球时,要有较强的进攻意识,要将球打对方深区。

3. 底线对面战术。耐心对打,采用长线和短线结合、斜线和直线相结合、上旋和下旋相结合的打法,等待时机。

(二)双打战术

1. 配合默契,分工明确

发球队员站在中点和单打线的中间,准备发球后直接上网;同伴站在发球线与球网之间,稍偏向单打线,做到只向两侧各移动一步,即能封住单打与双打之间的狭道及球场中央;接发球队员站在靠近边线的端线后,在接左区发球时应稍靠中间站,其同伴站在靠近发球线的前面,且偏近中线处,以便防守中路球。

2. 相互鼓励,取长补短

根据两人的技术特点来确定位置或分工,发球好的先发球,技术全面的或拍强的站在左边(右手持拍),对方将球打到中央时,由正拍者回击,或由技术全面者回击。

四、比赛规则

网球场地可分为草地、土地、硬地和塑胶场地。网球场地呈长方形,球网将球场分隔成相等的两个区域。全场除端线可宽至 10cm 外,其他各线的宽度应在 2.5～5cm 之间(见图 5-61)。

网球器材包括网球、球网、网柱、中心带及单打支柱。球为白或黄色,直径为 6.35～6.67cm,重量为 56.7～58.5g;弹力为:从 2.54m 的高处自由落下时,能弹起 1.35～1.47m;网柱高 1.07m,直径不超过 15cm;球网单打长 10.06m,双打长 12.80m,网高为 91.4cm(以网子中央标志带处为准)。

(一)单打比赛规则

1. 双方应站在各自的半场内。发球者应站在端线后中点和边线的假定延长线之间的区域,用手将球向空中任何方向抛起,在球接触地面以前,凡用球拍触球,即算完成球的发送。

2. 发球时,不得通过行走或跑动改变原来站的位置,两脚只准站在规定位置,不得触及其他区域。

3. 每局开始,先从后区端线后发球,得或失 1 分后,应换到左区发球;发出的球应从网上越过,落到对方的发球区内,或其周围的线上。

4. 发生的球在落地前触及固定物(球网、中心带和网边白布除外),违反发球和发球位

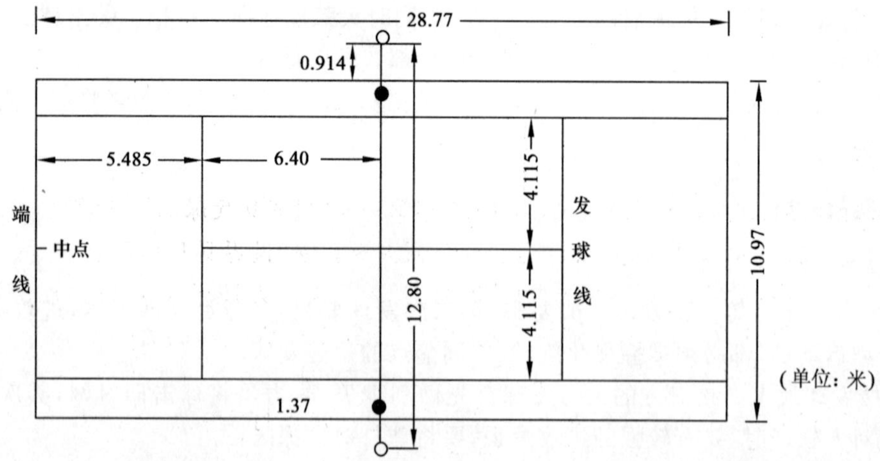

图 5-61

置，未击中球，则属发球失误。

5. 第一次发球失误，应在原发球位置进行第二次发球，第一局比赛结束，则互换发球权，以后依此类推，直至比赛结束。

6. 第胜 1 球得 1 分，先胜 4 分者胜 1 局；双方各得 3 分时为“平分”，平分后须净胜 2 分为胜 1 局。

7. 一方先胜 6 局为胜 1 盘，双方各胜 5 局时，一方须将胜两局为胜一盘。

8. 双方应在每盘的第 1、3、5 等单数局结束后，以及每盘结束，对方局数之和为单数时，则交换场地。

9. 凡在球第二次着地之前未能还击过网，还击的球触及对方地区界线以外地面，固定物或其他物件；故意用球拍触球不止一次；身体、球拍在发球期间触及球网；过网击甩拍击球或还击空中球失败，均判失分。

（二）双打比赛规则

1. 每盘第一局开始，由发球决定人选首先发球，第二局则改由对方决定，第三局由第一局发球方的另一人发球，第四局由第二局发球方的另一球员发球，以此类推。

2. 先接球方应在第一局开始时，决定先接发球的人选，并在这一盘的单数局继续先接发球。对方在第二局开始，同样依法决定先接发球，并在这一盘双数局继续先接发球，他们的同伴则在每局中轮流接发球。

详细比赛规则见：中国学校体育网

http://www.schoolsports.com.cn/info/folder.asp? folder_ID=314

思考题：

1. 网球击球的种类有哪些？

2. 网球发球有哪几种？

第五节　乒乓球

一、简　介

乒乓球运动1880年起源于英国，自1926年第一届"世界乒乓球锦标赛"举办以来，至今已举办了46届。100多年来，乒乓球运动遍及五大洲。在"世界乒乓球联合会"的领导下，从世乒赛、奥运会，到世界杯赛，大型国际赛事已达十几项。从1926年第1届世界乒乓球锦标赛至今70多年，乒乓球技术的发展可概括为以下几个阶段：第一阶段（1926～1951年），为欧洲全盛期，以削球打法为主；第二阶段（1952～1959年），优势转向亚洲，日本长抽打法称霸乒坛；第三阶段（1960～1969年），中国直拍近台快攻打法崛起世界乒坛；第四阶段（1970～1978年），欧洲复兴与欧亚对抗；第五阶段（1980年至今），进入奥运时代，欧亚竞争更加激烈。

从1959年第25届世乒赛上我国运动员容国团获得第一个男子单打世界冠军开始，40余年来我国的乒乓球运动长盛不衰。在20世纪，中国乒乓球队共获得多项世界冠军，始终处于世界先进之列，这在中国体育界绝无仅有，即使在世界体坛也少有类似。

二、准备技术

（一）球拍与握拍法

球拍主要有直拍与横拍两类，握法也就主要分直拍握法与横拍握法两种。直拍握法见图5-62，横拍握法见图5-63。练习者应根据自己的特点选择适宜的球拍与握拍方法。

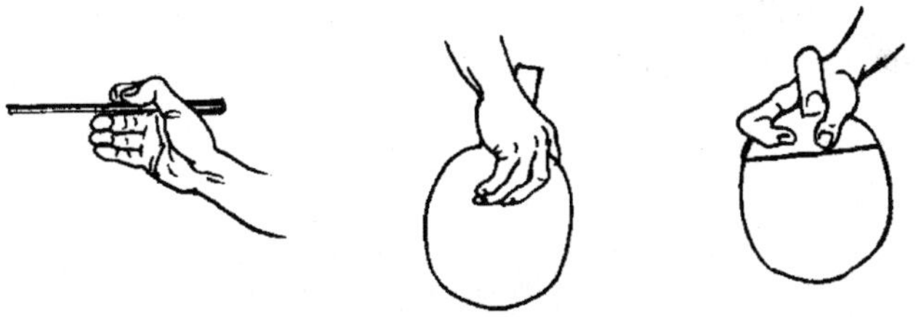

图5-62

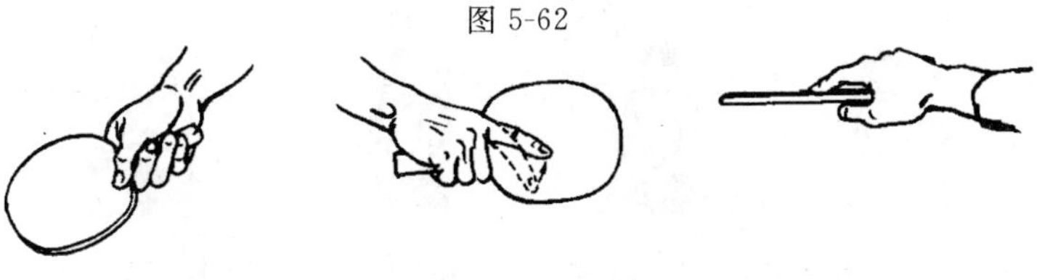

图5-63

（二）乒乓球常用术语

1. 站位

击球前，两脚平行站立，略比肩宽，两膝微屈，前脚掌内侧着地，上体略前倾；两眼注视来球，执拍手臂自然弯曲，执拍于腹前偏右（右手执拍），离身20～30cm。按照打法类型的差别，快攻型一般站近台中间或中间偏左；弧圈型在中台偏左；削攻型在中台或中远台中间。各种站位距台距离（见图5-64）。

2. 击球路线

击球点与落点之间的投影线有 5 条基本路线(见图 5-65)。

3. 击球时间

对方来球着台后反弹上升、下降至触及地面的这段时间,称为击球时间,击球时间的划分(见图 5-66)。

4. 击球部位

击球部位指击球时接触球的部位,照钟表刻度可将球分为 5 个击球部位:①上部,接近 12 点的部位;②中上部,接近 1～2 点部位;③中部,接近 3 点部位;④中下部,接近 4～5 点部位;⑤下部,接近 6 点部位。

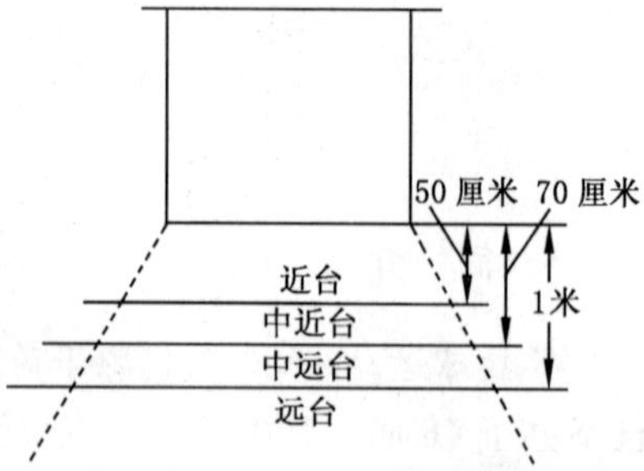

图 5-64

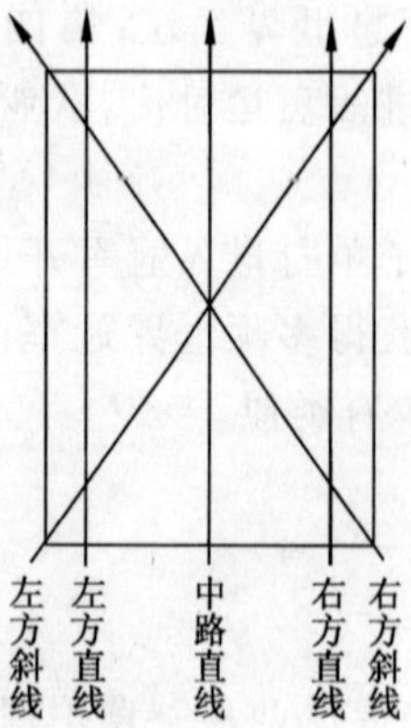

图 5-65

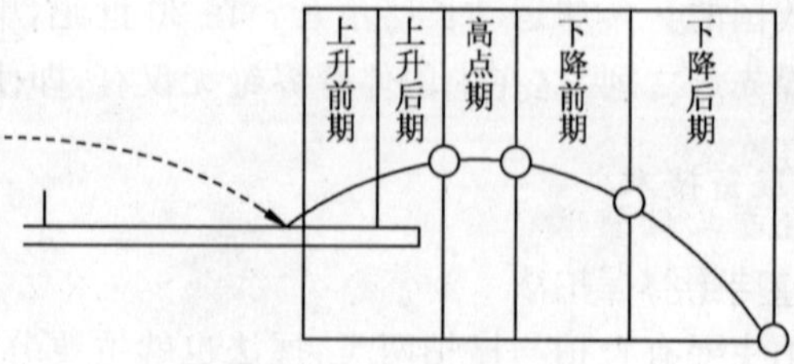

图 5-66

三、基本技术

(一)推挡

1. 快推

当来球从台面弹起,还未达到最高点前,前臂和手腕借力迅速向前推压,击球的中上部(见图 5-67)。

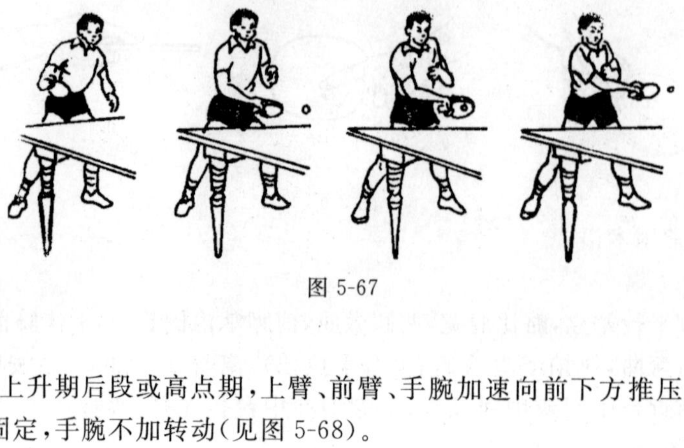
图 5-67

2. 加力推

当球反弹至上升期后段或高点期,上臂、前臂、手腕加速向前下方推压,击球的中上部,击球时,拍形应固定,手腕不加转动(见图 5-68)。

3. 推下旋

图 5-68

当球跳至上升期后段击球中部向下摩擦，上臂、前臂和手腕向前下方用力推动（见图 5-69）。

4. 减力挡

手臂外旋，拍面稍前倾，手臂稍向前迎击，当来球跳至上升期，击球中上部，拍触击球的一瞬间，手臂和手腕稍向后收，以缓冲球的反弹力。

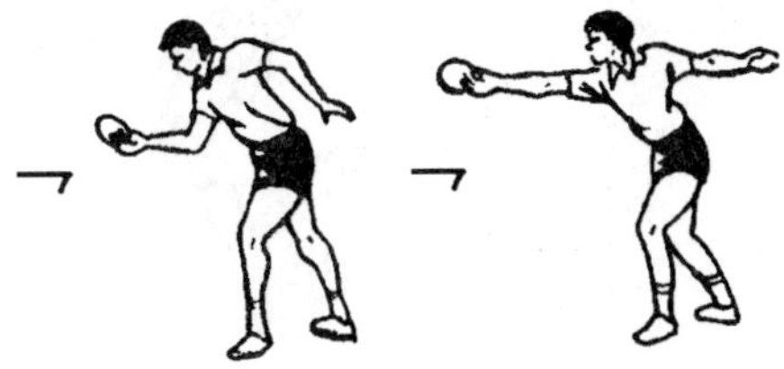

图 5-69

5. 快挡球

拍置于身前，前臂自然弯曲，准备击球时，拍稍后移，拍形稍前倾，当球反弹至上升期，前臂向前迎球，击球的中上部。

（二）攻球

1. 正手攻球技术动作

（1）正手快攻：当球弹至上升期，手臂向左前方迎球，击球中上部，在上臂带动下前臂快速向左前方挥动，手腕配合外展，球拍挥至头的前部（见图 5-70）。

（2）正手拉球：正手拉球是回击下旋球的主要技术，手臂根据对方来球旋转强弱，作内旋使拍面接近垂直，或做外旋使拍面稍后仰。击球时，前臂下沉，将球拍引至身体右侧下方，当球跳至最高点开始下降时，上臂带动前臂加速向左前上方提拉挥动，手臂同时作外展，来球下旋强，拍面稍后仰，击球中上部；来球下旋弱，拍面接近垂直，击球中部。击球后，球拍顺势挥至额前（见图 5-71）。

图 5-70

图 5-71

（3）正手扣杀：当球弹起到高点时，上臂带动前臂由后向前。将触球时，前臂加速用力向左前下方挥击，拍形稍前倾击球中上部，球拍触球的刹那间，腰、髋向左转动配合发力。击球后，手臂随势继续向左前下方挥动，重心由后脚移至前脚（见图 5-72）。

2. 反手攻球技术动作

图 5-72

(1)反手快攻:当球跳至上升期,前臂加速向右前上方挥拍,触球的瞬间手腕同时配合外旋,击球中上部。击球后前臂继续向右前上方随势挥动(见图 5-73)。

图 5-73

(2)反手快拨:右脚稍前,前臂自然弯曲外旋使拍面前倾,手腕内收,将球拍引至腹前偏左位置,当球跳至上升期,以肘关节内收,拍面稍前倾,击球中上部,前臂加速并外旋并带动手腕借来球的反弹力向右前方挥动,将球拨回(见图 5-74)。

图 5-74

(三)搓球

以搓球对付以攻为主的对手时,要求搓得转与搓不转球结合,搓得短与搓底线长球结合,并要搓得角度大、线路活,才能抑制对方的进攻。

以搓球对付以守为主的对手时,除以上要求外,还要特别注意对方也是以搓球和削球的旋转变化为主要手段的,所以应随时根据来球性能调整拍面角度、击球部位和击球时间,并伺机进攻。

细节了解 5-8

提高击球质量的基本要素

乒乓球比赛对抗性强,双方都必须把击中到本方台面的球合法还击到对方台面,并力图使对方不可能把球击中到本方台面。双方都要力争每球的胜利。主要从球的弧线、旋转、力量、速度、落点 5 个方面衡量每球的合理和效果。

四、实战对抗

(一)对抗方法

1. 近台快攻型打法

"快速、准确、凶狠、旋转、多变"是这类打法的指导思想，这充分体现出了近台快攻型打法的技术风格。

2. 弧圈球型打法

"转、快、狠、变"是弧圈为主结合快攻打法的技术风格，另一种"快、转、狠、变"是快攻为主结合弧圈打法的技术风格。

3. 削攻结合型打法

"转、稳、低、变、攻"是削攻型打法的技术风格，"削得低，削得稳，旋转差别大，两面能进攻"是该种打法的指导思想。

(二)战术介绍

在比赛中，根据自己和对手的具体情况，正确而有目的、有意识地运用所掌握的各种技术，充分发挥自己的特点，限制对方的长处，紧紧抓住对方的弱点，为战胜对手而采取合理有效的方法，就形成了战术。在运用战术过程中，要体现以我为主、积极主动、机动灵活的思想。

1. 发球抢攻战术

它是一种先发制人的战术。特别是以攻为主的运动员，常以此作为一种主要手段。运用发球抢攻效果，取决于发球的质量和进攻能力。

2. 对攻战术

它是进攻型打法互相对垒时常用的一项重要战术。快攻类打法主要是依靠正、反手攻球和反手推挡技术，充分发挥快速多变的特点调动对方，以达到攻击的目的；弧圈类打法主要是依靠正、反手拉弧圈技术和扣杀技术，充分发挥旋转的威力来牵制对方，以达到攻击的目的。

3. 拉攻战术

它是以攻为主打法对付削球类打法的主要战术。要使拉攻战术运用得好，首先要拉得稳，并有落点、旋转和轻重力量的变化，才能创造较多的战机；其次要有拉中突击或拉冲结合和连续扣杀的能力，方能奏效。

4. 搓攻战术

它是进攻型运动员的一项辅助战术。搓攻战术主要是利用搓球的旋转变化和落点变化为进攻创造机会，借以达到攻击对方的目的。

5. 削中反攻战术

它是削球类打法赖以得分的主要战术。以削球的旋转变化和落点变化，迫使对方回球偏高，伺机进行反攻。为此，首先要求能用削球与对方相持并控制对方，才能为反攻创造战机；其次要具备在走动中进行攻击的能力，方能使战术动用达到目的。

6. 接发球战术

它是与发球抢攻战术相抗衡的一项战术，其目的在于破坏对方发球抢攻战术的运用，争取形成相持或主动的局面。

7. 挡、攻、削结合战术

挡、攻、削兼施是攻守结合型打法的一项综合战术。尤以直拍攻守结合型的运动员运用较多。

五、乒乓球竞赛规则

(一)发球、接发球和方位的选择

1. 选择发球、接发球和场地的权利应通过抽签来决定。胜者可优先选择接发球或场地。当一方运动员先选择了发球,接发球和场地则留给了另一方;2. 发球员发两球之后即成为接球员,依此类推,直到该局结束,如果双方比分都达到 10 分则实行轮换发球,这时发球和接发球次序仍然不变,但每人只轮发一个球;3. 一局比赛结束后,下一局应交换位置和发球。单打决胜局中当有一方满 5 分时应交换方位,接着发球。

(二)重发球(在下列情况下)

1. 发球员发出的球,擦球网后触台面,触网柱后被接球员或同伴阻挡;2. 如果裁判员尚没报分,将球发出,而且接球员没有击球的企图;3. 由于怀疑发球是否合法,警告运动员而中断比赛或纠正发球,接球员顺序或方位错误而中断比赛;4. 由于发生了运动员无法控制的干扰,如灯光熄灭、外界球进入赛场等。

(三)失分

回合中出现下列情况,应判失一分:1. 未能合法发球、合法还击;2. 阻挡;3. 连续两次击球,台面两跳;4. 用不符合规定的拍面击球;5. 趴在球处于比赛状态时,不执拍子触及台面,球台移动,运动员穿戴的任何物品触网或网柱;6. 裁判员判罚。

(四)一局比赛

在一局比赛中,先得 11 分者为胜方;双方出现 10 平后,先多得 2 分的一方为胜方。

(五)一场比赛

一场比赛应连续进行,但在局与局之间,双方运动员都有权要求不超过 2 分钟的休息时间。接受场外指导。

详细比赛规则见:中国学校体育网

http://www.schoolsports.com.cn/info/folder.asp? folder_ID=314

思考题:

1. 影响击球质量的基本因素是什么?
2. 判失分的几种主要情况是什么?
3. 简述正手快攻的动作要领。

第六节　羽毛球

一、概　述

羽毛球运动几乎适合于所有人,是一项集运动性与娱乐性于一身的项目,既可以作为健身手段和娱乐方式,又可以是激烈对抗的竞技性项目。现代羽毛球运动起源于英国,大约在 1860 年,英国格拉斯哥郡的伯明顿镇流行着一种"板羽球游戏"。比赛场地在一座"Badminton house"的大厅内举行。经过不断改进比赛规则和比赛用具,羽毛球运动便逐渐风行起来。"伯明顿"(Badminton)也即成了羽毛球的英文名称。

19 世纪 70 年代中后期,英国开始出现一些室内羽毛球俱乐部。1893 年,英国羽毛球协会的前身成立,并于 1899 年举办了首届全英羽毛球锦标赛。1934 年成立了国际羽毛球联合协会。1948～1949 年举行了首届男子羽毛球团体锦标赛——“汤姆斯杯”赛。1956 年举行了世界女子羽毛球团体锦标赛——“尤伯杯”赛。1978 年 2 月世界羽毛球联合会于香港成立。1981 年国际羽毛球联合会和世界羽毛球联合会正式合并。1992 年羽毛球运动被列为奥运会正式比赛项目，至此，羽毛球运动进入了一个新的发展时期，受到了各体育强国的重视。

细节了解 5-9

羽毛球惯用语

内旋：旋转前臂，手掌朝下。外旋：旋转前臂，手掌朝上。

二、技术简介

（一）握拍

不管何种握拍姿势都要求放松，球拍在手中刚好不能脱落最佳，并将掌心空出。握紧的程度取决于击球时的发力程度，发力越大，握拍越紧。

1. 正手握拍法

虎口对着拍柄窄面内侧的小棱边，拇指和食指贴在拍柄的两个宽面上，食指和中指稍分开，中指、无名指和小指并拢握住拍柄，掌心不要紧贴拍柄，要留有一定空隙，拍柄与近腕部的小鱼际肌齐平（见图 5-75）。

图 5-75 正手握拍

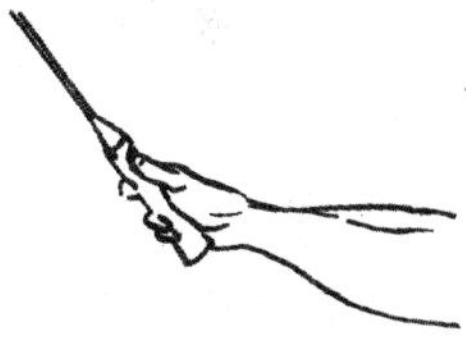

图 5-76 反手握拍

2. 反手握拍法

或先按照正手握拍姿势，然后稍向右（右手握拍）或向左（左手握拍）转一点，使拇指跟拍柄的背面形成一个斜角，并且在拇指和拍柄之间形成一个缝隙空间（见图 5-76）。

（二）发球与接发球

发球是组织进攻的开始，其质量的好坏，直接关系到比赛的主动或被动，以致赢球得分或丧失发球权。发球有正手发球和反手发球两种方式。按球在空中飞行的弧线可分为发高远球、平高球、平球和网前小球四种。

接发球是克敌制胜的重要环节。接发球时：高远球、平高球用平高球、吊球或扣杀球还击；网前球用平高球、高远球、放网前球、平推球还击；平快球用平推球、平高球还击，以快制快。

练习方法：持拍按正、反手发球的动作要领，进行练习。

技术要点：①正手发球时，拍面与地面垂直，虎口对准拍柄侧面内沿，拍柄末端与小鱼肌平齐（见图 5-77）。②反手发球时，在正手握拍的基础上拍柄稍微外转（见图 5-78）。

方法变换：①反复作持拍的模仿练习。②击吊线球（球高度与腰齐）做各种发球挥拍练习。③二人面对网站在底线附近，做直线、对角线练习。

图 5-77 正手发球

图 5-78 反手发球

（三）击球

击球是羽毛球运动的一项重要技术，只有熟练地掌握击球技术，才能积极主动地控制球速和落点，充分发挥击球的威力。

练习方法：按各种击球动作要领，反复作持拍的模仿练习、二人对网站于两底线附近处，原地或跑动中相互作各种击球练习。

1. 高手击球

技术要点：①正手高远球击球时，举拍手向后拉引，肘弯曲比肩略低，当球落到一定高度时，手臂迅速向上挥拍，手腕充分后屈，以肩为轴，上臂带动前臂随着髋部快速向前甩动手腕[见图 5-79(1)]。击球点在握拍手臂一侧肩膀的正上方。

图 5-79(1) 正手击高远球

②反手高远球。练习者转身，让后背对着球网。采用反手握拍法，前臂与球拍保持 90°，抬高肘部，持拍的手臂内旋，同时另一只手臂也随之向下方旋转。击球时抬高手臂，逐渐伸直，但不要完全伸直。前臂保持反掌的姿势，击球点位于身体侧方。击球后身体随着击球的力量回到正面的位置，球拍回到正常位置。[见图 5-79(2)]

图 5-79(2) 反手击高远球

③正手吊球的准备姿势和正手高远球一样，只是吊球时用力较轻，球速较慢，落点离网较近（见图 5-80）。

④正手扣杀球的打法与正手高远球基本一致，只是身体稍向后倾，击球点在肩膀的前方。当击球的刹那间，要充分伸直手臂紧握球拍，用前臂带动手腕向下猛扣（见图 5-81）。

练习要求：①击球之前握拍要放松自然，击球时肘关节要先行，击球点要高，动作要小，小臂与手腕闪动要快。爆发力要强。②吊球时，击球点要高，控制好击球的力量，注意手腕的快速闪动和切削的角度。

图 5-80　吊球

图 5-81　扣杀

2. 网前击球

技术要点：①搓球时击球点较高，利用“搓”、“切”、“挑”的动作，摩擦球托底部，使球沿横轴翻滚超过网顶（见图 5-82）。

②推球应将球快速推到对方的底线，球的飞行路线较低较平（见图 5-83）。

图 5-82　正手搓球

图 5-83　正手推球

③钩球应在击球的刹那，拍面斜向对方的网前（见图 5-84）。

图 5-84　正手勾球

④扑球是在球刚越网顶便迅速上网向斜下压（见图 5-85）。

图 5-85　扑球

3. 低手击球

技术要点:①抽球击球点在肩以下,前臂向球的方向旋转以躯干为纵轴发力,作半圆式的挥拍击球动作(见图 5-86)。②挡直线球时,拍面朝正前方;挡对角线球时,拍面朝对角方向(见图 5-87)。

图 5-86　平抽球

图 5-87　挡球

(四)几种重要打法

1. 压后场底线

压后场底线是通过平高球压对方于后场底线,待对方回球靠前时,则大力扣杀或吊网前空档。

2. 快拉快吊、控制网前

这是一种积极主动、快速进攻的打法。以快速准确的平高球或吊球控制后场两底角,迫使对方四处奔跑,消耗体力,而后伺机突击杀球或吊球引对方上网,从而创造中后场大力扣杀的机会。

3. 守中反攻

其特点是在防守中通过控制落点和球路,迫使对方在移动中勉强进攻而出现失误,为自己创造攻击对方的机会。

(五)基本步法

在羽毛球运动中,步法要求“快”与“活”。羽毛球步法基本分为三大类:上网步法、后退步法和两侧移动步法。在实践中常运用跨步、垫步、蹬步、并步、交叉步、腾跳步等综合步法。

三、实战对抗

通过实战对抗,检验、巩固和提高所学技术,使其在实战中得到充分发挥。

(一)对抗方法

1. 教学比赛

教学比赛是进行实战对抗练习的最好方法。具体形式有:①一对一的教学比赛;②一对二的教学比赛;③二对二的教学比赛。

比赛方法:规定比分(如 3～5 分)、场地范围(如扩大或缩小场地),分组采用淘汰赛,然后各组胜者再进行淘汰赛，决出全班冠军。

2. 战术介绍

羽毛球战术包括单打战术（压后场、发球抢攻等）双打战术（攻人、攻中路等）。

(1)发球抢攻。采用发网前低球结合平快球、平高球的方法，迫使对方挑高球或勉强进攻，以便乘机发动抢攻、强攻或守中反击。

(2)压后场。采用高远球或平高球反复攻对方后场底线，造成对方被动，然后伺机扣杀或吊球攻击对方空档位置。

(3)攻人（"二打一"避强击弱战术）。集中力量攻击对方较弱的一个，尽量使对方的特长得不到发挥，从而使其弱点暴露得更加充分。

(4)攻中路。当对方采用分边或前后站位时，可将球尽可能地回击到两人之间的空隙区，造成对方击球时犹豫不决而漏接失误。

四、羽毛球比赛规则

(一)球场、网柱、球网

1. 球场应是一个长方形（见图 5-88）。根据图中所示尺寸，用宽 40mm 的线画出。

2. 网柱从球场地面起，网柱高 1.55m。网柱必须稳固同地面垂直，并使球网保持紧拉状态。网柱应放置在双打的边线上。

3. 球网上下宽 0.76m。球场中央网高 1.524m，双打边线处网高 1.55m。

(二)计分

国际羽联引入了一种新的计分方法，实行每球得分制。

1. 比赛以三局两胜定胜负。2. 每球获胜的一方都可以得一分。3. 双打和单打先得 21 分的一方胜一局。4. 比分为 20：20 时，首先领先 2 分的一方获胜，比分为 29：29 时，首先到 30 分的一方获胜。5. 下一局开始由上一局的胜方先发球。

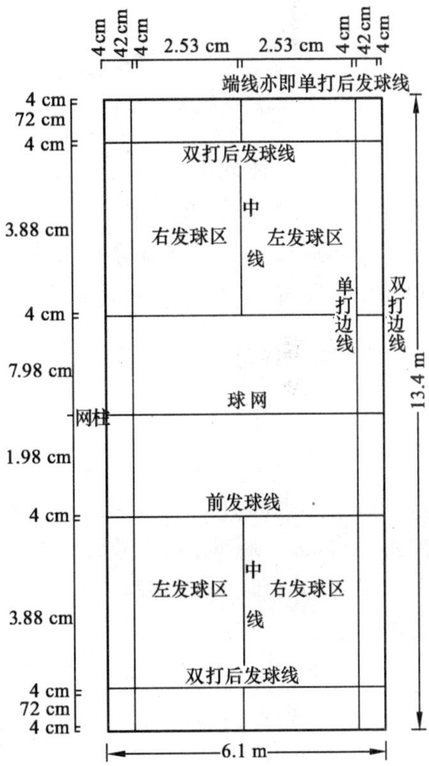

图 5-88

(三)单打发球规则

1. 发球员的分数为 0 或双数时，双方运动员均应在各自的右发球区发球或接发球。2. 发球员的分数为单数时，双方运动员均应在各自的左发球区发球或接发球。

(四)双打发球规则

1. 一局比赛开始和每次获得发球权的一方，都应从右发球区发球。2. 只有接发球员才能接发球；如果他的同伴去接球或被球触及，发球方得一分。3. 任何一局的首先发球员失去发球权后，由该局首先接发球球员发球，然后首先接发球员的同伴发球，接着由他们的对手之一发球，再由另一对手发球，如此传递发球权。

详细羽毛球规则见：中国学校体育网

http://www.schoolsports.com.cn

思考题：

1. 羽毛球的基本战术方式有哪些？
2. 羽毛球的发球需要注意什么？

第七节　体　操

一、简　介

在18世纪以前体操还没有形成一个独立的体系，当时的体操都是游戏、军事、祭祀、竞技等活动。直到19世纪初期和中叶，先后形成了德国、瑞典两大体操流派，他们为体操发展贡献较大，为现代竞技体操发展奠定了基础。历届奥运会体操都成为不可缺少的项目，但比赛的内容没有固定。

细节了解 5-10

体操种类

目前世界各国对体操的分类法尚不一致，但比较集中的意见是：从特征来分，可分为基本体操、竞技体操、团体操以及辅助体操等；从形式来分，可分为徒手体操、轻器械体操和器械体操等。

竞技体操体现了难、新、稳、美的特点，竞技体操技术水平日益向难度大、动作新颖方面发展，尤其是男子比赛增加了惊险性、独特性和熟练性的评分，使比赛中缺少哪一项，也不能获得优异成绩。女运动员除了保持女子技术特性外，也在向男性化方向转化。除了难度大和动作新颖外，竞技体操还具有稳健、美观的特点。

二、技术练习

（一）自由体操（女生）

1. 单腿跪撑平衡（见图5-89）。

两手撑地同肩宽，单腿跪地，小腿与大腿成直角，大腿与身体成直角，抬头挺胸，另一腿伸直，尽量后上举。

图 5-89

保护与帮助：保护者跪在练习者侧面，一手握其上臂，另一手托腿部帮助平衡。

2. 肩肘倒立（见图5-90）。由直角坐开始，上体后倒同时收腹举腿，向后滚动，两手压地。接着在向上伸腿的同时，屈肘内夹，双手虎口向上撑于腰背部两侧。使身体成为肘、头和双肩支撑的倒立。

保护与帮助：保护者站在练习者的侧方，双手握住练习者的腿上提。必要时可用膝盖顶其臀部，使其充分伸直。

3. 单肩后滚翻成单腿跪平衡（见图5-91）。由直角坐开始，左臂屈肘，掌心向上，手指向后置于左肩上，右臂侧平举，头向左倾。收腹向后滚动，当滚动至右肩时，右腿后伸着地，左腿后上举。推左手，右手收至体前成右腿跪地，左腿向上举的跪平衡。

图 5-90

图 5-91

保护与帮助：保护者立于练习者侧方，滚动至右肩时，一手轻托练习者左膝部，助其推手成平衡。

4. 前滚翻（见图 5-92）。蹲立，双手体前撑地，两腿蹬伸同时低头、提臀，使头部置于两手之间，以枕部抵紧地面，然后颈、背、腰、臀依次滚动着地，当背部着地时，两臂前挥紧抱小腿，低头、收胸、快速向大腿收靠至蹲立。

保护与帮助：保护者跪于练习者侧方，推背帮助起立。

5. 跪跳起（见图 5-93）。两臂前平举，展腹跪立。两臂后摆同时收腹下坐，两臂向前上方迅速挥动，同时展髋、提腰，足背与小腿弹压地面、身体向上腾起后，快速收腹收腿，成两臂前平举的蹲立。

保护与帮助：立于练习者侧方，当两臂摆至前上方时，以手托其上臂，助其收腹收腿。

图 5-92

图 5-93

节　拍	动 作 说 明
①　1～2	左脚向前变换步一次，同时两臂经下成左臂侧举，右臂前举
3～4	动作同 1～2，方向相反
5～8	前滚翻成直腿坐
②　1～4	上前体前屈，两手触地面
5～8	后倒成肩肘倒立
③　1～4	停止不动
5～8	经单肩后滚翻成跪平衡
④　1～4	跪跳起
5～8	左脚向前一步成左弓步，同时两臂侧举波浪一次，成右臂侧上举，左臂侧下举，眼看右手

（二）双杠

1. 跳上支撑前摆成分腿坐（见图 5-94）。面对杠端站立，从内握杠，跳起直臂撑杠前摆。腿摆出杠面后，迅速分腿向外摆越成骑坐。

保护与帮助：保护者站在近端外侧，一手握上臂帮助跳上同时稳固支撑；一手托其腰部帮助前摆成分腿骑坐。

2. 分腿骑坐前进(见图 5-95)。由分腿坐开始,两手推杠,两腿压夹杠,身体挺直立起提高重心。上体前倒两手体前撑杠(稍远些)同时紧腰,腿压杠弹起后摆进杠。并腿前摆,腿超过杠面后,迅速向两侧分开以大腿后内侧触杠,并顺势后滑成分腿坐。

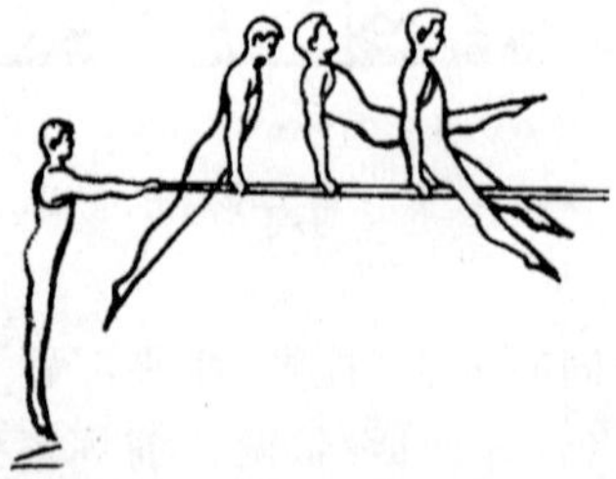

图 5-94

图 5-95

保护与帮助:保护者站在杠外练习者侧前方,待其前进手撑杠时,一手握其上臂稳固支撑,一手托大腿助其腾起进杠,当其前摆时顺势托其背腰以助前摆。初学者可两人保护。

3. 支撑摆动(见图 5-96)。支撑摆动是双杠摆动动作中重要基本技术之一。摆动时应直臂撑,顶肩,以肩为轴,肩部尽可能保持在支撑点(握点)的垂直部位,支撑摆动可分为前摆和后摆,前摆是从身体后的最高点(极点)开始的;后摆是从前摆的最高点开始的。

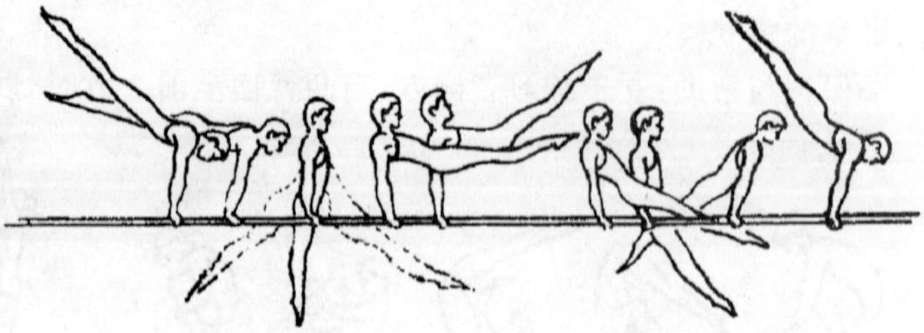

图 5-96

前摆动作要领:身体由后上方向下摆时,脚远伸。保护直体自然下摆。身体摆至握点垂直部位前应挺开腹部伸开锁。当摆过杠下垂直时,稍屈髋,向前上方做踢腿动作,以加速前摆,同时两臂向后下用力、顶肩,身体上摆接近极点时,将髋腿向前上远送,拉开肩角,达到最高点(极点)。

后摆动作要领:由前摆到最高点时,直体自然下摆,摆至握点垂直部位前,应稍微屈髋;摆过握点垂线后,向后上甩腿动作,以加速后摆,同时稍含胸、紧腰、顶肩。当身体后上摆接近极点时,应充分挺直,脚远伸,达到极点。

保护与帮助:保护者站在杠侧,一手握上臂以稳固支撑,一手在前摆时托腰背,后摆时托腹或大腿,助其摆动。

4. 支撑前摆成外侧坐(见图 5-97)。该动作支撑前摆两腿越右杠,重心右移成外侧坐。

保护与帮助:保护者站在近端外侧,一手握上臂帮助支撑;一手托其腰部帮助前提成外侧坐。

5. 外侧坐向前跳下(见图 5-98)。由外侧坐开始,左手体前撑杠(稍远些)右臂侧举,上体前倒重心前移肩主握点上稍前倾,同时左腿用力压杠,右腿后摆,左臂用力顶撑,使身体腾起,两腿迅速并拢,挺身跳下。

保护与帮助:帮助者站在练习者落地的同侧,一手握其右上臂,一手待其腿后摆时,顺势托大腿,帮助腾起展体落地。

图 5-97

图 5-98

6. 支撑前摆下(见图 5-99)。由支撑前摆开始,当身体向前摆过杠下垂直部位后,稍屈髋,加速向前上摆动,腿摆过杠面后,身体重心稍右移,两腿主动向右外移。当上摆脚至肩平时,立即制动腿,并做下压动作,同时两臂用力推顶杠,急振上体,使身体腾起,先脱右手至侧举,左手换握右杠,挺身下。

保护与帮助:保护者站在练习者落地的同侧,右手握其上臂,以稳固支撑,左手托其背部,帮助外移重心保护落地。

图 5-99

7. 分腿坐前滚翻成分腿坐(见图 5-100)。由分腿骑坐开始,两手体前靠近大腿处握杠,肘稍内夹,含胸低头,收腹提腰,使重心前上升。体前屈,肩触杠时两肘外张,用两臂控制重心继续前移,两腿并拢。当重心向前稍过肩垂直部位时,两手迅速向前换握杠。臀部接近杠水平时,两腿分开下压,两臂推杠,上体前跟成分腿坐。

保护与帮助:保护者站在杠侧,一手托膝上部帮助提高重心,一手杠下顶肩,以防落下:前滚换握时,两手在杠下托其背和腰,以防臀部下降,帮助前滚成分腿坐。

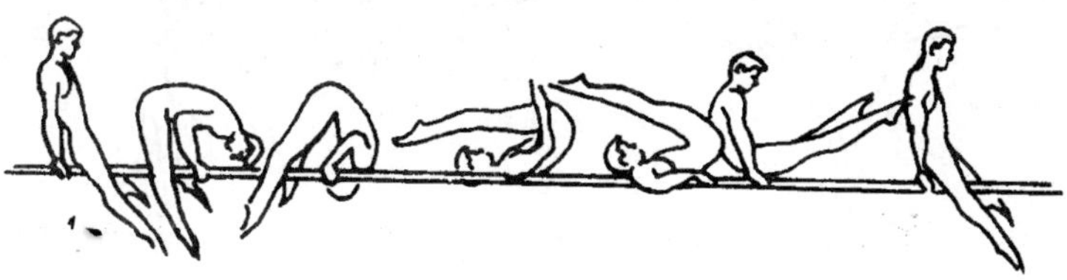

图 5-100

8. 分腿坐慢起肩倒立(见图 5-101)。由分腿坐开始,两手在靠近大腿处撑杠,上体前屈屈臂用力肘稍内夹,梗颈含胸,收腹提腰使臀部上升。当肩触杠时,两肘外张,用三角肌压杠,两手虎口稍外旋,身体重心落在两手、两肩的支撑面内,两腿从两侧上举并拢、立腰、伸髋成肩倒立姿势。

保护与帮助:保护者站在杠侧,一手在杠下托肩防止下落,一手托其大腿帮助提高重心,维护平衡;初学者可两人保护,另一人站在杠中,当臀上升肩要触杠时掐其腰部,防止前倒。

9. 女生成套动作。杠端站立—跳上支撑前摆成分腿坐—分腿骑坐前进一次—两手体前换握—两腿向杠内摆越—支撑前摆成外侧坐—外侧坐向前跳下。

图 5-101

10. 男生成套动作。杠端站立—跳上支撑前摆成分腿坐—分腿坐慢起成肩倒立—前滚翻成分腿坐—分腿骑坐前进一次—两手体前换握,两腿向杠内摆越—支撑前摆下。

(三)支撑跳跃

1. "山羊"分腿腾越(见图 5-102)。"山羊高"100～110cm(女生)。

助跑上板有力踏跳,跳起后稍含胸,上体稍前倾和稍屈髋向前上方腾越。两臂主动前伸撑马,同时紧腰。手撑器械时,在肩未过支撑点垂面之前,两臂迅速向前下方猛力顶肩推手,同时两腿侧分前摆。接着迅速制动腿,上体抬起,挺身落地。

图 5-102

保护与帮助:保护者站在练习者落地点一侧,一手扶腹,另一手扶背。保护者正面两脚前后开立,手握练习者两上臂(顶肩),顺势上提,同时前腿随练习者落地而后退。

2. 横箱分腿腾越(见图 5-103)。箱高 110～115cm(男生)。

基本同"山羊"分腿腾越,但分腿应稍大些。

保护与帮助:同"山羊"分腿腾越。

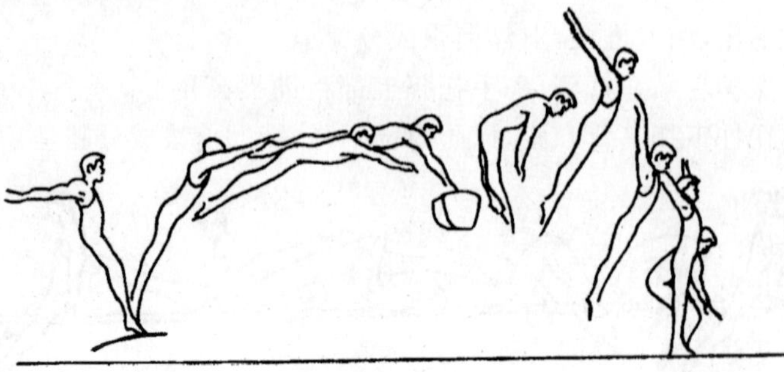
图 5-103

(四)技巧(男生)

1. 鱼跃前滚翻(见图 5-104)。半蹲姿势开始,重心前移,两臂前摆,同时两脚蹬地,使身体向前上方跃起。腾空后,保护含胸稍屈髋的弧形姿势,接着两手撑地,两臂有控制地弯曲,低头、含胸前滚起立。

保护与帮助:保护者站在练习者起跳点侧方,当练习者起跳后,两手托腿,顺势前送。

2. 头手倒立(见图 5-105)。蹲撑,两手在体前撑地与肩同宽,用头的前额上部在手前约等边三角形处顶垫。一脚稍蹬地,另腿后上摆,接近倒立时,并腿上伸,身体挺直成头手倒立。

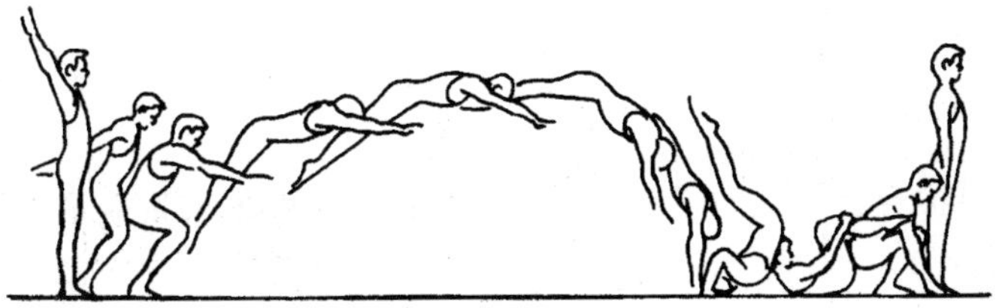

图 5-104

保护与帮助:保护者站在练习者侧方,扶助其腿,帮助控制平衡。自我保护:重心向前无法控制,应迅速低头团身前滚。

3. 侧手翻(见图 5-106)。预备姿势是侧向站立,臂侧举,左腿侧举,头左转,上体左侧倒,左脚落地(脚尖向左),右腿侧摆,左手撑地,左腿随之蹬地摆起,右手撑地,经分腿倒立(这时应顶肩、立腰、展髋、分腿)继续翻转,推开左手,右脚落地(脚尖向右)身体侧起成开立。

保护与帮助:保护者站在练习者背后,两臂交叉扶住练习者的腰部,随着其动作顺势上提帮助翻转。

图 5-105

图 5-106

4. 技巧成套动作。直立—侧手翻—向左(右)转体 90°—燕式平衡—鱼跃前滚翻成蹲立—头手倒立(停止两秒)—前滚翻挺身跳。

(五)单杠

1. 一腿摆动,一脚蹬地翻上成支撑(见图 5-107)。屈臂握杠,一腿后举开始。后腿经前向上、向后用力摆起,另一脚蹬地迅速赶上摆动同时肩后倒。当腹部贴杠两腿至杠后水平部位时,制动腿,上体抬起,翻腕上成支撑。

保护与帮助:保护者站在练习者前侧方,一手托其臂部,另一手拨肩,助其翻转。翻上后,一手扶上臂,另一手托腿。

2. 支撑单腿越成骑撑(见图 5-108)。由支撑开始,右手推杠,重心移至左臂,接着右腿迅速侧摆越杠,然后身体重心移回,同时右手握杠成骑撑。

保护与帮助:保护者站在杠后左侧,左手扶练习者左臂,右手扶其左腿。

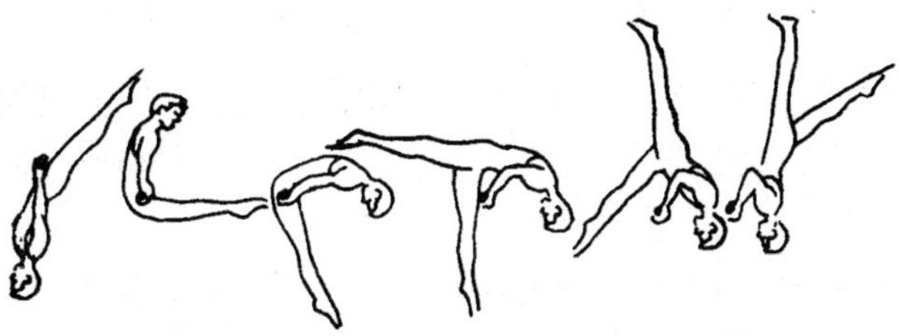

图 5-107

图 5-108

3. 右(左)腿骑撑,右(左)腿摆越同时向右(左)转体 180°成支撑(见图 5-109)。由右腿骑撑右手反握开始,重心移至右臂,左手松杠,上体稍向右后倒,以右臂为轴同时展髋向右转体 180°用上体带动左腿后举越杠,左手换握杠成支撑。

保护与帮助:保护者站在杠前正面,两手抵住练习者前脚,并固定高度帮助转体。

4. 右(左)腿骑撑,左(右)腿前摆越同时向右(左)转体 90°下(见图 5-110)。由右腿骑撑右手反握开始。上体向右侧倒,左手推杠,重心移至右臂上,右腿压杠,两腿同时向左侧摆起。右臂顶肩支撑,头肩带动身体向右转体 90°挺身下落。

图 5-109

5-110

保护与帮助:保护者站在杠后右侧方,右手握练习右臂,左手从杠下托右大腿帮助挺身下落。

5. 支撑后摆下(见图 5-111)。由支撑开始。两腿稍前摆,肩稍前倾,接着用力后摆,两臂伸直用力撑杠。当两腿后摆接近极点时,含胸并制动两腿,接着两臂用力顶肩推杠,上体抬起保持挺身落下。

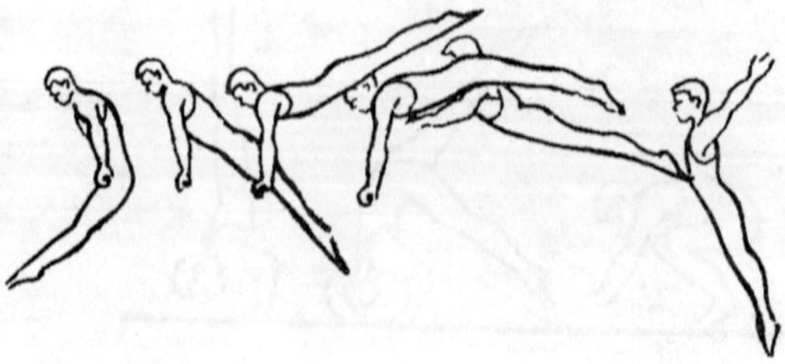

图 5-111

保护与帮助:保护者站在杠后右侧,一手扶其上臂,一手托其腿部帮助后摆。落地时,双手扶其腰部保护。

6. 女生成套动作。面对杠站立—跳上成支撑—支撑单腿摆越成骑撑—单腿摆越同时向右(左)转体 90°下。

7. 男生成套动作。面对杠站立—腿摆动,一脚蹬地翻上成支撑—支撑单腿摆越成骑撑—单腿摆越同时向右(左)转体 180°成支撑—支撑后摆下。

三、保护与帮助

保护与帮助是体操运动的显著特点之一。保护与帮助是体操教学和训练经常采用的手段,也是体操教学的重要方法。在教学和训练中占有极重要的地位。正确地选用保护与帮助,有助于减轻学生的身体负担,消除顾虑,增强学习信心,便于尽快地建立正确动作概念,掌握动作技术,提高动作质量。从这一点上说,保护与帮助运用得正确与否,决定着教学与训练的成败。

保护与帮助是预防运动创伤的重要安全措施。体操运动包括各种不同器械、不同类型和不同难度的动作,其中很多是日常生活中不常遇到的动作,它要求人们的身体处于复杂运动状态。特别有些在高器械上或空中完成的动作,具有一定的惊险性。在练习中可能会出现脱手跌下、摔倒等情况,这就需要及时有效地进行保护与帮助,保护练习者的安全,达到预防运动创伤的目的。

通过彼此间的保护、帮助,还可以培养学生的责任感,吃苦耐劳和忘我的精神。使学生养成热爱集体、互相关心、互助爱护、互相帮助的良好作风。特别是在大学体育课和课外训练中，有计划、有目的地在学生中培养保护与帮助的骨干，对协助教师完成教学训练任务及推动群众性体操活动的开展，都具有重要的意义。

保护与帮助的方式、方法多种多样，如下所列：

- 保护与帮助
  - 保护
    - 他人保护
    - 自我保护
    - 利用器械保护
  - 帮助
    - 直接帮助
    - 间接帮助
    - 利用器械帮助

对于保护与帮助者要有高度的责任感，要熟悉动作和技术的规格，要了解练习者的情况，要有真实的保护与帮助技能，要教会学生保护、帮助和自我保护的方法。

三、竞赛规则简介

（一）体操比赛的种类

1. 团体赛。每队报 6 人，按每人单项成绩最好的 5 名选手计分。可比赛规定动作和自选动作，也可任选一种比赛。团体赛中，同时决定参加个人全能赛和单项决赛的选手名单。一般是全能前 36 名、单项前 8 名，并设两名候补选手作准备。

2. 个人全能决赛。在团体赛进入前 36 名的选手，按团体赛成绩统一分组，进行决赛。

3. 单项决赛。在团体赛中，每项选出的前 8 名选手再次进行决赛，以决赛的成绩决定最后名次的排列。

（二）体操比赛的评分方法

1. 一般性比赛裁判组可由 1 名裁判长、1 名记录员、4 名裁判员组成。

2. 每套动作从 10 分起评，从 0.1 分以上作为对错误的扣分。

3. 每套动作应由若干个难度动作、难度连接或联合动作构成，它们分别代表不同的分值。如该动作漏做或失败，最低应扣去该动作的分值。做了无关动作或明显停顿应扣 0.3 分，由器械上掉下，每次应扣 0.5 分。

4. 技术或姿态错误，可按小错扣 0.1，中错扣 0.2～0.3 分、大错扣 0.4 分。

5. 比赛时，裁判长发出信号，运动员进场比赛。动作结束后，裁判长再发出信号，4 名裁判员同时示分。去掉两头的最高分和最低分，中间两个的平均分即为运动员的最后得分。如果中间分差过大，可由裁判长召集会议，重新示分。

（三）体操动作的难度

国际体操联合会把比赛中的动作，按其难易度分成为 A，B，C，D，E 五种难度。其中 A 组为基本难度动作，E 组为新的高难动作。在正式的比赛中，必须有四个 A 组、三个 B 组、两个 C 组、一个 D 组难度动作组成。一个 A 组动作分值为 0.1 分、B 组动作分值为 0.2 分、C 组动作分值为 0.4 分、D 组动作分值为 0.6 分，尽管对 E 组动作未作要求，但真正高手的对抗，应是“难上加难”，谁做了完美的 E 组难度动作，谁就有了制胜的法宝。

思考题：

1. 为什么在体操练习中特别强调保护与帮助？你能掌握几种保护与帮助他人练习的方法？

2. 怎样掌握体操跳跃项目的助跑与踏跳？

第八节 健美操

一、概 述

健美操(Aerobics),也称“有氧运动”,是一项大众健身项目。它起源于美国,20 世纪 80 年代中期传入我国。它因动作刚劲奔放、形式简洁、易于掌握而深受我国青少年的喜爱。健美操也有自己的国际、国内锦标赛。国际比赛每两年举行一次,而国内锦标赛每一年举行一次。一共设有五个比赛项目,它们是男子单人、女子单人、混双、三人还有集体 6 人,比赛时严格按照国际健美操规则进行。

细节了解 5-11

怎样才能练好健美操

为了便于动作组合和进行成套动作练习,做好身体各部位的基本动作是练好健美操的先决条件。另外,身体柔韧性与提高健美操动作质量也有很密切的关系,为了使动作优美舒展和体现刚柔相济,也必须提高柔韧和力量素质。

二、健美操的基本徒手动作

(一)头颈动作(见图 5-112)

形式:屈、转、平移、绕及绕环。

方向:向前、向后、向左、向右、绕及绕环。

要求:做时节奏一定要慢,上体保持正直。

前屈　后屈　左屈　右屈　左转　右转　左右侧绕　绕环

图 5-112

(二)肩部动作(见图 5-113)

形式:

单肩——提、沉、收、展、绕。

双肩——绕环、振。

方向:向前后绕与绕环。

要求:提肩、沉肩时两肩在同一额状面上上下运动,收肩、展肩时幅度要大,肩部要平。

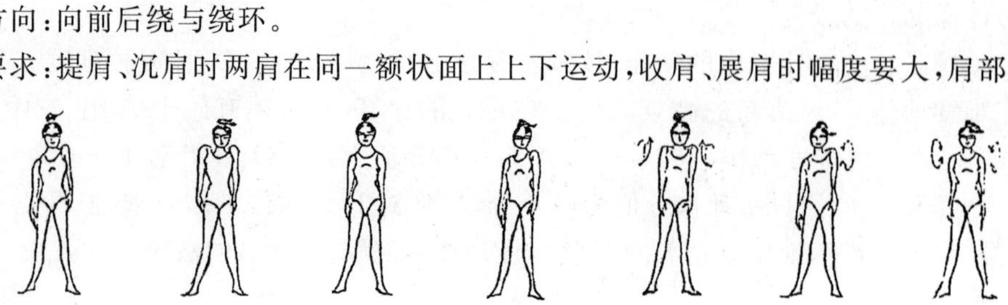

单提肩　双提肩　沉肩　单肩前后绕　双肩前后绕　单肩绕环　双肩绕环

图 5-113

(三)上肢运动

1. 手型(见图 5-114)。

2. 臂动作(见图 5-115)。

形式:举——直臂、屈臂、单臂、双臂。

屈伸——同时、依次。

摆动——同时、依次、交叉。

绕与绕环——同时、单臂、双臂、大绕、中绕、小绕。

方向:前、后、左、右、上、下。

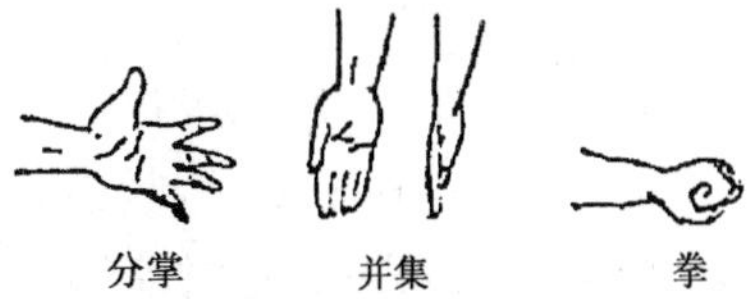

图 5-114

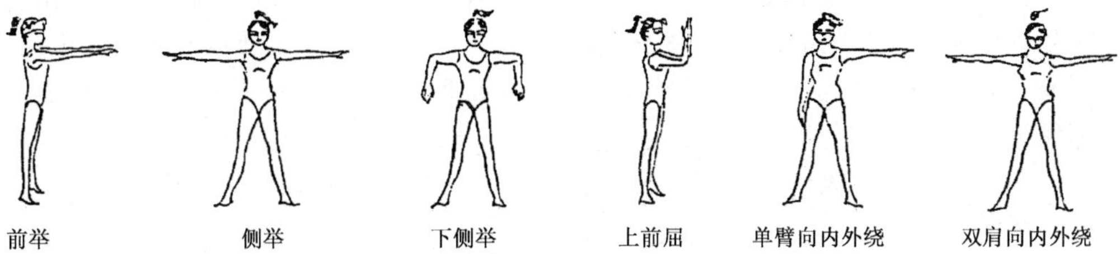

图 5-115

要求:做臂的举、屈伸时、肩下沉做臂的摆动、绕及绕环、肩拉开用力。

(四)胸部动作(见图 5-116)

形式:含、展、振。

要求:收腹、立腰。

(五)腰部动作(见图 5-117)

形式:屈、转、绕与绕环。

方向:前、后、左、右。

要求:腰前屈、转时,上体立直,腰绕和绕环时,速度放慢。

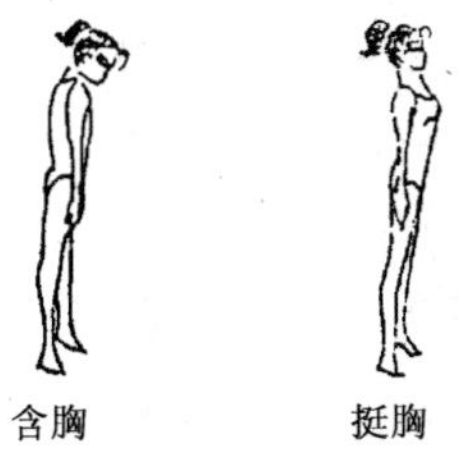

图 5-116

图 5-117

(六)髋部动作(见图 5-118)

形式:顶、提、摆、绕、绕环。

方向:前、后、左、右。

要求:髋部练习时上体放松。

图 5-118

(七)地上基本姿态

形式:坐——直角坐、分腿坐、跪坐、盘腿坐。

卧——仰卧、俯卧、侧卧。

撑——仰撑、俯撑、跪撑。

要求:做各种坐姿时,收腹、立腰、挺胸。做撑时,腰背要紧张。

(八)七种基本脚步动作

1. 踏步——传统的低强度步伐,要求以脚尖——脚跟落地圆滑。

2. 后踢腿跑——相对于踏步是高强度动作,要求髋和膝在一条线上,脚在后。

3. 弹踢腿跳——低的膝关节和髋关节运动,伸展要有控制(不生硬),强度高。

4. 吸腿跳——上体(头至臂)正直吸腿,膝关节最低 90°。脚尖必须伸直,正确的落地技术是脚尖过渡到脚跟。

5. 踢腿跳——只在髋部运动的前或侧进行,允许一些向外的旋转,支撑腿可轻微弯曲,踢起腿必须伸直。

6. 开合跳——分腿时,髋部外开,膝关节在同方向弯曲,并腿时,脚可平行落地或外开并腿动作落地,但必须有控制。

7. 弓步跳——上体(重心)必须在两腿之间,脚向前和平行,弓步膝关节在主力腿的脚上。

三、组合动作(见图 5-119)

练习时请使用 A+B+C+D 的方法。即学会了 A,再学习 B,重复 A+B。继续学会 C,重复 A+B+C,再继续学会 D,再重复 A+B+C+D 的学习方法。这种方法练习有氧操好记、好学,能使动作不间断。

A 组

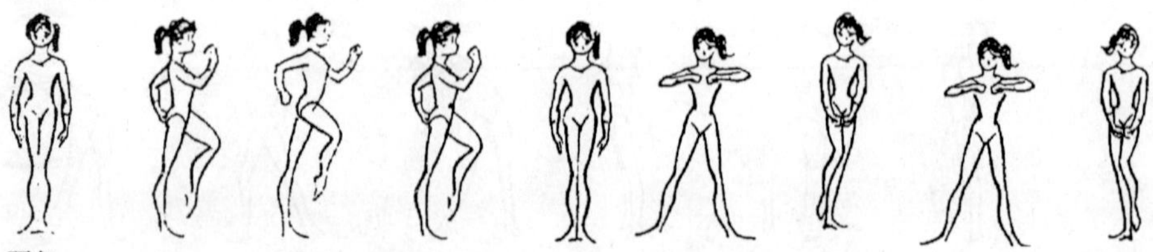

(1)第一个八拍:1、2、3 左脚开始踏步,上图为侧面,5、6 向左并步,7、8 向右并步。

(2)第二个八拍:1、2、3 右脚开始踏步,5、6 向右并步,7、8 向左并步。

B 组

(1)第一个八拍:1、2 左脚向前弓步,3、4 还原,5~8 同 1~4 反向。

(2)第二个八拍:1 右脚向前弓步,2 还原,3 右脚向前弓步,4 还原,5~8 同 1~4。

C组

(1)第一个八拍:1、2 向左并步,3 向左一步,4 吸右腿,5～8 同 1～4 反向。

(2)第二个八拍重复第一个八拍。

D组

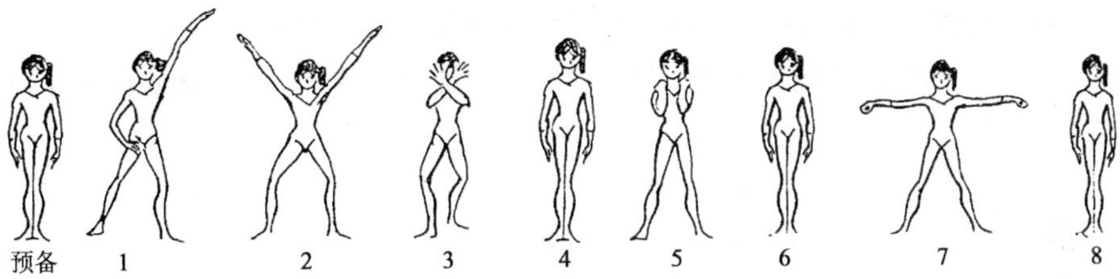

(1)第一个八拍:1、2、3、4 左“V”字步一次,5～8 开合跳两次。

(2)第二个八拍:1、2、3、4 右“V”字步一次,5～8 开合跳两次。

图 5-119

四、自编自练

你想从有氧健身操中获取运动的乐趣吗?请你按照以下步骤去体验:

1. 掌握几种简单的步法。

2. 将熟悉的几种步法串联起来,循环往复地练习。

3. 别忘了编上你喜欢的上肢动作。

4. 合上音乐节拍成为好习惯。

5. 不要只编排或练习原地的动作,要前、后、左、右活动区域大一些,这样能消耗掉你更多的热量。

6. 加大动作的幅度,争取最佳健身效果。

7. 逐渐加快节拍,提高你的兴奋性。

8. 持续一定的时间。从持续 5 分钟开始,逐渐延长,你会惊喜地发现你的编排能力与体能的变化。

在自己练习的过程中一定不要疏忽对身体姿态的要求,经常检查你是否挺胸、收腹、立腰、紧臀、沉肩、下颌微收、目光平视,经常保持下肢各关节(膝、髋、踝)的弹性。

五、规则简介

1. 运动员年龄

青年组:18～35 岁。

2. 竞赛内容

符合规则及规程要求的自编成套动作比赛。

3. 成套动作的时间

大众健美操成套动作的时间为 2 分 30 秒至 3 分，竞技健美操的时间为 1 分 40 秒至 1 分 45 秒(计时由动作开始到动作结束)。

4. 比赛音乐

(1)音乐速度：大众为每 10 秒钟 22 拍至 26 拍，竞技为 26 拍以上。

(2)成套动作允许由 2×8 拍的音乐前奏。在成套动作结束时音乐应同时停止。

(3)参加比赛的队须自备比赛音乐，并将音乐录在高质量空白磁带的 A 面开头或 CD 开头。

5. 参赛人数与更换运动员

(1)参加人员：大众每队 4～6 人，性别不限，竞技每单位每项可参加 2 人(队)。

(2)更换运动员：如有特殊情况更换运动员时，需持有效证明，经组委会批准方可。

6. 比赛场地

竞技为男、女单人、混双、三人为 7m×7m，集体 6 人，大众比赛场地为 10m×10m 的地板或地毯，标记带为 5cm 的红色或黑色带，标记带是场地的一部分。

7. 服装

运动员须穿适合运动的健美操服和运动鞋，着装整洁、美观、大方，不允许使用悬垂饰物，例如皮带、飘带和花边等；女运动员的头发须梳系于后，头发不得遮住脸部；允许化淡妆，禁止戴首饰。

8. 比赛程序与计分方法

(1)比赛程序：比赛分为预赛和决赛，凡参赛队均须参加预赛，预赛前八名者进入决赛，不足八名时，递减一名录取。

(2)计分方法：比赛中得分高者名次列前，如遇得分相等，按艺术分高者名次列前，再相等名次并列，无下一名次。

9. 裁判组的组成

大众操裁判组由裁判长 1 人、艺术裁判 3～5 人、完成裁判 3～5 人、视线裁判 2 人、辅助裁判若干人组成。竞技操裁判组设裁判长 1 人、艺术裁判 4 人、完成裁判 4 人、难度裁判 2 人、视线员 2 人、辅助裁判若干人。

10. 评分方法

(1)比赛采取公开示分方法，裁判员评分精确到 0.1 分，运动员得分精确到 0.01 分。

(2)成套动作的评分因素包括艺术分 10 分和完成分 10 分，各组裁判员评分去掉最高分与最低分，所剩分数或所剩分数的平均数为运动员的艺术分或完成分，两个分数相加为总分。如果是竞技健美操比赛再加上难度分，从总分中减去裁判长的减分为最后得分。

11. 奖励

比赛录取前八名，不足时递减一名录取或根据规程评出一、二、三等级奖。可授予奖杯、奖旗、奖状、证书等。

思考题：

1. 健美操的基本脚步动作有哪些？动作要领是什么？

2. 编排四个动作组合，并与同学一起完成。

第九节　体育舞蹈

体育舞蹈是集体育、音乐、舞蹈于一体，具有健身、竞技、消遣、娱乐和审美价值的一种活动形式。体育舞蹈包括摩登舞和拉丁舞两大类共 10 个舞种，其中摩登舞包括华尔兹舞、探戈舞、狐步舞、快步舞和维也纳华尔兹；拉丁舞包括伦巴、恰恰、桑巴舞、斗牛舞和牛仔舞。摩登舞的舞步端庄、含蓄、稳重、典雅，有着绅士般的风度，舞步流畅、轻柔洒脱、舞姿优美、起伏有序，音乐的节奏清晰，舞蹈富于技巧，是老少皆宜的舞系。拉丁舞则动作豪放粗犷、速度多变，手和脚的内容丰富，充满激情，音乐节奏鲜明强烈，舞蹈风格热情、奔放、浪漫，为中青年人所喜爱。

一、摩登舞

(一)华尔兹

华尔兹又称“圆舞”，是体育舞蹈中历史最悠久、生命力最强的一种舞蹈。它起源于德国和奥地利地区的农民舞蹈——“土风舞”。华尔兹一词最早来自德文 Walzel，意思是“滚动”、“滑动”或“旋转”。

华尔兹的风格特点是庄重典雅，华丽多彩，舞蹈动作流畅，旋转性强，热烈而兴奋，重心起伏跌宕，接连不断的潇洒转体，再配以华丽的服装、优美的音乐使华尔兹更加完美。莫扎特、肖邦、柴可夫斯基、约翰·施特劳斯等音乐大师都创作了不朽的华尔兹音乐，他们使华尔兹成为“舞蹈之王”。

华尔兹音乐 3/4 拍，每分钟 30～32 小节，基本上一拍一步，每音乐小节跳三步。在舞中也有不同的变化，如前进合并步(追步)、前进锁步、后退锁步中每小节跳四步。华尔兹是英国皇家舞蹈协会规范最早的标准舞之一，华尔兹体现舞伴间的内心世界，它有身体的起伏，摆、荡、倾斜和反身动作，是表现爱情的一种舞蹈。舞蹈时，男舞伴似王子般气宇轩昂，女舞伴则似公主般温文尔雅，雍容大方，舞姿飘逸优美、文静柔和。

因为华尔兹是摩登舞中比较常见的舞种，同时又简单易学，因此在此将其基本步法介绍如下：

1. 前进步(见图 5-120)

一	1	左脚向前一步，右脚跟上
	2	右脚向右滑一步
	3	左脚并右脚
二	1′	右脚向前一步，左脚跟上
	2′	左脚向左滑一步
	3′	右脚并左脚

2. 后退步(见图 5-121)

一	1	左脚后退一步,右脚跟上
	2	右脚向右滑一步
	3	左脚并右脚
二	1′	右脚后退一步,左脚跟上
	2′	左脚向左滑一步
	3′	右脚并左脚

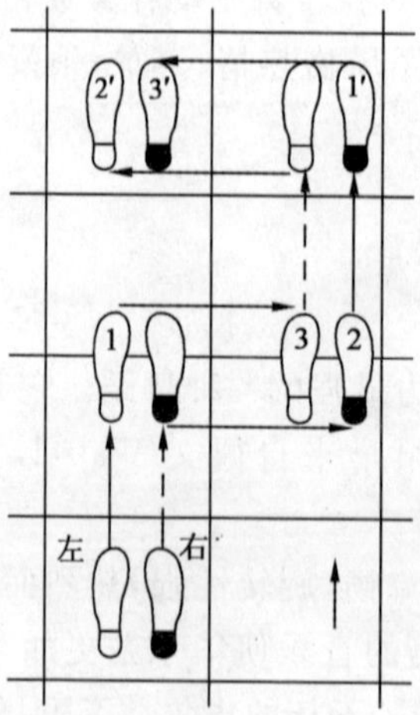

图 5-120

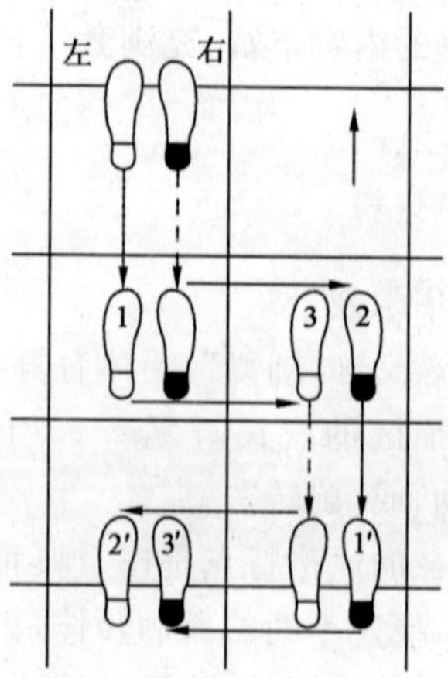

图 5-121

3. 左转步(见图 5-122)

一	1	左脚向前一步,左转 90°,右脚跟上
	2	右脚向右滑一步
	3	左脚并右脚一步
二	1′	右脚后退一步,左转 90°,左脚跟上
	2′	左脚向左滑一步
	3′	右脚并左脚一步

4. 右转步(见图 5-123)

一	1	右脚向前一步,右转 90°,左脚跟上
	2	左脚向左滑一步
	3	右脚并左脚一步
二	1′	左脚后退一步,右转 90°,右脚跟上
	2′	右脚向右滑一步
	3′	左脚并右脚一步

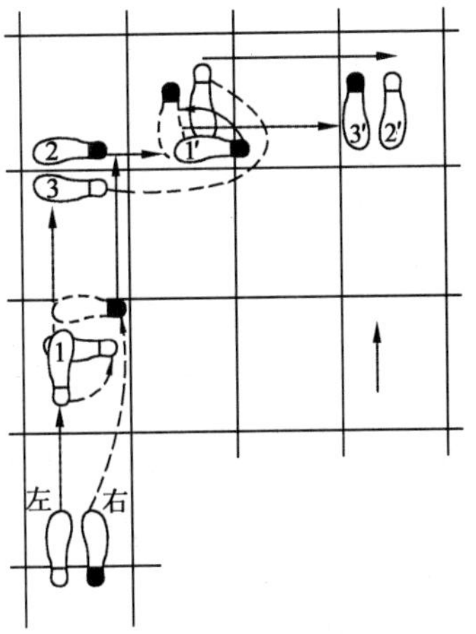

图 5-122

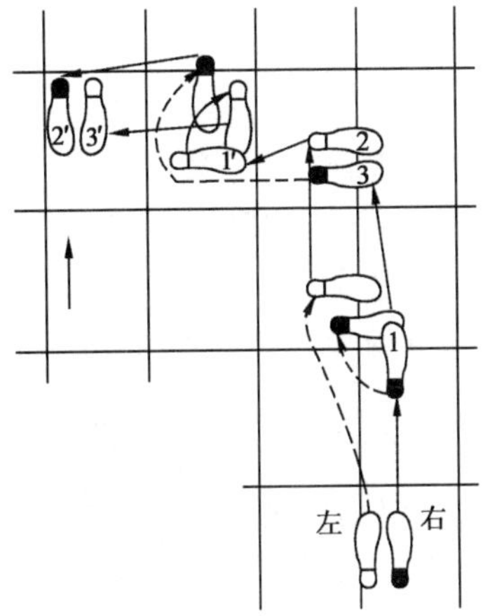

图 5-123

步法升降:“1”拍降,“2”拍升,“3”拍高,“1′”拍降,“2′”拍升,“3′”拍高。

基本步法练习:

前进步(重复一次)——后退步(重复一次)——左转步(重复一次)——1、2、3 的前进步——右转步(重复一次)

说明:男女可分开练,也可男女扶肩练习,男进女退,男退女进。

(二)探戈舞

探戈舞起源于非洲中西部的民间舞蹈“探戈诺”舞,16 世纪末,随着贩卖黑奴进入美洲。探戈融合了拉美民间舞蹈风格,形成了舞姿优雅洒脱的墨西哥探戈舞和舞姿挺拔、舞步豪放健美的阿根廷探戈舞。探戈舞是阿根廷国舞,它的知名度甚至超过了这个民族。

探戈舞动作刚劲有力,欲退还进;动、静、快、慢错落有致;头左顾右盼、快速转动;舞蹈风格动静交织,潇洒大方;沉稳中见奔放,闪烁中显顿挫。

探戈舞音乐速度中庸,气氛肃穆。听之铿锵有力,振奋精神,舞曲为 2/4 拍,每分钟 30～34 小节,音乐特点是以切分音为主、带有符点和停顿,舞步分慢(S)和快(Q),其中,S 占一拍,Q 占半拍。舞蹈时,膝关节松弛、微曲,重心略微下沉。脚下干净利落、不拖泥带水,斜行横步,步步为营。

(三)狐步舞

狐步舞起源于美国黑人舞蹈,比华尔兹和探戈的出现要晚一点,大约在 1914 年。它的创立者是美国的杂耍演员哈利·福克斯,真名阿瑟卡林·福特。福克斯(Fox)意即“狐狸”,是他的艺名,因此这种舞步被称为“福克斯舞步”,后又被称为“狐步舞”。体育舞蹈中,狐步舞是由英国的约瑟芬·宾莉改编而成的。

狐步舞,步法轻柔、圆滑、流畅,方向多变,且没有合并步。动作衔接,升中有降、降中有升,呈线性流动状。舞蹈风格典雅大方,舒展流畅,轻盈飘逸,平稳大方。舞曲音乐节奏为 4/4 拍,每分钟 30 小节左右;速度适中,节奏明快,情绪幽静而文雅,基本节奏为:慢、快、快(SQQ)。舞蹈时身体挺直,膝关节放松,胯、臀部相对固定。由于舞步平稳,动作流畅,悠闲自在,音乐恬静优雅,婉转明快,故上身动作多变,反身动作较多,技术上大量运用足跟旋转,舞伴间的配合要求更加默契。

(四)维也纳华尔兹

维也纳华尔兹是历史悠久的舞蹈，和华尔兹一样起源于奥地利北部山区的农民舞蹈。维也纳华尔兹又称“快华尔兹”，是由德国农村的土风舞和三拍子的奥地利民间舞结合而成的。音乐对维也纳华尔兹的发展起到了很大的作用，使维也纳华尔兹锦上添花，热烈而兴奋，极大地推动了维也纳华尔兹的发展和流传。

维也纳华尔兹动作优美，舒展大方，连绵起伏，舞步轻快流畅，旋转性强，音乐 3/4 拍或 6/8 拍，每分钟 56～60 小节。节奏清晰，旋律活泼。

(五)快步舞

快步舞起源于美国，早期吸收了狐步舞的动作，后又引入了芭蕾舞的小动作，使动作显得更加轻快灵巧。舞蹈时要求掌握好基本动作和身体感觉，尤其是膝关节放松，通过脚踝关节来控制力量和身体重心的移动。跳跃时，脚不可离地面很高，脚尖刚刚离地即可。快步舞在摩登舞中动作较难掌握，初学者一般掌握了华尔兹、维也纳华尔兹、探戈和狐步舞后才学跳快步舞。现在体育舞蹈中的快步舞是“英国式”的快步舞。

快步舞动作轻快活泼，富于激情，舞步轻松，自由洒脱。舞蹈风格简洁明快，饱含动力感和表现力。舞蹈音乐 4/4 拍，每分钟 50～50 小节。

二、拉丁舞

(一)伦巴舞(Rumba)

伦巴舞起源于古巴，在拉丁舞中历史悠久，舞型成熟，具有独到的吸引力，被称为拉丁美洲音乐和舞蹈的精神与灵魂。

伦巴舞音乐缠绵、浪漫，舞蹈风格柔媚而抒情，是表现爱情的舞蹈。音乐基调不同，表现的情感也不尽相同。但总的来讲，伦巴舞是表现情侣间的爱情生活。在文静、含蓄、柔媚的音乐衬托下，更加展示了女性婀娜多姿的美态。

伦巴舞的音乐是 4/4 拍，每分钟 27～28 小节，舞蹈动作特点是臀、胯、膝盖绷直，胯向后扭摆，动作不能太突然。伦巴胯不是单一的左右扭摆，是提、转、绕、沉胯的一个组合动作，重心脚踏降时，脚跟用力踏地，足部伸直到超直过程，有一定的难度。

(二)恰恰舞(Cha Cha)

恰恰舞起源于墨西哥，它是模仿企鹅动作创编而成的舞蹈，借以表达青年男女之间追逐嬉戏的情景，风趣诙谐，热烈而又俏美。胯部的扭摆别有一番风韵，尤为年轻人所喜爱。恰恰舞名称动听，节奏欢快易记，配以邦伐斯鼓和沙球的“冬冬”、“沙沙”声，所以备受欢迎，成为拉丁舞中最受欢迎的舞蹈。

恰恰舞的音乐曲调欢快有趣，节奏为 4/4 拍，每分钟 29～32 小节，4 拍跳 5 步，第一拍是重拍。胯部的律动是在动作的制约下，随着音乐韵律节奏在空间上连续划出的优美的弧线。另外，恰恰舞的手臂动作不是生硬地加上去的，它是身体自然律动的结果。恰恰舞的重心要求必须到位，当移重心至脚上时，脚跟要放低，膝关节伸直，用稍离地面的踏步来表达心情的欢快；后退步时，脚跟下落要比前进步晚，避免重心突然“掉”至后面。正确的舞姿、稳定的腿部动作和足部动作以及优美的手臂动作对跳好恰恰舞是非常重要的。

由于恰恰舞热情、奔放、充满活力，因此吸引着大学生艳羡的目光，在这里我们做一下基本步法的介绍。

基本步法：

1. 左右横并步（见图 5-124）

One：准备姿势：两脚开立，女重心在左脚，右脚先点地；男重心在右脚，左脚先点地。

性别	Two	Three	Four	and	One
男	左脚前进，重心移至左脚，胯向左后扭摆	右脚踏步，重心移至右脚，胯向右后扭摆	左脚刷步左横，胯向左扭	右脚追步并左脚，胯部回扭	左脚横步，重心移至左脚，胯向左后扭摆
女	右脚后退，重心移至右脚，胯向右后扭摆	左脚踏步，重心移至左脚，胯向左后扭摆	右脚刷步右横，胯向右扭	左脚追步并右脚，胯部回扭	右脚横步，重心移至右脚，胯向右后扭摆

第二小节男步同第一小节女步，女步同第一小节男步。

2. 进退锁步（见图 5-125）

One：准备姿势同上。

性别	Two	Three	Four	and	One
男	左脚前进，重心移至左脚，胯向左后扭摆	右脚踏步，重心移至右脚，胯向右后扭摆	左脚交叉于右脚后（左脚尖对右脚跟，相距约半脚）	右脚稍退成锁步	左脚后退，重心移至左脚，胯向左后扭摆
女	右脚后退，重心移至右脚，胯向右后扭摆	左脚踏步，重心移至左脚，胯向左后扭摆	右脚交叉于左脚前（同上）	左脚稍退成锁步	右脚前进，重心移至右脚，胯向右后扭摆

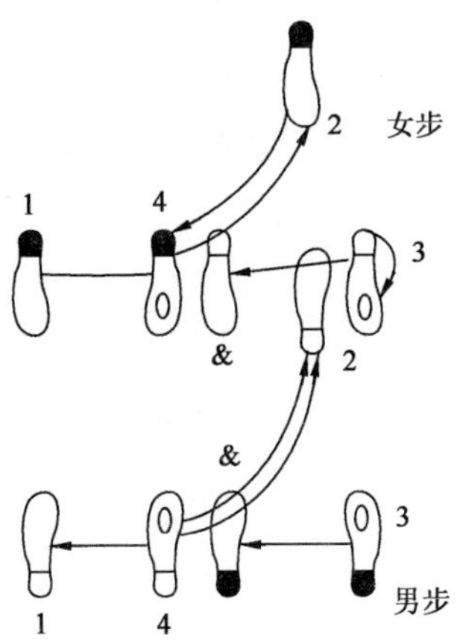

图 5-124

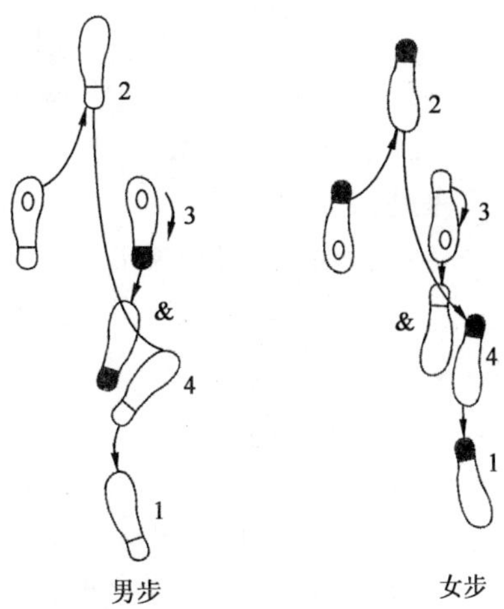

图 5-125

第二小节男步同第一小节女步，女步同第一小节男步。

（三）牛仔舞（Jive）

牛仔舞，又称“捷舞”，源自于美国西部，舞蹈动作粗犷豪放，其强烈的扭摆和连续快速的旋转使人目不暇接、眼花缭乱。舞蹈中有踢、踏、举持和拖甩舞伴等动作，以表现人强健的体魄和自由奔放的情感。牛仔舞的音乐是4/4拍，每分钟40～60小节，舞蹈风格欢快、热烈、诙谐、风趣。

（四）桑巴舞

桑巴舞起源于巴西，其舞曲音符短促，节奏欢快，舞步时而急速旋转，时而弯身下蹲，时而像蛇一样扭动着身躯。女士主要是细小而灵巧地扭动胯部，男士除胯部动作以外，还辅以脚下动作。

桑巴舞是拉丁舞中最强烈、最有个性节奏的舞蹈，乐曲热烈、欢快而又兴奋，舞蹈动作粗犷豪放，起伏强烈；膝部连续弹动，舞步奔放敏捷，富有感染力。桑巴舞区别于其他拉丁舞的一个显著特点，是舞蹈时沿舞程线方向绕场移动，是一种行进性舞蹈。桑巴舞音乐2/4拍，每分钟48～56小节。

（五）斗牛舞（Paso Doble）

斗牛舞又称“帕索多布累舞”，起源于西班牙，流行到法国后发展成为国际标准舞。它是模仿西班牙斗牛士的动作创编而成的舞蹈，由西班牙风格进行曲伴舞。舞蹈中男士代表斗牛场上的斗牛士，女士代表斗牛士手中艳丽的红斗篷。舞蹈中保持着一种英武、敏捷、自豪的姿态，表现出强壮威武和豪迈昂扬的气概。斗牛舞的音乐是2/4拍，每分钟60～62小节，一般每拍跳一步，有时也可以是3/4和6/8拍，但这种只适用于表演。

由于本书版面有限，现将体育舞蹈基本动作与练习推荐书目及相关网站推荐给大家以供学习。2005年11月，高等教育出版社出版的张瑞林总主编的《高等学校教材・体育舞蹈》；1992年3月，陕西人民出版社出版的陈宏伟的《国际体育舞蹈入门》；1991年9月，广西人民出版社出版的江粤丰编著的《体育舞蹈・当代国际标准交谊舞》；1999年12月，复旦大学出版社出版的吴谋等编的《体育舞蹈的理论与实践》；2006年12月，人民体育出版社出版的刘光红编著的《体育舞蹈读本》。

另外，在地址栏中输入 http://www.56.com（我乐）、www.youku.com（优酷）、www.tudou.com（土豆网）等以体育舞蹈或者华尔兹、拉丁、恰恰等为搜索词都可以搜得相关视频，有教学视频和比赛两类，同学们可以根据自己的需要进行检索，下面是两个例子：

http://v.youku.com/v_show/id_ce00XOTU0NTA2MA==.html

http://v.youku.com/v_show/id_ce00XOTU0NDgxNg==.html

思考题：

简述体育舞蹈的类型及其特点。

第十节　武术套路

武术是我国宝贵的民族文化遗产，是劳动人民在长期的生活实践中逐渐积累和发展起来的一项民族形式的体育活动，武术套路是以一定数量的动作组合起来的练习项目。武术套路是以长拳为主的练习项目，长拳的特点是在出手或出腿时以放长击远，动作舒展、配合拧腰顺肩来加长击打点，以发挥“长一寸强一寸”的优势。现代武术套路吸取了多种拳术之长，把手型、手法、步型、步法、腿法、平衡、跳跃等基本动作规格化，其内容至少包括拳、掌、勾三种手型；弓、马、仆、虚、歇五种步型和一定数量的拳法、掌法、肘法和不同组别的腿法及平衡、跳跃等动作。通过套路练习有利于人体素质的全面发展，培养勇敢、顽强、坚韧的意志品质。

一、基本技术

武术基本技术主要包括武术的技法、功法和基本动作。掌握武术技术是提高运动水平的基本方法。一般包括肩、臂、腰、腿、手、步,以及跳跃、平衡等。通过基本技术的练习,可使身体各部位得到较全面的训练,并能较快地发展武术运动的专项身体素质,为学习拳术和器械套路、为提高技术水平打下良好的基础。

(一)手型手法

手型,武术名次术语。手有五指,拇指分两节、其他四指分三节。手指的屈伸、分并,形成了多种手型,也丰富了技法的内容。一般将手型分为拳、掌、勾三种。手法即手的各部位攻防技法的总称。

1. 手型

拳:四指并拢卷握,拇指紧扣食指和中指的第二指节(见图 5-126)。

掌:四指并拢伸直,拇指弯屈紧扣于虎口处(见图 5-127)。

勾:五指第一指节捏拢在一起,屈腕(见图 5-128)。

图 5-126

图 5-127

图 5-128

2. 手法

(1)冲拳

动作说明:挺胸、收腹、直腰,右拳从腰间向前猛力冲出,转腰、顺肩,在肘关节过腰后,右前臂内旋。力达拳面,臂要伸直,高与肩平。同时左肘向后牵拉(见图 5-129)。左右可交替进行。

(2)架拳

动作说明:右拳向下、向左、向上经头前向右上方划弧架起,拳眼向下,眼看左方(见图 5-130)。左右可交替进行。

(3)推掌

动作说明:右拳变掌,前臂内旋,并以掌根为力点向前猛力推击。推击时要转腰顺肩,臂要伸直,高与肩平。同时左肘向后牵拉(见图 5-131)。左右可交替进行。

(4)亮掌

动作说明:右拳变掌,经体侧向右、向上划弧,至头部右前上方时,抖腕亮掌,臂成弧形。掌心向前,虎口朝下,眼随右手动作转动,亮掌时,注视左方(见图 5-132)。左右手交替进行。

图 5-129

图 5-130

图 5-131

图 5-132

（二）步法

步法是脚步移动、变化方法的总称。步法是身、手、腿各种攻防技法得以实施的基础。另外，步与身、手要求上下完整一致，进退得宜。

1. 弓步

左脚向前一大步（为本人脚长的4～5倍），脚尖微内扣，左腿屈膝半蹲（大腿接近水平），膝与脚尖垂直。右腿挺膝伸直，脚尖内扣（斜向前方），两脚全脚着地。上体正对前方，眼向前平视，两手抱拳于腰间（见图5-133）。弓右腿为右弓步，弓左腿为左弓步。

2. 马步

两脚平行开立（约为本人脚长的三倍），脚尖正对前方，屈膝半蹲，膝部不超过脚尖，大腿接近水平，全脚着地，身体重心落于两腿之间，两手抱拳于腰间（见图5-134）。

3. 虚步

两脚前后开立，右脚外展45°，屈膝半蹲，左脚脚跟离地，脚面绷平，脚尖稍内扣，虚点地面，膝微屈，重心落于后腿上，两手叉腰。眼向前平视（见图5-135）。左脚在前为左虚步；右脚在前为右虚步。

4. 仆步

两脚左右开立，右腿屈膝全蹲，大腿和小腿靠紧，臀部接近小腿，右脚全脚着地，脚尖和膝关节外展，左腿挺直平仆，脚尖里扣，全脚着地。两手抱拳于腰间。眼向左方平视（见图5-136）。仆左腿为左仆步；仆右腿为右仆步。

图5-133

图5-134

图5-135

图5-136

5. 歇步

两腿交叉靠拢全蹲，左脚全脚着地，脚尖外展，右脚前脚掌着地，膝部贴近左腿外侧，臀部坐于右腿接近脚跟处。两手抱拳于腰间。眼向左前方平视（见图5-137）。左脚在前为左歇步；右脚在前为右歇步。

图5-137

图5-138

图5-139

6. 坐盘

两腿交叉，右腿屈膝，大小腿均着地，脚跟接近臀部，左腿在身前横跨于右腿上方。左大腿贴近胸部。两手抱拳于腰间。眼向左前方平视（见图5-138）。左腿在前为左坐盘：右腿在前为右坐盘。

7. 丁步

并步站立，两腿屈膝半蹲，右脚全脚着地，左脚脚跟掀起，脚尖里扣并虚点地面，脚面绷直，贴于右脚脚弓处，重心落于右腿上。两手叉腰，眼向前平视（见图5-139）。左脚尖点地为左丁步；右脚尖点地为右丁步。

（三）肩部动作

肩臂主要是增进肩关节韧带的柔韧性，加大肩关节的活动范围，发展臂部力量，提高上肢运动的敏捷、松长、转环等能力，为学习和掌握各种拳、掌等手法提供必要的专项素质。主要方法有：压肩、绕环、抡臂等。

1. 压肩

动作说明：两手抓握肋木，上体前俯（挺胸、塌腰、收髋）并做下振压肩动作（见图 5-140）。

2. 单臂绕环

动作说明：右臂由上向后、向下、向前绕环，为向后绕环（见图 5-141、图 5-142、图 5-143）。右臂由上向前、向下、向后绕环，为向前绕环。练习时，左右臂交替进行。做左臂绕环时，换右弓步站立。

图 5-140　图 5-141　图 5-142　图 5-143

3. 双臂绕环

（1）前后绕环：左右两臂依次作绕环。左臂由下向前、向上、向后做向前绕环；右臂由上向后、向下、向前做向后绕环。然后再做反方向的绕环（见图 5-144、图 5-145、图 5-146）。

（2）左右绕环：左右两臂同时向右、向上、向左、向下划立圆绕环（见图 4-147、图 4-148），然后再反方向划立圆绕环。

图 5-144　图 5-145　图 5-146　图 5-147　图 5-148

4. 仆步抡拍

动作说明：左脚向左迈出一步成左弓步，上体随之左转，同时右臂向左前下方伸出（见图 5-149）。成右弓步，同时右臂直臂由左、向上。向右抡臂划弧至右上方，左掌下落至左下方（见图 5-150）。上动不停，上体右后转，同时右臂直臂向下、向后抡臂划弧至后下方，左臂直臂向上、向前抡臂划弧至前上方（见图 5-151）。上动不停，上体左转成右仆步，同时右臂直臂向上、向右、向下抡臂划弧至右腿内侧拍地；左臂向下、向左抡臂划弧停于左上方（见图 5-152）。练习时左右交替进行。右仆步抡臂动作，称右仆步抡拍；左仆步抡臂动作，称左仆步抡拍。

图 5-149

图 5-150

图 5-151

图 5-152

（四）腿部动作

主要发展腿部的柔韧性、灵活性和力量等素质。是体现武术运动柔韧和力量的一种标志，素为武术家所重视。拳谚曰“打拳不溜腿，到老冒失鬼”即指腿部运动的重要性。方法有：压腿、搬腿、劈腿和踢腿等。

1. 压腿

主要是拉长腿部的肌肉和韧带、加大髋关节的活动范围。压腿的方法有正压、侧压和后压三种。

（1）正压腿

面对肋木或一定高度的物体，并步站立。左腿提起，脚跟放在肋木上，脚尖勾起，踝关节屈紧，两手扶按膝上。两腿伸直，立腰，收髋，上体前屈，并向前、向下做压振动作（见图 5-153）。练习时左右腿交替进行。

（2）侧压腿

侧对肋木或一定高度的物体，右腿支撑，脚尖稍外撇。左腿举起，脚跟搁在肋木上，脚尖勾起，踝关节紧屈。右臂屈肘上举，左掌附于右胸前。两腿伸直，立腰、开髋，上体向左侧压振（见图 5-154）。练习时左右交替进行。

（3）后压腿

背对肋木或一定高度的物体；并步站立，两手叉腰或扶一定高度的物体。右腿支撑，左腿举起，脚背搁在肋木上，脚面绷直，上体后屈并做压振动作（见图 5-155），练习时，左右交替进行。

（4）仆步压腿

两脚左右开立，右腿屈膝全蹲，全脚着地，左腿挺膝伸直，脚尖里扣。然后两手分别抓握两脚外侧，成左仆步（见图 5-156）。左右仆步可交替进行。

图 5-153

图 5-154

图 5-155

图 5-156

2. 搬腿

主要是增进腿部的柔韧性，加大髋关节的活动幅度，提高腿部上举力量。搬腿的方法有正搬、侧搬。

（1）正搬腿

左腿屈膝提起，右手握住左脚，左手抱膝（见图 5-157）。然后，左腿向前上方举起，挺膝，脚外侧朝前（见图 5-158）。练习时左右交替进行。

（2）侧搬腿

右腿屈膝提起，右手经小腿内侧向下托住脚跟，然后将右腿向右上方搬起，左臂上举亮掌（见图 5-159）。

图 5-157

图 5-158

图 5-159

3. 劈腿

主要是加大髋关节的活动幅度，增进腿部的柔韧性。劈腿练习可结合压腿和搬腿进行。劈腿的方法有竖叉、横叉两种。

（1）竖叉

两手左右扶地或两臂侧平举，两腿前后分开成直线。左腿后侧着地，脚尖勾起；右腿的内侧或前侧着地（见图 5-160）。

（2）横叉

两手在体前扶地，两腿左右分开成直线，脚内侧着地（见图 5-161）。

图 5-160

图 5-161

4. 踢腿

踢腿是腿部练习中的重要内容，也是表现基本功训练的主要方面之一。

（1）正踢腿

起势：两脚并立，两手立掌或握拳，两臂侧平举（见图 5-162）。

动作说明：左脚向前上半步，左腿支撑，右脚脚尖勾起向前额处猛踢。两眼向前平视（见图 5-163）。练习时可左右交替进行。

（2）斜踢腿

动作说明：右脚向前半步，右腿支撑，左脚勾紧脚尖向异侧耳际猛踢。两眼向前平视（见图 5-164）。练习时左右腿交替进行。

（3）侧踢腿

动作说明：右脚向前上半步，脚尖外展，左脚脚跟稍提起，身体略右转，左臂前伸，右臂后举（见图 5-165）。随即，左脚脚尖勾紧向左耳侧踢起，同时右臂屈肘上举亮掌，左臂屈肘立掌于右肩前或垂于裆前。眼向前平视（见图 5-166）。踢左腿为左侧踢；踢右腿为右侧踢。

图 5-162

图 5-163

图 5-164

图 5-165

图 5-166

(4)外摆腿

动作说明:右脚向右前方上半步,左脚尖勾紧,向右侧上方踢起,经面前向左侧上方摆动,直腿落在右腿旁。眼向前平视。左掌可在左侧上方击响,也可不做击响动作(见图 5-167、图 5-168)。练习时左右交替进行。

(5)里合腿

起势:与正踢腿同。

动作说明:右脚向右前方上半步,左脚脚尖勾起里扣并向左上方踢起,经面前向右侧上方直腿摆动,落于右脚外侧。右手掌可在右侧上方迎击左脚掌(击响),也可不做击响动作。眼向前平视(见图 5-169)。练习时左右腿交替进行。

(6)弹腿

动作说明:右腿屈膝提起,大腿与腰平,右脚绷直(见图 5-170)。提膝接近水平时,要迅速猛力挺膝,向前平踢(弹击),力达脚尖。大腿平与小腿成一直线,高与腰平,左腿伸直或微屈支撑。两眼平视(见图 5-171)。

图 5-167　图 5-168　图 5-169　图 5-170　图 5-171

(7)蹬腿

动作说明:与弹腿同,唯脚尖勾起,力点达于脚跟(见图 5-172)。

(8)侧踹腿

动作说明:两腿左右交叉,右腿在前,稍屈膝(见图 5-173)。随即,右腿伸直支撑,左腿屈膝提起,左脚里扣,脚跟用力向左侧上方踹出,高与肩平,上体向右侧倒,眼视左侧方(见图 5-174)。练习时左右可交替进行。

5. 扫腿

扫腿是旋转性的一类腿法,分前、后扫腿两种。

(1)前扫腿

动作说明:左脚向右腿后插步,同时两手由下向左、向上,向右弧形摆掌,右臂伸直,高与肩平,成侧立掌;左掌附于右上臂内侧,掌指向上。头部右转,目视右方(见图 5-175)。

上体左后转 180°,左臂随体转向左后方平搂至体左侧,稍高于肩,右臂随体转自然平移至体右侧,掌心朝前,掌指朝右下方(见图 5-176)。

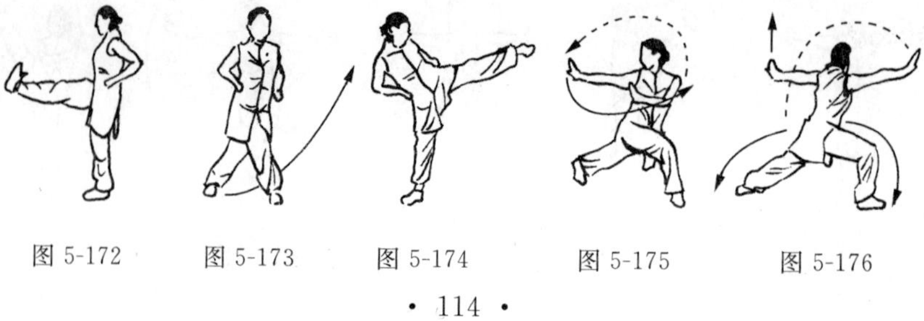

图 5-172　图 5-173　图 5-174　图 5-175　图 5-176

上体继续左转，左脚尖外撇。右掌从后向上、向前屈肘降落；同时，左臂屈肘，掌指朝上从右臂内侧向上穿出，变横掌架于头部左上方，拇指一侧向下。随即右掌下降并摆向身后变勾手，勾尖朝上。在左脚尖外撇的同时，左腿屈膝，左脚跟抬起，以左脚前掌碾地，右腿平铺，脚尖内扣，脚掌着地，直腿向前扫转一周(见图 5-177)。

(2)后扫腿

动作说明：左脚向前开步，左腿屈膝半蹲，右腿挺膝伸直，成左弓步；同时两掌从两腰侧向前平直推出，掌指朝上，小指一侧朝前；眼看两掌尖(见图 5-178)。

左脚尖内扣，左腿屈膝全蹲，成右仆步姿势，同时上体右转并前俯。两掌随体向转在右腿内侧扶地，右手在前。随着两手撑地，上体向右后拧转的惯性力量，以左脚前掌为轴，右脚贴地向后扫转一周(见图 5-178、图 5-180)

图 5-177

图 5-178

图 5-179

图 5-180

(五)腰部动作

腰是贯通上下肢节的枢纽，俗话说："练拳不练腰，终究艺不高。"在手、眼、身法、步法四个要素中，腰是较集中地反映身法技巧的关键。练腰的主要方法有甩腰、涮腰。

1. 甩腰

开步站立，两臂上举。然后以腰、髋关节为轴，上体做前后屈和甩腰动作，两臂也跟着甩动，两腿伸直(见图 5-181、图 5-182)。

2. 涮腰

两脚开立，略宽于肩，两臂自然下垂。以髋关节为轴，上体前俯，两臂随之向左前下方伸出。然后向前、向右、向后、向左翻转绕环(见图 5-183、图 5-184)。

图 5-181

图 5-182

图 5-183

图 5-184

(六)平衡动作

1. 提膝平衡

动作说明：左腿伸直支撑，右腿屈膝提起(过腰)，脚面绷直，并垂扣于左腿前侧。两眼向右平视(见图 5-185)。

2. 燕式平衡

动作说明：右腿屈膝提起，两掌在身前交叉，掌心向内(见图 5-186)。然后，两掌向两侧直臂分开平举，上体前俯，右脚向后蹬伸，成燕式平衡(见图 5-187)。

图 5-185

图 5-186

图 5-187

(七)跌扑滚翻动作

1. 抢背

动作说明:右脚在前、左脚在后、两脚交错站立,左脚从后向上摆起,右脚蹬地跳起,团身向前滚翻,两腿屈膝(见图 5-188、图 5-189)。

2. 鲤鱼打挺

动作说明:仰卧、屈体使两腿上摆,两手扶按两膝,两腿下打,挺腹,振摆而起(见图 5-190、图 5-191)。

图 5-188

图 5-189

图 5-190

图 5-191

3. 乌龙绞柱

动作说明:侧卧,左腿略屈贴地,右腿伸直:绞柱时,右腿由左向右贴身平扫,身体随之翻仰,两腿上举相绞(见图 5-192、图 5-193、图 5-194、图 5-195)。

图 5-192

图 5-193

图 5-194

图 5-195

二、初级三路

(一)动作要求

预备势:

两脚并步站立,两臂垂于体侧(见图 5-196)。

1. 虚步亮掌

(1)右脚向右后方撤步,成左弓步;同时,右掌经右向前上方砍掌;左掌提至腰侧(见图 5-197)。

(2)右腿屈膝下蹲,成左虚步;同时,右掌经腰侧向右后、向上划弧,在头前上方抖腕成亮掌，左掌经胸前从右臂上向前穿出伸直，然后内旋向左后划弧成勾手，勾尖向上；眼视左方（见图 5-198）。

2. 并步对拳

(1)右腿蹬直，左腿提膝，脚尖向里扣（见图 5-199）。

(2)左脚向前落步，重心前移；左手勾变掌，经左腰侧向前穿出；同时，右臂外旋下落于左掌旁，两掌同高，掌心向上（见图 5-200）。

(3)右脚向前一大步，左脚向右脚并步。两臂下落，再向外、向上经胸前屈肘下按，两掌变拳，停于小腹前；眼视左侧（见图 5-201）。

（二）套路内容

1. 第一段

(1)弓步冲拳

左腿向左侧上一步，成左弓步；左臂向上、向左格打，然后左拳收至腰侧，右拳向前冲出，高与肩平，成立拳；眼视右拳（见图 5-202）。

(2)弹腿冲拳

重心移至左腿，右腿屈膝提起，脚面绷直，猛力向前弹出伸直；同时，左拳向前冲出，右拳收至腰侧；眼视前方（见图 5-203）。

(3)马步冲拳

右脚向前落步，脚尖里扣，上体左转，左拳收至腰侧，两腿下蹲成马步；右拳向前冲出；眼视右拳（见图 5-204）。

(4)弓步冲拳

上体右转 90°，右脚外撇，左腿蹬直，成右弓步；右臂屈肘向右格打，然后右拳收至腰侧，左拳向前冲出；眼视左拳（见图 5-205）。

(5)弹脚冲拳

重心前移至右腿，左脚屈膝提起，脚面绷直，猛力向前弹出伸直；左拳收至腰侧，右拳向前冲出；眼视前方（见图 5-206）。

(6)大跃步前蹿

①左腿屈膝；右掌变掌内旋，以手背向下挂至左膝外侧，上体前倾；眼视右手（见图 5-207）。

②左拳变掌，向后向下伸直，左脚向前落步；右腿屈膝向前摆起，左腿猛力蹬地向上向前跃起；同时，两掌向前、向上划弧摆起，与两腿形成腾空（见图 5-208）。

③右脚落地全蹲，左脚随即落地向前铲出成左仆步；右掌变拳抱于腰侧，左掌由上向右下按成立掌，停于右胸前；眼视左脚（见图 5-209）。

(7)弓步击掌

右脚猛力蹬直，成左弓步；左掌经左脚面向后划弧至身后成勾手，臂伸直勾尖向上，右拳变掌，由腰侧向前推出，掌指向上；眼视右掌（见图 5-210）。

(8)马步架掌

右脚外撇，左脚尖里扣，重心移至两腿之间，上体右转成马步；同时，左勾手变掌，由后经左腰侧，从右臂内侧向前上穿出至左上方屈肘抖腕，亮掌于头左上方，掌心向前，右臂屈肘，立掌于左胸前；眼转视右方（见图 5-211）。

2. 第二段

(1)虚步栽拳

重心左移，右脚蹬地，屈膝提起；左腿伸直，以前脚掌为轴，向右后转体 180°；右脚下落，重心移至右腿，下蹲成左虚步；右掌变勾手由左胸前向下经右腿外侧向后划弧，再勾手变拳，屈肘向上架于头右上方，左掌变拳外旋下落于左膝上，拳眼向里，拳心向后；眼视左方（见图 5-212）。

(2)提膝穿掌

右腿蹬直，左腿屈膝提起，脚尖里扣；右拳变掌收至腰侧，左拳变掌向右上划弧盖压左掌，右掌经左臂内向前上方穿出，掌心向上，收至右胸前成立掌；眼视右掌（见图 5-213）。

(3)仆步穿掌

右腿全蹲，左腿向左后方铲出成左仆步；左掌由右胸前向下，经右腿内侧，向左脚面穿出；眼随左掌转视（见图 5-214）。

(4)虚步挑掌

右腿蹬直，重心前移至左腿，成左弓步；然后，右腿向左前上方上步成右虚步，左掌随重心前移向前上挑，再向上后划弧成勾手，勾尖朝下；同时，右掌由上至下，跟随右脚上步向前上挑起成立掌，指尖与眼平；眼视右掌（见图 5-215）。

(5)马步击掌

①右脚落实，脚尖外撇，重心右移；左勾手变拳收至腰侧，右掌掌心向下向外掳手（见图 5-216）。

②左脚向前一步，右脚为轴向右后转体 180°，下蹲成马步；左拳变掌从右臂上立掌向左侧击出，右掌变拳收至腰侧；眼视左掌（见图 5-217）。

(6)叉步双摆掌

重心稍向右移后，右脚向左脚后插步；同时，右拳变掌，两掌向下、向右，再向上、向左摆，停于身体左侧，均成立掌；眼随双掌转视（见图 5-218）。

(7)弓步击掌

左腿后撤一步，成右弓步；左掌收至腰侧，立掌向前推出；同时，右掌向上向右、向下、向后划弧，成反臂勾手，勾尖向上，眼视左掌（见图 5-219）。

(8)转身踢脚马步盘肘

①两脚以前脚掌为轴向左后转体 180°；同时，左臂向上、向前、向后划立圆，右臂勾变掌向下、向后、向上、向前划立圆（见图 5-220）。

②上动不停，右臂向下成反臂勾手，勾尖向上；左臂向上成亮掌，掌心向前上方；右腿正踢腿（见图 5-221）。

③右腿向前落地，脚尖里扣，上体左转 90°，两腿下蹲成马步；同时，左臂下落至胸前，掌向前、向左平掳变拳收至腰侧，右臂伸直，由体后向左、向前平摆，至体前屈肘，肘尖向前，高与肩平，拳心向下；眼视肘尖（见图 5-222）。

3. 第三段

(1)歇步抡砸拳

重心稍升高，右脚外撇；两脚以前脚掌为轴，向右后转体 180°，两腿全蹲成歇步；右臂抡直向上、向右、向下、向后、向上举起，左拳向下、向左，随身体转动向上、向前、向下平砸，拳心向上，臂部微屈(见图 5-223)。

(2)仆步亮拳

①左脚由右脚后抽出上前一步，左腿蹬直，脚尖里扣，右腿半蹲，成右弓步；上体微向右转，左拳收至腰侧，同时右拳变掌向下经胸前向右横击掌；眼视右掌(见图 5-224)。

②右脚蹬地屈膝提起，上体右转；左拳变掌从右掌上向前穿出，掌心向上，右掌平收至左肘下(见图 5-225)。

③右脚向右落步，屈膝全蹲，左腿伸直成左仆步；右掌向右、向上划弧微屈，抖腕成亮掌；左手掌向下、向后划弧成勾手，勾尖向上；眼视左方(见图 5-226)。

(3)弓步劈拳

①右腿蹬地立起，左腿收回并向左前方上步；右掌变拳收至腰侧，左勾手变掌由下向前经胸前，向左掳手(见图 5-227)。

②右腿经左腿前方向左绕上一步，左腿蹬直成右弓步；左手向左平掳后，向前挥摆虎口朝前；同时，右拳向后平摆，再向前、向上做抡劈拳，拳与耳平，拳眼向上，左掌外旋接扶右前臂；眼视右拳(见图 5-228)。

(4)换跳步弓步冲拳

①重心后移，右脚稍向后移动，前脚掌着地；右拳变掌内旋以掌背向下划弧挂至右膝内侧，左掌背靠贴右肘外侧，掌指向前；眼随右掌(见图 5-229)。

②右腿上抬，全脚掌用力向下震脚，左脚急速离地抬起；上体稍向左转，再向右转；右掌挂至体左侧向上、向前掳盖后变拳收至腰侧，左掌经右腋，伸直向下、向上、向前屈肘下按，掌心向下；眼视左掌(见图 5-230)。

③左脚向前落步，右腿蹬直成左弓步；右拳向前冲出，高与肩平，左掌收回藏于右腋下，掌背贴靠腋窝；眼视右拳(见图 5-231)。

(5)马步冲拳

上体右转 90°，重心移至两腿中间，成马步；右拳收至腰侧，左掌变立拳向左冲出；眼视左拳(见图 5-232)。

(6)弓步下冲拳

右脚蹬直，左腿弯屈，上体稍向左转，成左弓步；左拳变掌向下经体前向上架于头上方，掌心向上，右拳自腰侧向左前斜下方冲出；眼视右拳(见图 5-233)。

(7)叉步亮掌侧踹腿

①上体稍右转；左掌由头上下落于右手腕上，右拳变掌，两手交叉成十字；眼视双手(见图 5-234)。

②右脚蹬地并向左腿后插步，前脚掌着地；右掌由前向右、向上划弧抖腕亮掌；同时，左掌由体前向下、向后划弧成勾手，勾尖向上；眼视左侧(见图 5-235)。

③重心移至右腿，左腿屈膝提起，向左上方猛力蹬出；上肢姿势不变；眼视左侧(见图 5-236)。

(8)虚步挑拳

①左脚在左侧落地；右掌变拳稍后移，左勾手变拳由体后向左上挑，拳背向上(见图 5-237)。

②上体左转 180°，右腿提起向左前方上步，脚尖点地，重心落于左脚，左腿下蹲成右虚

步；右拳向下、向前划弧，经右膝外侧，再向前屈臂挑起，拳眼斜向上，高与肩平；左拳向上、向后划弧收至腰侧，拳心向上；眼视右拳（见图 5-238）。

4. 第四段

（1）弓步顶肘

①重心升高，右脚踏实；右臂内旋向下直臂划弧以拳背下挂至右膝内侧（见图 5-239）。

②左脚蹬地起跳，右腿屈膝上抬，身体腾空；同时，两臂向前、向上划弧至头上方（见图 5-240）。

③右脚先落地屈膝，左脚向前落步，前脚掌着地；同时两臂向右、向下屈肘停于右胸前，右拳变掌，左掌变拳，右掌心贴靠左拳面；眼视右方（见图 5-241）。

④左脚向左上一步，成左弓步；右掌推左拳，以左肘尖向左顶出，高于肩平；眼转视肘前方（见图 5-242）。

（2）转身左拍脚

①以两脚前脚掌为轴向右后转体 180°；随转体，右臂向上、向右、向后下划弧抡摆；同时，左拳变掌向下、向后、向前上抡摆（见图 5-243）。

②左腿伸直向前踢起，脚面绷平；左掌变拳收至腰侧，右掌由体后向上、向前拍击左脚面（见图 5-244）。

（3）右拍脚

①左脚向前落地，左拳变掌向下、向后摆，右掌变拳收至腰侧（见图 5-245）。

②右腿伸直向上踢起，脚面绷平，左掌由后向上、向前拍右脚面（见图 5-246）。

（4）腾空飞脚

①右脚落地，右拳变掌由下向前、向上摆起，左掌先上摆后下降拍击右掌背（见图 5-247）。

②左脚向前摆起，右脚猛力蹬地跳起上摆，脚面绷平，形成腾空；右手拍击右脚面，左掌由体前向后上举（见图 5-248）。

（5）歇步下冲拳

①左右脚先后相继落地；左掌变拳收至右腰侧（见图 5-249）。

②身体右转 90°，两腿全蹲成歇步；右掌抓握外旋变拳收至腰侧，左拳向前下方平拳冲出，拳心向下；眼视左拳（见图 5-250）。

（6）仆步抡劈拳

①重心升高，右脚前脚掌为轴，左腿屈膝提起，上体左转 270°；同时，右臂向体后伸直，再向下、向前、向上划弧至头上方，左臂随身体重心升高，由下至上划立圆一周（见图 5-251）。

②上动不停。左腿向后落一步屈膝全蹲，右腿伸直，成右仆步；右拳由上向下抡劈，拳眼向上，左拳向上举，拳眼向上；眼视右拳（见图 5-252）。

（7）提膝挑掌

①重心前移，成右弓步；右拳变掌由下向上抡摆，左拳变掌稍下落，右掌心向左，左掌心向右（见图 5-253）。

②左右臂在垂直面上，由前向后各划立圆一周，右臂伸直停于头上，掌指向上，左臂伸直停于身后成反勾手；同时重心上移，右腿屈膝提起，左腿膝伸直；眼视前方（见图 5-254）。

(8)提膝劈掌弓步冲拳

①下肢不动;右掌由上向下猛劈,停于右小腿内侧,左勾手变掌,屈臂向前停于右手上臂内侧,掌心向左;眼视右掌(见图 5-255)。

②右脚向右后落地,身体右转 90°;同时,左掌变拳收至腰侧,右臂内旋向右划弧劈掌,抓握变拳收至腰侧,左拳再由腰侧向左前方冲出;眼视左拳(见图 5-256)。

5. 结束动作

(1)虚步亮掌

①右腿扣于左膝后;两拳变掌,两臂右上、左下屈肘交叉于体前,掌心向下;眼视右掌(见图 5-257)。

②右脚向右后落后,重心后移,右腿下蹲,上体稍右转;同时,右掌向上、向右、向下划弧停于左腋下,左掌向左、向上划弧停于右臂上与胸前,两臂左上右下屈肘交于体前,左掌心向下,右掌心向上;眼视左掌(见图 5-258)。

③左腿尖稍向右移,右腿下蹲,成左虚步;右臂内旋伸直向下、向后再向上划弧抖腕亮掌,掌心向前;同时,左臂伸直向左、向后划弧成反勾手;眼视左方(见图 5-259)。

(2)并步对拳

①左腿后撤一步;同时,两手从腰侧向前穿出伸直,掌心向上(见图 5-260)。

②右腿后撤一步;同时,两臂分别向体后下摆(见图 5-261)。

③左脚后退半步向右脚并拢;两臂由后向上经体前屈臂下按,两掌变拳,停于腹前,拳心向下,拳面相对;眼视左方(见图 5-262)。

还原:

拳变掌两臂自然下垂;眼视正前方(见图 5-263)。

(三)套路图示

图 5-196

图 5-197

图 5-198

图 5-199

图 5-200

图 5-201

图 5-202

图 5-203

图 5-204

图 5-205

图 5-206

图 5-207

图 5-208

图 5-209

图 5-210

图 5-211

图 5-212

图 5-213

图 5-214 图 5-215 图 5-216 图 5-217 图 5-218 图 5-219

图 5-220 图 5-221 图 5-222 图 5-223 图 5-224 图 5-225

图 5-226 图 5-227 图 5-228 图 5-229 图 5-230 图 5-231

图 5-232 图 5-233 图 5-234 图 5-235 图 5-236 图 5-237

图 5-238 图 5-239 图 5-240 图 5-241 图 5-242 图 5-243

图 5-244 图 5-245 图 5-246 图 5-247 图 5-248 图 5-249

图 5-250 图 5-251 图 5-252 图 5-253 图 5-254

图 5-255

图 5-256

图 5-257

图 5-258

图 5-259

图 5-260

图 5-261

图 5-262

图 5-263

三、初级剑术

（一）动作要求

1. 预备势

身体立正，两腿并拢，左手持剑于体侧，右手成剑指垂于体侧，剑指内扣，指向左下侧掌心向下，两肘稍提，目视左方（见图 5-264）。

（1）预备动作一

右腿向右一步屈膝脚内扣，左腿蹬直成右弓步，同时右剑指由腹前向左向上向右指出，目视剑指。两腿不动，上体右转，左手持剑由左向上向右前划弧，成反臂持剑，同时右剑指收至右腰侧，左腿向右腿并拢时，左手持剑垂于体侧，右剑指从左手背向右前方立指穿出，目视剑指（见图 5-265 之①②③）。

（2）预备动作二

左腿向左侧上一步，屈膝脚内扣，右腿蹬直成左弓步，上体随之左转。同时左手持剑由侧经胸前向上、向左划弧平举左前，右剑指不动，目视左剑。右腿向左腿并拢，左手持剑落于体侧，右剑指由后向前经耳根处向前平指出，目视剑指（见图 5-266 之①②）。

（3）预备动作三

左手持剑由右剑指上向前穿出，拇指侧在下，右剑指屈肘收于左肩侧。上身右转右腿向右跨一步，屈膝成弓步，目视左前。两腿不动，右剑指经体前向右侧平伸指出，剑指向上，目视剑指（见图 5-267 之①②）

（4）预备动作四

上体左转，重心落在右腿上，左腿收半步成虚步。同时左手持剑向体前屈肘，手心朝外，右手收至胸前两掌心相对准备接剑，目视前方（见图 5-268。）

2. 第一段

（1）弓步直刺

右手接握剑，左手成剑指，左腿向左前上半步屈膝成弓步，右腿蹬直，上体左转，剑由体前向前平刺出，立剑刃，左剑指随之体后平伸，目视剑尖（见图 5-269）。

（2）回身后劈

右腿向前一步屈膝成弓步，左腿蹬直，同时右手持剑由前向上再向后劈剑，身体右转，左剑指经胸前向左划弧架于头上，目视剑尖(见图 5-270)。

(3)弓步平抹

左腿向前上一步，屈膝成弓步，右腿蹬直，同时剑指落下再向上弧形至头上架起，右手持剑由右向前平抹，手心朝上，目视剑尖(见图 5-271)。

(4)弓步左撩

上体左转，右膝屈膝提起，脚面绷直，同时右手持剑由前经上向后划弧至体后屈腕，使手臂贴靠小腹部，左剑指下落附在右腕上，目视剑尖，右膝向右前落下屈膝，左腿蹬直成弓步，同时右手持剑由后向下再向右前反撩起，剑指随剑运行，目视剑尖(见图 5-272 之①②)。

(5)提膝平斩

左脚向前一步，右手手腕向左上翻转屈肘，剑向左平绕至头上方，右腿随之屈膝提起，右手持剑继续向右后绕，再向前平斩，手心朝上，左剑指由下向左绕至头上屈肘架起，目视前方(见图 5-273)。

(6)回身下刺

右腿向前落步，脚尖外撇屈膝，上体右转。同时右手持剑手腕反屈向后下方直刺，立剑刃，左手剑指先收至右手腕，在刺剑的同时左剑指向左上伸出，目视剑尖(见图 5-274)。

(7)挂剑直刺

左脚向前一步膝稍屈，右手持剑内旋成反手翘腕，摆臂使剑尖向左上、右上挂，手心朝内，左腿蹬直站稳，右腿屈膝体前提起，左剑指仍附于手腕处，左脚碾地，上体右转，右手持剑剑下插，左剑指仍附在手腕处，目视剑尖，上动不停，左脚掌碾地，右脚向身后跨一大步落地后屈膝成弓步，上体右转，左腿蹬直，同时右手持剑向前直刺，剑尖与肩平，立剑刃，左剑指随之向后平伸，目视剑尖(见图 5-275 之①②③)。

(8)虚步架剑

右手持剑先将剑尖由左向右搅一小圈，使手心朝外立剑刃，同时右脚跟和左前掌为轴碾地，右脚尖外撇，上体右后转左腿收拢半步，两膝稍屈交叉，右手持剑反手屈肘在头上架起，左剑指附在右腕处，目平视，左腿向前一步，脚尖虚点地面，重心落在右腿上成左虚步，同时右手持剑略向后牵引，左剑指向前平指出，剑指朝上，目视剑指(见图 5-276 之①②)。

3. 第二段

(1)虚步平劈

左脚跟外展，上体右转，重心落在左腿，右脚跟随之离地，脚尖虚点地，成右虚步，在转身的同时，右手持剑由上向右平劈，立剑刃，左剑指屈肘架于头上，目视剑尖(见图 5-277)。

(2)弓步下劈

右脚踏实，重心前移，左剑指收至右腋下，右手持剑臂内旋使手心朝下，左脚向左前上步屈膝成弓步，右腿蹬直。同时右手持剑向左屈腕平绕，画一小圈后向前下方劈剑，剑尖与膝平，左剑指由右腋下向左向上绕，在头上屈肘侧举，目视剑尖(见图 5-278)。

(3)带剑前点

右脚向左脚靠拢，前脚掌虚点地面，两腿稍屈蹲，右手持剑屈腕，将剑带向耳际，肘稍屈，左剑指落下附在右腕处，目视前方。右脚向右前跃步，落地成半蹲，全脚掌着地，左脚跟进，向右脚并步屈膝脚尖点地，成丁字步。同时右手持剑向前点击，立剑刃，左剑指屈肘向头上侧举，目视剑尖(见图 5-279 之①②)。

(4)提膝下截

左腿退步屈膝，右腿伸直，上体后仰，右臂外旋手心朝上，使剑向右向后上方弧形绕环。左剑指不动，目视前方，上动不停，右臂内旋使手心朝下，剑继续向左向前下方弧形下截，同时左腿屈膝提起，身体前探，目视剑尖(见图 5-280 之①②)。

(5)提膝直刺

左腿落下，两腿稍屈，左脚外撇，右手持剑在落脚的同时外旋后屈肘，内收使剑抱在胸前，手心朝内，剑指落下按在剑柄上，目视前方，右腿屈膝提起，左腿支撑，右手持剑向前平刺出，立剑刃，左剑指向体后平伸，手心朝下，目视剑尖(见图 5-281 之①②)。

(6)回身平崩

右脚向前落步，脚尖外撇，左脚脚前掌碾地使脚跟外转，两膝朝屈，同时上体右转成交叉步，右手时间外旋使手心朝上，屈肘收至胸前，剑指经上落在右手上，目视剑尖。上体稍右转，左腿伸直，右膝朝屈。同时右手持剑使剑前端用力向右平崩，手心仍朝上，剑指屈肘在左额上方侧举，目视剑尖(见图 5-282 之①②)。

(7)歇步下劈

右脚蹬地起跳，左脚向左跃步横跨，落地后右腿向左腿后插步成歇步，在进步时右手持剑上举，在歇步时向左下劈剑立刃。剑尖与踝关节高，左剑指落下附在右手腕上，目视剑身(见图 5-283)。

(8)提膝下点

先使持剑手手心朝下，剑成平面，然后两脚碾地，上体向右后转一周，剑与地面平行，当剑至右侧时上体后仰，剑继续向外向上弧形绕环，剑尖接近右耳侧，左剑指离开右手腕屈肘侧举，目视下方。右腿伸直，左腿屈膝提起，上体右探，同时右手持剑前下点剑，立剑刃，目视剑尖(见图 5-284 之①②)。

4. 第三段

(1)并步直刺

以右脚掌为轴碾地，使上体左后转，在转体的同时右臂内旋屈腕，使剑尖指向转体后的体前，左手随之落指至体前，前指，手心朝下，目视前方。左脚向前落步，右脚跟进并步，两腿均屈膝半蹲，同时右手持剑向前平刺出，左剑指落于右腕上，目视前方(见图 5-285 之①②)。

(2)弓步上挑

右腿向前一步屈膝，左腿蹬直成弓步，右手持剑支部向上挑举，剑尖向上，左剑指在剑上挑时指向前方，手心朝下，目视前方(见图 5-286)。

(3)歇步下劈

右腿直立，左脚向前一步脚尖外撇，随之两腿交叉下蹲成歇步，同时右手持剑向前下劈剑，立剑刃，剑尖与踝关节同高，左剑指附在右手腕内上体稍前倾，目视剑身(见图 5-287)。

(4)右截腕

两脚掌碾地，两腿稍立起，上体右转右脚向前移半步，左脚也向前移半步，右腿屈膝，左脚尖虚点地面成虚步，右臂内旋用剑前端向前上方弧形翻转，随之右手持剑向右后方托起，左剑指不动，目视剑前端(见图 5-288)。

(5)左截腕

左脚向前上半步屈膝脚掌碾地，使身体向左后转，右脚随之上一步，脚尖虚点地面成虚步。同时右臂外旋使剑身前端向左前上方划弧翻转，手心朝上，剑身与地平行，左剑指离开右手腕屈肘向上侧举，目视剑前端(见图 5-289)。

(6)跃步上挑

左腿经体前上一步，右腿随之在身后离地，小腿后离，同时右臂外旋手心朝里，使剑尖向上、向左屈肘划弧，剑至体左侧，右手至左胯时屈腕，左剑指下落附在右手腕上，目视剑尖，左脚蹬地，右脚向右侧跃步，落步时膝稍屈略蹲，左腿离地面后屈膝从身后向右侧方伸，成望月平衡，上体向左侧倾附，同时右手持剑由左胯处向下向上划弧，剑至体侧后方时，屈腕使剑上挑。左剑指在左上方屈肘横举，目视右侧方(见图 5-290 之①②)。

(7)仆步下压

右手持剑使剑尖从头上经过，继而向体后向右弧形平绕，当剑绕至右侧时，屈肘将剑柄收抱于胸步前下方，手心朝上，同时右腿伸直，身体立起，左腿屈膝提于体前，左剑指侧落步，屈膝全蹲，右腿伸直成仆步，同时右手持剑同剑身平面向下带压，剑尖斜向下带压，掌心向里，剑尖斜向右上方，上体前探，目视前方(见图 5-291 之①②)。

(8)提膝直刺

两腿直立站起，左腿屈膝提起右腿直立，同时右手持剑向体前侧平刺出，立剑刃，左剑指屈肘在侧上举，目视剑尖(见图 5-292)。

5. 第四段

(1)弓步平劈

左脚向左后侧落步屈膝，身体左后转，右腿蹬直成弓步，同时右手持剑外旋使剑刃反上，左剑指向右向下再向左向上划圆弧绕至头上侧举，右手持剑向体前平劈，立剑刃，目视剑尖(见图 5-293)。

(2)回身后撩

右腿向前上一步，膝稍屈，左腿随之离开地面小腿向上弯曲，上体前俯，腰要向右拧转，右手持剑向后反撩，剑尖斜对下方，左剑指伸向侧前上方，目视剑尖(见图 5-294)。

(3)歇步上崩

右脚蹬地，左脚向左前跃步，上体右转，左脚落地脚尖外撇，右腿向身后摆，在上体右转的同时，右臂外旋，手心朝前，左剑指手心朝下，目视剑尖。右脚落地。两腿交叉紧成歇步，同时右手持剑立剑沉腕，使剑尖向上，发力于腕，力达剑峰，左剑指屈肘头上方侧举，目视剑尖(见图 5-295 之①②)。

(4)弓步斜削

左剑尖内扣，上体右转，右腿随之向前一步屈膝成弓步，左腿蹬直，右手持剑外旋，使手心朝上，在转体的同时屈肘收至左肋前，左剑指从体前落下，按在剑柄上，上体右前倾，目视前方，两腿不动，右手持剑由后向前上方斜面弧形上削，手心斜向上方，手腕斜向侧稍屈，左剑指向后伸直，手心朝前，目视剑尖(见图 5-296 之①②)。

(5)进步左撩

右腿伸直，上体左转，左腿屈膝，同时右手持剑使手心朝里，经脸前边转体边向左划弧，剑至体前时左剑指附在右手腕里侧，目视剑尖。右脚跟碾地脚尖外撇上体向右后转，左脚向前一步，脚前掌虚点地面。同时右手顶剑反收向下向前再向上划弧撩起，剑至体前方时，肘部略屈，立剑刃，剑尖与肩平，左剑指随之而动，目视剑尖(见图 5-297 之①②)。

(6)进步右撩

右手持剑直臂向上、向右后方划弧。左剑指收至右肩前，手心朝左，目视剑尖。左脚踏实后碾地。脚尖外撇，右腿随之向前上一步，脚掌虚点地面。同时右手持剑由右向下向前划弧撩起，肘稍屈，手心朝上，剑尖与肩平，左剑指随之由前向下向前再向后上方绕环后屈肘头上架起，目视剑尖(见图 5-298 之①②)。

(7)坐盘反撩

右脚踏实后向前上一小步，随即左脚向右腿后插一步，两腿屈膝下坐，左脚背着地成坐盘式，在插腿的同时右手持剑向上、向左、向下、再向右上方反手绕环斜上撩，剑尖略高于头，左剑指经体前向下向后上方划弧，屈肘横左耳侧，上体左前倾俯，目视剑尖(见图 5-299)。

(8)转身云剑

右脚蹬地，两腿伸直站起，并以两脚的前脚掌碾地，使上体向左后转转身后屈膝略蹲，右脚踏实，左膝稍屈，剑尖点地，重心落于右腿，同时右手持剑随身体转动一周后屈肘使剑平举，左剑指附在右腕处，目视剑尖。上动不停，上身后仰，右手持剑向左向后向右再向前圆形云绕一周，剑至体前时右手心朝上，松把，使剑尖下垂，左剑指放开，拇指朝上，准备接握右手之剑。此时重心前移，左脚踏实，右腿伸直，上体前倾，目视左手(见图 5-300 之①②)。

6. 结束动作

(1)结束动作一

右手将剑柄交于左手后即握成剑指，左手接剑后反握住剑柄向身体左侧下垂。此时右脚向右前方一步，脚尖里扣，屈膝稍蹲，上身随之左转，左脚向前移步，脚尖虚点地面，膝稍屈，在转体同时右剑指由身后屈肘侧举头右上方，手心朝上，目视左前(见图 5-301)。

(2)结束动作二

右腿伸直，右脚向左脚并拢，并步站立，右剑指落于体侧，手心朝下，目前平视(见图 5-302)。

(二)动作图示

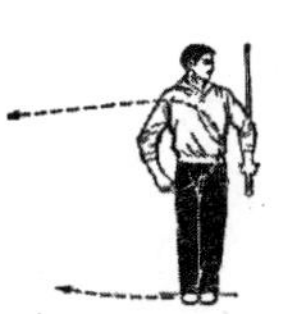
图 5-264

图 5-265①

图 5-265②

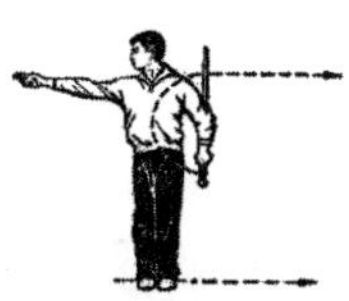
图 5-265③

图 5-266①

图 5-266②

图 5-267①

图 5-267②

图 5-268

图 5-269

图 5-270

图 5-171

图 5-272①

图 5-272②

图 5-273

图 5-274

图 5-275①

图 5-275②

图 5-275③

图 5-276①

图 5-276②

图 5-277

图 5-278

图 5-279①

图 5-279②

图 5-280①

图 5-280②

图 5-281①

图 5-281②

图 5-282①

图 5-282②

图 5-283

图 5-284①

图 5-284②

图 5-285①

图 5-285②

图 5-286

图 5-287

图 5-288

图 5-289

图 5-290①

图 5-290②

图 5-291①

图 5-291②

图 5-292

图 5-293

图 5-294

图 5-295①

图 5-295②

图 5-296①

图 5-296②

图 5-297①

图 5-297②

图 5-298①

图 5-298②

图 5-299

图 5-300①

图 5-300②

图 5-301

图 5-302

思考题：

武术套路中的基本技术包括什么？

第十一节　武术散打

一、简　介

散打，亦称“散手”，古称相搏、手搏、角力、白打、卞等。由于徒手相搏相角的运动形式在台子上进行，又称“打擂台”。散打是以踢、打、摔为内容，以双方格斗为形式的对抗性体育项目，是武术徒手搏击的组成部分。中国散打自 1979 年 3 月确定为试点训练项目，经过近十年的公开表演、竞赛，在不断总结经验的基础上，1989 年原国家体委把散手列为全国正式竞赛项目。目前，武术散手已初步形成较为系统的组织程序和体系，并加快了走向世界的步伐。散打技术内容丰富，其基本技术有基本姿势、基本动作、实战对抗等。

二、基本动作

（一）实战姿势（以左脚在前为例）

两脚前后开立步站立，两手握拳，左前右后，拳眼均朝上，左手臂弯曲，肘关节夹角在 90°～110°之间，左拳与鼻同高；右手臂弯曲，肘关节夹角小于 90°，大小臂紧贴右侧肋部，身体侧立，下颌微收，闭嘴合齿，面部和左肩、左拳正对对手，身体重心落在两腿之间（见图 5-303）。

提示：

实战姿势是实战时的预备姿势，因此，要求进攻灵活，防守严密，移动方便。姿势不可太低，两手紧护躯体，尽量缩小暴露被打击的有效部位。

（二）步法

1. 进步

后脚蹬地，前脚先向前进半步，后脚再跟进半步（见图 5-304、图 5-305）。

图 5-303 正

图 5-303 侧

图 5-304

图 5-305

2. 退步

前脚蹬地，后脚先后退半步，前脚再退回半步(见图 5-305、图 5-306)。

提示：

进步和退步步幅不宜过大，后脚跟进和前脚退回后身体姿势不变，衔接进步与跟步、退步时越快越好。

(三)拳法

1. 冲拳

左冲拳：由实战姿势开始，右脚蹬地，发力于腰，上体略右转；同时，左臂由屈到伸，顺肩伸肘，使拳面向前击打目标后收回原位(见图 5-307、图 5-308、图 5-309)。

图 5-305

图 5-306

图 5-307

图 5-308

图 5-309

右冲拳：由实战姿势开始，右脚蹬地，发力于腰，上体左转；同时，右臂由屈到伸，拧腰转体顺肩直臂击打目标后收回原位(见图 5-310、图 5-311、图 5-312)。

2. 掼拳

左掼拳：从实战姿势开始，上体微向左转，左拳向外、向前、向内成平面半圆形横掼，臂微屈，拳心向下，力达拳面，击打目标后左拳收回原位(见图 5-313、图 5-314、图 5-315)。

图 5-310

图 5-311

图 5-312

图 5-313

图 5-314

图 5-315

右掼拳：从实战姿势开始，右拳向外、向前、向内成平面半圆形横掼；同时腰胯发力，力达拳面；击打目标后，右拳收回原位(见图 5-316、图 5-317、图 5-318)。

3. 抄拳

左抄拳：由实战姿势开始，上体微左转，左拳略向下，屈臂由下向上勾击，拳面朝上；同时腰向右转，发力于腰；击打目标后收回原位(见图 5-319、图 5-320、图 5-321)。

图 5-316

图 5-317

图 5-318

图 5-319

图 5-320

图 5-321

右抄拳：由实战姿势开始，右拳略向下，屈臂由下向上勾击；同时腰向左转，发力于腰，力达拳面，击打目标后收回原位(见图 5-322、图 5-323、图 5-324)。

图 5-322

图 5-323

图 5-324

提示：

各种拳法要使蹬地、拧腰之力顺达拳面，整个动作要协调完整。重心不可过多前倾，击拳前不可出现先收拳再击出的预兆。结合步法的击法应做到拳到脚到。

(四)腿法

1. 蹬腿

左蹬腿：由实战姿势开始，左腿屈膝抬起，勾脚；当膝稍高于髋时，以脚领先向前蹬出，力达脚跟。也可送髋，脚掌下压，力达脚掌(见图 5-325、图 5-326、图 5-327)。

右蹬腿：由实战姿势开始，身体稍左转，左脚跟稍内扣，身体重心移到左腿；同时右腿屈膝前抬，勾脚，以脚领先向前蹬出，力达脚跟(见图 5-328、图 5-329、图 5-330)。

图 5-325

图 5-326

图 5-327

图 5-328

图 5-329

图 5-330

2. 踹腿

左踹腿：由实战姿势开始，身体重心移向右腿，右脚跟内扣；左腿屈膝抬起与髋同高，脚尖勾起，由屈到伸向侧前踹出，同时展髋，力达脚底；击打目标后，左脚收回原位(见图 5-331、图 5-332、图 5-333)。

右踹腿：由实战姿势开始，身体左转，左脚跟内扣，重心移至左腿；右腿屈膝抬起与髋高，脚尖勾起，随后由屈到伸向前踹出，同时展髋，力达脚掌；击打目标后，右脚收回原位(见图 5-334、图 5-335、图 5-336)。

图 5-331

图 5-332

图 5-333

图 5-334

图 5-335

图 5-336

3. 转身外摆腿

左转身外摆腿：由实战姿势开始，上右步，重心移至右腿；左脚离地，同时发力于腰，向左后转体 360°，随转体左腿经左后向前横扫，力达脚掌；击打目标后，左脚落回原位（见图 5-337、图 5-338、图 5-339、图 5-340）。

图 5-337

图 5-338

图 5-339

图 5-340

右转身外摆腿：由实战姿势开始，重心移至右腿，发力于腰，向右后转体 360°，随转体右腿直腿由后向前横扫，力达脚掌，目视右脚（见图 5-341、图 5-342、图 5-343）。

图 5-341

图 5-342

图 5-343

4. 勾踢腿

由实战姿势开始左脚脚跟内扣，膝外展，重心移至左腿，身体左转 180°；同时右大腿带动小腿向前、向左弧线擦地勾踢，力达脚背；击打目标后，右脚收回原位置（见图 5-344、图 5-345、图 5-346）。

图 5-344

图 5-345

图 5-346

提示：

腿法是散打技术中最重要的技法之一，在比赛中使用率最高。腿较手长，可发挥“一寸长，一寸强”的作用。腿较粗壮有力，攻之威力大，防之有效。腿的攻击面大容易得手，腿攻击下盘比较隐蔽，因此拳家常说“手是两扇门，全凭脚打人”、“三分拳七分脚”等，可见腿在散打中的重要地位。

（五）散打的功力练习

功力练习是散手运动的一种独特的训练形式，是以提高打击力量和抗打击能力为主要目的的专门性训练手段。在我国传统武术的练习中，各家拳派都注重武术功法的训练，为我们提供了大量的素材。供散打进行功力练习的方法有：

1. 打沙袋

方法：冲拳打沙袋，掼拳打沙袋，抄拳打沙袋，弹踢沙袋，蹬踢沙袋，踹腿打沙袋，横摆踢腿打沙袋。

2. 打木桩

方法：勾踢木桩，坡踢木桩（用脚弓内侧），臂靠木桩，肩、髋靠木桩。

3. 打墙靶练习

方法：将一块垫子或一打纸固定在墙上或木板上，高度同本人身高。适用于散手技术的多种方法练习，尤以直线性击打效果最佳。

4. 三靠臂练习

方法：两人面对面站立，第一靠：双方同时体右转，带动右臂向前摆相磕于腹前。第二靠：双方同时屈臂外旋，自下而上，相磕于胸前。第三靠：双方同时伸臂内旋，自上而下，两臂相磕于腹前。左右交换往复练习。

5. 靠背练习

两人以背相对，约半步距离，开步站立，两臂屈抱于胸前，用背部相互撞击。

6. 拍打练习

方法：自我拍打，拍击自己的胸、腹、肋等部位。两人相互击打胸、腹、肋部。两人相互踢打胸、背、肋、大腿等部位。

三、实战对抗

（一）拍挡掼拳反击

由实战姿势开始，当对方使用后踹腿进攻时，我方以左拍挡防守；随后以掼拳反击对方面部。对方若以前腿进攻，则以右手防守，左手反击（见图 5-347、图 5-348、图 5-349）。

（二）挂挡冲拳反击

由实战姿势开始，当对方使用后掼拳进攻时，我方以左挂挡防守；随后以右冲拳反击对方面部。对方如以前拳进攻，则以右手防守，左手进攻（见图 5-350、图 5-351、图 5-352）。

图 5-347

图 5-348

图 5-349

图 5-350

(三)掩肘里合腿反击

由实战姿势开始,当对方使用后里合腿进攻时,我方以左肘防守;随后以后腿反击对方肋部。对方如以前腿进攻时,则以右肘防守,前腿反击(见图 5-353、图 5-354)。

图 5-351

图 5-352

图 5-353

图 5-354

提示:

散打技术的进攻与防守同等重要,实战中既要充分发挥进攻技术,又要善于应用防守技术。防守不是被动的,要在防中寓攻,能攻善防才能化解对方的攻击。

四、基本规则与裁判法

(一)散手竞赛基本规则

1. 竞赛中运动员应遵守的礼节

运动员互相携手进场;介绍运动员时,运动员向观众行抱拳礼;每场比赛开始前,运动员相互行抱拳礼;宣布结果后,运动员先相互行抱拳礼,再向裁判员、对方教练员行抱拳礼。

2. 禁打部位与得分部位

禁打部位:后脑、颈部、裆部。

得分部位:头部、躯干、大腿和小腿。

3. 禁用方法和可用方法

禁用方法:用头、肘、膝和反关节的动作进攻对方;用转身后摆腿进攻对方头部;用迫使对方头部先着地的摔法或有意砸压对方;一方倒地,另一方用脚进攻对方头部。

可用方法:除禁用方法外的各种武术流派的招法。

(二)裁判法与场地

1. 裁判方法的运用

主裁判:处理"2"秒有两种情况:互打两秒,抱缠两秒。处理"3"秒:一方使用主动倒地动作时,超过 3 秒钟不进攻,对方得一分。"8"秒:比赛中双方对峙均不主动进攻达 8 秒,指定消极一方进攻,如 8 秒内不进攻,则对方得一分。

边裁判:处理双方同时或依次连续击中有效部位,处理明显击中和击中不明显,处理对提腿动作防守的评分，处理双方互相抱缠乱打乱踢的评分。

2. 散手竞赛场地

场地为长 800cm、宽 800cm、高 60cm 的木质结构台，台面上铺有软垫，软垫上有帆布盖单；台中心画有直径 100cm 的阴阳鱼图。台面边缘有 5cm 宽的红色边线；台面四边向内 90cm 处画有 10cm 宽的黄色警戒线。台下四周铺有高 20～40cm、宽 200cm 的保护垫。

思考题：

武术散打中的基本动作是什么？

第十二节 跆拳道

一、简 介

跆拳道，是一项利用拳和脚进行搏击的对抗性运动。它通过竞赛、品势和功利检验等运动形式，使练习者增强体质，掌握技战术，并培养坚忍不拔的意志品质。

跆拳道产生于古代朝鲜。大约公元前 1 世纪，朝鲜最古老的三个国家(新罗国、高句丽、百济国)先后兴起，三国连年征战不断。为了对抗外侵，三个国家的武士们都把跆拳道作为一项强身健体、保家卫国的搏击术来进行严格的训练。公元 918 年，朝鲜半岛建立了统一的国家即高丽国，跆拳道这一武技也被很好地保留与发展下来。1390 年，李朝开始，在此期间李德懋编著的《武艺图谱通志》是记载跆拳道的优秀代表作之一。1909 年日本出兵侵占朝鲜半岛，许多朝鲜人被迫离乡背井，远涉中国或日本谋生，也把跆拳道传至亚洲一些国家。1945 年，朝鲜人民获得了国家独立，跆拳道也得以健康发展。1961 年 9 月，南朝鲜(今韩国)成立了唐手道协会，后更名为跆拳道协会。1966 年成立了国际跆拳道联盟(ITF)，1973 年 5 月在韩国汉城成立了世界跆拳道联盟(WTF)，截至 1998 年，世界跆拳道联盟已有会员国 144 个。

我国于 1992 年 10 月 7 日成立了中国跆拳道协会筹备小组，标志着跆拳道运动在我国的正式开展。1995 年 8 月正式成立了中国跆拳道协会，同年 11 月中国跆拳道协会被世界跆拳道联盟接纳为正式会员。

目前，跆拳道运动已经成为完全独立的国际体育组织和正规的比赛项目。在世界锦标赛、亚运会和亚洲锦标赛上共设有男女各八个级别。跆拳道每两年举办一次世界锦标赛和世界杯比赛，进一步促使了它在世界的传播和发展。

二、技术练习

(一)准备姿势

两脚开立与肩同宽，两臂垂于体侧；左脚或右脚向另一脚的前方迈出，两脚相距一步距离前后站立，使身体侧对对方，同时两手半握拳，沉肩、两臂屈肘自然垂放(左脚在后是左架准备姿势，以下简称“左架”；右脚在后是右架准备姿势，以下简称“右架”)；重心落在两脚之间，膝部略弯曲，眼睛平视对方面部。

提示：

准备姿势是竞赛跆拳道比赛中双方开始时的基本站立姿势，应便于进攻和防守反击以及步法的移动。两脚之间的距离和重心的高低可根据具体情况进行调整，原则上是在移动时能最快调整好身体重心。

（二）步法

1. 上步

右架站立，右脚向前上一步，成为左架准备姿势，反之亦然（见图 5-355、图 5-356）。

2. 后撤步

右架站立，左脚向后撤一步，成为左架准备姿势，反之亦然（见图 5-357、图 5-358）。

图 5-355

图 5-356

图 5-357

图 5-358

3. 前跃步

左架站立，两脚同时先前跃进一步，保持左架准备姿势，反之右架亦然（见图 5-359、图 5-360）。

4. 后跃步

左架站立，两脚同时向后回撤一步，保持左架准备姿势，反之左架亦然（见图 5-361、图 5-362）。

图 5-359

图 5-360

图 5-361

图 5-362

5. 原地换步

左架站立，两脚原地前后交换，由左架换成右架，反之右架亦然（见图 5-363、图 5-364）。

6. 侧移步

右脚先向右（或向左）侧移动一步，随之左脚也迅速向右（或向左）侧移动一步。一般是把身体重心放在前脚上，以利于进攻（见图 5-365、图 5-366）。

图 5-363

图 5-364

图 5-365

图 5-366

7. 垫步

左架站立，左脚向右脚内侧上部，同时右腿迅速抬起以便进攻和防守（见图 5-367、图 5-368）。

提示：

跆拳道主要是以腿法为主的运动，步法灵活性在一定程度上决定了进攻和防守的能力，尤其在运动员刚开始接触跆拳道这项运动时，要用较多的时间来进行专门的步法练习。

图 5-367

图 5-368

（三）基本腿法

1. 前踢

右架站立，重心移至左腿（见图 5-369）；提起右大腿同时髋部略向左转，膝盖朝前，脚面稍绷直，双手握拳自然垂放在身体两侧（见图 5-370）；继续将髋部关节前送，右大腿先前抬提，当大腿抬至水平或稍高时，向前弹出小腿，用脚面击打目标（见图 5-371）；直接向右转髋使右小腿折叠快收回原位（见图 5-372），然后后撤右腿，还原为右架准备姿势（见图 5-373）。

图 5-369

图 5-370

图 5-371

图 5-372

图 5-373

2. 横踢

右架站立，重心移至左腿（见图 5-374）；提起右大腿同时髋部略向左转，膝盖朝前，大小腿折叠，脚面绷直（见图 5-375）；继续将右大腿向前提高，左脚向外侧移动，右腿快速鞭打踢出小腿，膝盖朝向左侧，用脚面击打对方胸腹部和面部及两肋部（或是所有被护具包围的部位，以下同）（见图 5-376、图 5-377）；击打后，右脚自然落下成左架，然后后撤右脚，还原成右架准备姿势（见图 5-378）。

图 5-374

图 5-375

图 5-376

图 5-377

图 5-378

3. 后踢

右架站立，重心移至左腿（见图 5-379）；以左脚尖为轴，左脚跟外旋，身体向右后方转动（见图 5-380），同时提起右大腿，使大小腿几乎折叠，脚尖勾起，头部稍向右后方转动（见图 5-381）；右腿向后平伸蹬出，在蹬直前膝盖稍外翻（见图 5-382）；用脚跟击打对方胸部和腹部；击打后右脚自然落下（见图 5-383）。

图 5-379

图 5-380

图 5-381

图 5-382

图 5-383

4. 劈腿

左架站立，重心移至右腿（见图 5-384）；提起左大腿，同时向右转髋，使左腿膝盖尽量与胸部贴近，身体重心向上（见图 5-385）；左脚高举过头，左腿伸直贴近身体，身体保持正直或稍前俯，重心向上（见图 5-386）；左脚脚面稍绷直，左腿快速下压，用脚掌或脚后跟下砸对方的头部，身体重心前移至左腿上。身体稍后仰来控制重心（见图 5-387）；击打后，左脚自然落下（见图 5-388）。

图 5-384

图 5-385

图 5-386

图 5-387

图 5-388

5. 后旋踢

右架站立，以左脚尖为轴，左脚跟外旋（见图 5-389）；身体向右后方转，同时提右腿，向斜后方向蹬伸，头部向右后方转动（见图 5-390、图 5-391）；身体继续旋转，右腿向后划一个水平弧线，快速屈膝用脚掌击打对方头部（见图 5-392）；右脚自然落下，还原为右架站立（见图 5-393）。

图 5-389

图 5-390

图 5-391

图 5-392

图 5-393

6. 侧踢

右架站立，将重心移至左脚，同时左脚内旋（见图 5-394）；提右腿，大小腿折叠，同时左转髋，身体右侧侧对对方（见图 5-395）；勾脚面，右腿平蹬出去，用脚掌外侧攻击对方（见图 5-396）；右腿自然下落，并撤回原位（见图 5-397）。

图 5-394

图 5-395

图 5-396

图 5-397

7. 双飞踢

左架站立，重心移至右脚，提起左大腿使用横踢（见图 5-398、图 5-399）；在左脚未落地时立即用右腿横踢，也就是使用两个连续后踢。击打后，两脚自然落下，还原成左架准备姿势（见图 5-400、图 5-401、图 5-402）。

图 5-398

图 5-399

图 5-400

图 5-401

图 5-402

8. 鞭踢

右架站立，重心移至左腿，以左脚前脚掌为轴脚跟内旋（见图 5-403）；身体向左方转动，同时提起右大腿向前，头部向左方转动（见图 5-404）；右腿膝盖朝左内扣，右小腿由外向内有一定弧度的摆动并伸小腿，身体随之侧倾（见图 5-405）；突然屈膝，用脚掌向右横着鞭打对方面部（见图 5-406）；击打后，右脚自然落下，还原成右架准备姿势（见图 5-407）。

图 5-403

图 5-404

图 5-405

图 5-406

图 5-407

9. 前横踢

左架站立，左脚向前垫步，将身体重心移至左腿（见图 5-408）；提起右脚，向前送腿，大小腿稍折叠（见图 5-409）；绷紧脚面，右膝向内，快速弹出小腿（见图 5-410、图 5-411）；右腿自然落下，两腿同时后撤一步，还原成左架准备姿势（见图 5-412）

图 5-408

图 5-409

图 5-410

图 5-411

图 5-412

10. 旋风踢

左架站立，以右前脚掌为轴脚后跟外旋，重心移至右腿(见图 5-413)；身体左后转约 360°，左腿也随着向后转动(见图 5-414)；身体稍后仰，左腿下落的同时右脚蹬地使用右腿横踢技术(见图 5-415)；击打后，两脚自然落下成左架(见图 5-416)。

图 5-413

图 5-414

图 5-415

图 5-416

提示：

跆拳道的腿法讲究变化多样和灵活多端，对人体的柔韧性、大脑反应的灵敏性、身体运动的稳定性都有很高的要求，因此，在跆拳道腿法练习中，还要注意人体机能和体能的综合提高。

三、基本规则与裁判法

(一)允许攻击的部位

1. 躯干

可用拳或脚攻击髋部以上至锁骨以下的部位，但背部没有被护具保护的部位禁止攻击。

2. 面部

从两耳向前的头颈前部，只允许用脚攻击。

(二)跆拳道比赛中的有效得分

1. 有效得分部位

(1)躯干：包括腹部和两肋部。

(2)面部：面部允许被攻击的部位。

2. 有效得分

得分是使用允许的技术，准确有效地击中有效得分部位。但使用允许的技术，攻击被护具保护的非有效得分部位，击倒对方时，按得分计。得分一次累加 1 分(＋1)。最后比分为三局比赛得分总计。

细节了解 5-12

跆拳道比赛的体重级别及称量如下：

级别	男子	女子
Fin(鳍量级)	45 公斤以下	42 公斤以下
Fly(蝇量级)	45～48 公斤	42～44 公斤
Bantam(雏量级)	48～51 公斤	44～46 公斤
Feather(羽量级)	51～55 公斤	46～49 公斤
Light(轻量级)	55～59 公斤	49～52 公斤
Welter(次中量级)	59～63 公斤	52～55 公斤
LightMiddle(轻重量级)	63～68 公斤	55～59 公斤
Middle(中量级)	68～73 公斤	59～63 公斤
LightHeavy(轻重量级)	73～78 公斤	63～68 公斤
Heavy(重量级)	78 公斤以上	68 公斤以上

3. 不计分的情况

(1)攻击后故意倒地；

(2)攻击后有犯规行为；

(3)使用任何犯规行为攻击。

(三)跆拳道比赛中的犯规行为

1. 比赛中任何犯规行为将由主裁判判罚。

2. 如属于多重犯规时，选择严重的一项进行处罚。

3. 处罚分为警告(Kyong-go)和扣分(Gam-jeom)两种。

4. 警告两次扣 1 分(－1)，警告次数为奇数时，最后一次不计。

5. 扣分一次扣 1 分(－1)。

6. 判罚警告的犯规行为：第一是接触行为，如抓住对手、搂抱对手等；第二是消极行为，如故意越出警戒线、转身背向对手逃避进攻等；第三是攻击行为，如用膝部顶撞对手、故意攻击对手裆部等；第四是不当行为，如教练员或运动员示意得分或扣分等。

7. 判罚扣分的犯规行为：第一是接触行为，如抓住对手进攻的脚故意将其摔倒等；第二是消极行为，如越出边界线等；第三是攻击行为，如攻击倒地的对手、故意击打对手后脑或后背等；第四是不当行为，如教练员或运动员有严重的过激表示或行为。

8. 运动员违背竞赛规则或故意不服从裁判员时，主裁判有权直接判其“犯规败”。

9. 犯规累计扣 3 分(－3)者，判其“犯规败”。

10. 警告和扣分按 3 局累计。

思考题：

1. 跆拳道的步法有哪些？

2. 跆拳道允许攻击的部位是哪里？

第十三节　定向运动

一、简　介

定向运动就是利用地图和指北针到访地图上所指示的各个点标，以最短时间到达所有点标者为胜的一项运动。定向运动是一项集智能与体能于一体的运动。被人们称为当代最伟大的运动——智者运动。定向运动通常设在森林、郊外、城市公园或大学校园里进行。

定项运动起源于瑞典。最初只是一项军事体育活动。定向运动本身作为一种体育项目开展是从20世纪初在北欧开始的。到20世纪30年代已在芬兰、挪威、瑞典、丹麦立足。真正的定向比赛于1895年在瑞典斯德哥尔摩和挪威奥斯陆的军营区举行，标志着定向运动作为一种体育比赛项目的诞生。1932年举行了第一次世界定向运动比赛。1961年国际定向联合会(IOF)在丹麦哥本哈根成立。现有成员国63个。“国际定联”是世界定向运动的行政实体，是国际体育联合会总会之一。比较大型的国际定向赛事有：世界定向运动锦标赛(世界水平最高的赛事)、世界青年定向运动锦标赛、定向运动世界锦标赛、世界大师定向运动锦标赛(只允许35岁以上的老运动员参加)、世界公园定向循环赛(只有排名前25名的男女运动员才有资格参赛)。

1991年，我国第一部定向运动竞赛规则出台，从此我国定向运动的发展迈出了崭新的一步。近年来，许多高等院校都将定向运动作为培养学生全面素质的必修课。目前，全国定向锦标赛和全国学生定向锦标赛已发展成为我国定向比赛的传统赛事。2004年，山东大学举办了目前国内参赛人最多的定向赛事，2600多人参加了比赛，在国内定向界引起了轰动。2004年7月，中国国家定向运动队成立，并且参加了同年PWT举办的世界公园分站赛，并取得良好成绩，国内定向运动水平不断提高。

定向运动的形式多种多样，有徒步定向、滑雪定向、山地车定向、轮椅定向等。其中徒步定向又分为白天定向和夜间定向。近年来，百米定向逐渐以一个独立的定向项目在国内出现，本节向大家介绍的主要是徒步定向运动。因此在本节以后出现的定向运动一词都是指徒步定向。徒步定向通常在野外进行，如森林或丘陵地带，也可在城市郊区、城市中心、公园和校园中进行。从拿到地图开始，选手的胜败就完全取决于他个人的识图用图能力、指北针的熟练使用程度、快速辨别方向能力和奔跑能力等。

二、定向运动的装备[①]

一名运动员在比赛过程中所需的装备很简单。一个指北针，或另需一个备用指北针、一张由组委会提供的地图和一个指卡加一身适合赛地的衣着即可。

(一)地图

一张好的地图是赛事成功的基础，同时也是定向运动最重要的基础，它直接关系到比赛的安全性和公正性。假如地图与现地差别太大运动员就可能迷失方向以至于出图甚至误入危险区域而发生意外事故，即使地图相对准确也会增加比赛的偶然性而使赛事有失公平。

① 参见张瑞林《户外运动》，高等教育出版社2005年版，第9页。

因此“国际定联”专门对定向运动的赛事制定了《国际定向运动制图规范》。

1. 比例尺

通常为 1∶15000 或 1∶20000，当需要时也可采用 1∶10000 或 1∶25000。有些公园赛事为了更详细地表示地物地貌也用 1∶4000，1∶5000 或 1∶7500 的比例尺。

2. 等高距

通常为 5m，但一幅地图上不得使用两种等高距。

3. 地图的精度

定向地图的比例尺比一般的军用地图比例尺要大，地图详细地标明了赛区的情况。如：等高线、河流、石块、建筑、道路、水系及植被的茂密程度等，以便于运动员能及时对行进路线进行判断与选择。

4. 比赛路线

定向路线包括：一个起点(用三角形表示)一个终点(用双圆圈表示)和多个检查点(用单圆圈表示)由起点至终点用直线连起来，并在每个检查点都标明了编号(1，2，3，…)比赛中要求运动员按照检查点的编号的顺序依次打卡，漏打或次序错误则成绩无效。如果运动员在比赛过程中漏打点，如 1，2，3，4，6，7，8，…那他必须重新返回漏打的那个 5 点，打完后重新打 6，7，8，…而不能只单纯地补打 5 点(见图 5-417)。

图 5-417　比赛路线

(二)指北针

指北针是定向运动员在比赛过程中所能借助的最重要的工具。指北针通常分为两类：拇指式指北针与基板式指北针(见图 5-418)。

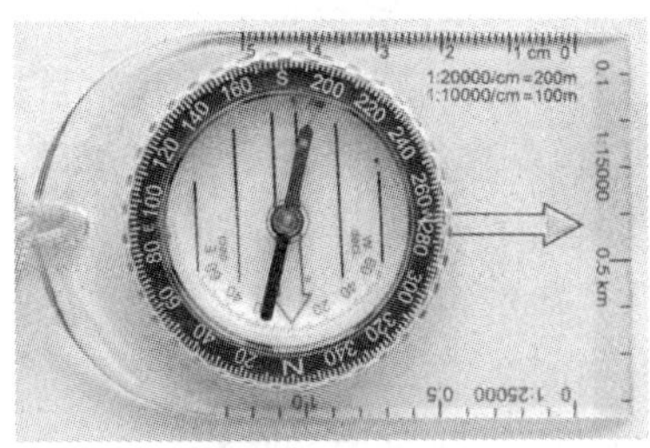

5-418

(三)点标旗

点标旗是运动员根据地图上所表示的检查点的位置在实际环境中所要寻找的标志。它由裁判员事先放置，比赛过程中有专门的看点员看护以防止脱落、遗失或人为损坏。

点标旗是由三面标志旗围成的“灯笼”。每个面的标志旗都呈正方形且沿对角线分开。左上为白色右下为橙色尺寸为 30cm×30cm。比赛中每一个点标旗都标有代号以便于运动员判断是否找到了正确的检查点。

挂点标旗的方法有两种：即有桩式和无桩式，悬挂高度一般在距地面 80～120cm 的高度(以点标旗上的为准)(见图 5-419)。

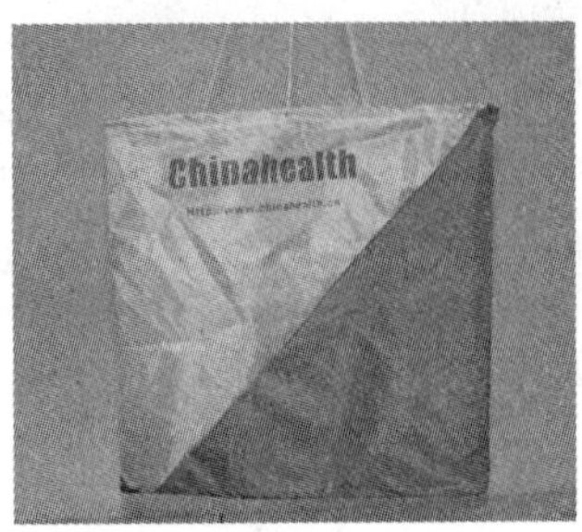

图 5-419

(四)点签

点签是运动员正确地找到检查点的凭据。分为电子点签和手动点签，电子点签现已在国内应用相当普遍，并且许多高校都已配备。与之配套的是指卡，当运动员将指卡与电子卡座感应区相接触时，卡座会发出提示音，且红灯闪烁，此时运动员到访的时间即会写入指卡。当运动员完成比赛后，通过指卡打出成绩条，成绩条上即会清晰显示该运动员成绩是否有效。

（五）检查卡片

为了证明运动员到访各个检查点，主办方会在比赛时给每位运动员一张检查卡片。该卡片用厚纸片做成，当运动员寻找到检查点时，用点签在相应的检查卡上所标识的序号作印痕。作为验证成绩是否有效的凭证。

（六）号码布

号码布的规格一般不超过 24cm×20cm，号码数字的高度不小于 12cm，要求运动员佩戴于胸前及背后。

（七）检查点说明符号

该符号是“国际定联”规定的世界通用的统一符号标志，详细标注了检查点所在的地物、地貌及点标旗与该地物、地貌的位置关系。

三、基本技术与比赛程序

（一）基本技术

1. 地图正置及拇指辅行法

先将地图正置，把拇指放在地图上自己的位置。这样你要前进的方向便在地图前面，使你能清楚地观察四周的环境及地理标志。当前进时，拇指随着移动；当改变前进方向时，地图也要随着转移，即保持地图北向正北方。那样你可以在任何时候都能立即指出自己在图中的位置，节省不少时间和精力。

2. 利用指南针

利用指南针，准确地找出目标的方向，每次前往目标前，可先观察目标周围的地势，加深印象，务求快速及准确地到达目的地。

3. 扶手法

利用明显地理或人做引导标志，使前进时更具信心。如小径、围栅、小溪、山涧等，皆是有用的扶手。

4. 搜集途中所遇标志

辨别前往控制点途中所遇到的地理标志，确保前进方向及路线正确。切勿将相似的标志误认。

5. 攻击点

先找出控制点附近特别明显的标志，然后利用指南针，从攻击点准确及迅速地前往控制点。攻击点必须是容易辨认，如电塔架、小路交点等。

6. 数步测距

先在地图上量度两点间的距离，然后利用我们的步幅准确地测量要走的路程。方法：先量度 100m 我们所需步行的步数(设 120 步)，当我们在地图上发觉由 A 点到 B 点的距离是 150m 便可伸算出应走 180 步。为了减少数步的数目，我们利用“双步数”，只数右脚落地的一步，便可把步数减半。上面的例子双步数为 90 步。

7. 目标偏测

利用指南针前进，把目标偏移，当到达目标的上面或下面，才沿[扶手]进入目标。

除比赛时经常运用上述基本技术外，赛后检讨，找出常犯的错误和原因，加以改善定向技术。初学者应多从基本技术下工夫，切勿操之过急。

(二)比赛程序

报到处—出发区—进行比赛—终点处—重返会场

1. 报到处

运动员在比赛前被带到赛区的报到处，办理登记手续，领取比赛号码布和计时卡。在会场内可查阅赛员的出发时间或有关该次比赛的资料。

2. 出发区

运动员需于出发前十分钟到达出发区，通常出发区距离会场数分钟的路程，运动员须依从赛会指引，自留时间前往，避免迟到。如因个人延误迟到，所损失的时间将不获补偿。

3. 进行比赛

在个人赛中，各组运动员一般每隔一分钟或若干分钟出发一队，出发后运动员必须离开出发方格，以免阻碍其他运动员出发。出发后寻找所须到访的控制点然后返回终点报到。在接力赛中一般集体出发。

4. 终点处

运动员通过跑道，越过计时器后，计时员会把他到达的时间记录下来，然后在地图收集处缴回地图及控制卡。运动员返抵终点后，需迅速离开，以免妨碍后来到达的运动员。

5. 重返会场

运动员将可从布告板上查阅比赛成绩及在稍后时间取回比赛图留念。如有投诉须于成绩公布后五分钟内提出，颁奖后，可各自离场。

思考题：

1. 定向运动中的装备主要包括什么？

2. 简述定向运动的比赛程序？

第六章　传统体育保健项目

重要问题提示

- 了解传统体育保健项目的特点和要领
- 掌握传统体育保健项目的技术技能和套路
- 掌握传统体育保健项目的注意事项

第一节　太极拳

太极拳是我国优秀的民族文化遗产，是一种柔和、缓慢、轻灵的拳术，它以掤、捋、挤、按、采、挒、肘、靠、进、退、顾、盼、定等为基本13势。1956年，由原国家体委组织部分太极拳专家整理编创了二十四式简化太极拳，它以杨式太极拳为基础，化繁为简，将太极拳的主要技术内容和基本规律融入其中，充分体现了太极拳动作柔和、圆活、缓慢、连贯的特点，整套动作练习时间为5～6min。

太极拳动作轻柔圆活，处处带有弧形，运动绵绵不断，势势相承。通过练习，对外能利关节、强筋骨、壮体魄；对内能理脏腑、通筋脉、调精神、修身养性。对调节内环境的平衡、调养气血、缓解身心疲劳、改善人体机能、增强体质十分有益。

2000年5月，中国武协启动太极拳健康月活动，决定将每年的5月定为太极拳月。2000年7月，在国际武联执委会支持中国的太极拳月活动，并将5月定为世界太极拳月。2006年5月20日，太极拳经国务院批准列入第一批国家级非物质文化遗产名录。

一、太极拳的动作要领

1. 头：不可歪斜摇摆，下颏微收，眼要自然平视，嘴要轻闭，舌抵上颚。
2. 颈：自然竖直，转动灵活，不可紧张。
3. 肩：平正松沉，不可上耸、前扣或后张，保持松沉。
4. 肘：自然弯曲下垂，防止僵直或上扬
5. 腕：下沉，劲力贯注，不可松软。
6. 胸：舒松微含，不可外挺或故意内缩。
7. 背：舒展伸拔，不可弓驼，中正竖直，保持身型端正自然。
8. 腰：向下松沉，旋转灵活，不可前弓或后挺。
9. 臀：向内微敛，不可外突。
10. 胯：松正含缩，使劲力贯注下肢，不可歪扭、前挺。

11. 腿：稳健扎实，弯曲合度，转旋轻灵，移动平稳，膝部松活自然，脚掌虚实分清。

二、二十四式简化太极拳

预备势

身体自然站立，两脚垂于大腿外侧；头项正直，口闭齿扣，胸腹放松；眼平视前方（见图6-1）。

（一）起势

1. 两脚开立：身体自然直立，两脚平行分开，与肩同宽；两臂自然下垂，两掌放于大腿外侧，指尖向下；目视前方（见图6-2）。

2. 两臂前平举：两臂慢慢向前平举，高与肩平，同肩宽，掌心向下（见图6-3）。

3. 屈膝下按：上体正直，两腿微屈下蹲；同时两掌轻轻下按，两肘下垂与两膝相对；目视前方（见图6-4）。

（二）左右野马分鬃

1. 左野马分鬃

（1）丁步抱球：上体微向右转，重心移至右腿；同时右臂平屈胸前，掌心向下，左掌经体前向右下划弧放在右掌下，掌心向上，两掌心相对成抱球状；左脚收到右脚内侧成丁步；目视右手（见图6-5）。

（2）左弓步分掌：身体微向左转，左脚向左前方迈出。右腿自然伸直成左弓步；同时上体继续向左转，左右掌随转体慢慢分别向左上右下分开，左掌高与眼平（掌心斜向上），肘微屈，右掌落在右胯旁，屈肘掌心向下，指尖向前；目视左掌（见图6-6）。

2. 右野马分鬃

（1）抱球收脚：上体慢慢后坐，重心移至右腿，左脚尖翘起，微向外撇（大约45°），左脚慢慢踏实，左腿前弓，身体左转，重心再移至左腿；同时左掌翻转向下，左臂收在胸前平屈，右掌向左上划弧放在左掌下，两掌心相对成抱球状；右脚随即收到左脚内侧成丁步；目视左掌（见图6-7）。

（2）右弓步分掌：同左野马分鬃动作（2），唯动作左右相反（见图6-8）。

3. 左野马分鬃：同右野马分鬃，唯左右动作方向相反（见图6-9、图6-10）。

（三）白鹤亮翅

1. 跟步抱球：上体微向左转，右腿跟进半步，左手翻掌向下，上体后坐，同时左臂平屈胸前，右掌向左下划弧，掌心翻向上，与左掌成抱球状；目视左掌（见图6-11）。

2. 虚步分掌：左脚稍向前移，成左虚步；同时上体再微向左转，面向前方，亮掌随转体慢慢右上左下分开，右掌上提停于右额前，掌心斜向左后方，左掌落于左胯前，掌心向下，指尖向前；目视前方（见图6-12）。

（四）左右搂膝拗步

1. 左搂膝拗步

（1）收脚托掌：上体右转，右手至头前下落，经右胯侧向后方上举，与头同高，手心向上，左手上摆，向右划弧落至右肩前；左脚收至右脚内侧成丁步；目视右手（见图6-13）。

（2）弓步搂推：上体左转，左脚向左前方迈出一步成左弓步；左手经膝去上方搂过，停于左腿外侧，掌心向下，指尖向前，右手经肩上，向前推出，右臂自然伸直（见图6-14）。

2. 右搂膝拗步

(1)收脚托掌:重心稍后移,左脚尖翘起外撇,上体左转,右脚收至左脚内侧成丁步;右手经头前划弧摆至左肩前,掌心向下,左手向左上方划弧上举,与头同高,掌心向上;目视左手(见图 6-15)。

(2)弓步搂推:同前弓步搂推,唯动作左右相反(见图 6-16)。

3. 左搂膝拗步

同右搂膝拗步,唯左右动作相反(见图 6-17、图 6-18)。

(五)手挥琵琶

右脚跟进半步,重心移至右腿上,上体半面向右转,左脚略提起稍前移,变成左虚步,脚跟着地,脚尖翘起,膝微屈;同时左掌由左下向上挑举,高与鼻尖平,掌心向右,臂微屈;右掌收回放于左臂肘部里侧,掌心向左;目视左掌食指(见图 6-19、图 6-20)。

(六)左右倒卷肱

1. 左倒卷肱

(1)转体撤掌托球:上体右转,右掌心向上翻,经腹前由下向后上方划弧平举,臂微屈,左掌随即翻掌向上;眼随右手看,再转向前方看左掌(见图 6-21)。

(2)退步推掌:右臂屈肘折向前,左臂屈肘后撤,掌心向上,撤至左肋外侧;同时左腿慢慢提起向(偏左)退一步,脚掌先着地,然后全脚慢慢踏实,重心移到左腿上,成右虚步,右脚随转体以脚掌为轴扭正;目视右掌(见图 6-22)。

2. 右倒卷肱

(1)转体撤掌托球:上体微向左转,同时左掌随转体向后上方划弧平举,掌心向上,右掌随即翻掌,掌心向上;眼随转体先向左看,再转向前方看右掌(见图 6-23)。

(2)退步推掌:同左倒卷肱(2),唯左右动作相反(见图 6-24)。

3. 左倒卷肱:同右倒卷肱(见图 6-25、图 6-26)。

4. 右倒卷肱:同前右倒卷肱(见图 6-27、图 6-28)。

(七)左揽雀尾

1. 转体丁步抱球

上体微右转,同时右掌随转体向后上划弧平举,掌心向上,左掌心向下;眼看左掌,上体继续右转,左掌自然下落逐渐翻掌经腹前划弧至右肋前,掌心向上;右臂屈肘,掌心转向下,收至右胸前两手相对成丁步抱球状,同时重心落在右腿上;目视右掌(见图 6-29)。

2. 转体左弓步掤

上体微向左转,左脚向左前方迈出,上体继续左转,右腿自然蹬直,左腿屈膝成弓步;同时左臂向左前方掤出(即左臂平屈成弓形,用前臂外侧和掌臂向前方推出),高与肩平,掌心向后;右掌向右下落放于右胯旁,掌心向下,指尖向前;目视左前臂(见图 6-30)。

3. 转体翻掌

身体微向左转,左手随之前伸翻掌,掌心向下,右手翻掌,掌心向上,经腹前向上向前挥动伸至左肘内侧,目视左掌(见图 6-31)。

4. 转体后捋

上体右转,两掌向下经腹前向右后上方划弧后捋,直至右掌掌心斜向上,高与肩平,左掌掌心向后,右臂平屈胸前;右腿屈膝,身体重心移至右腿。目视右掌(见图 6-32)。

5. 转体弓步挤

上体微向左转，右臂屈肘回带，右掌附于左掌腕里侧（相距约 5cm），上体继续左转，双掌同时向前慢慢挤出，左掌心向后，右掌心向前，左前臂要保持半圆；同时重心逐渐前移成左弓步；目视左手腕部（见图 6-33）。

6. 后坐收掌

左掌翻掌，掌心向下，右掌经左腕上方向前、向右伸出，高与左掌齐，掌心向下，两掌左右分开，与肩同宽；然后右腿屈膝，重心移至右腿，左脚尖翘起；同时两手屈肘回收至腹前，掌心均向前下方；目视前方（见图 6-34）。

7. 左弓步按

上式不停，重心慢慢前移，同时两掌向前、向上按出，掌心向前；左腿前弓成左弓步；目视前方（见图 6-35）。

（八）右揽雀尾

1. 转身扣脚分掌

右腿屈膝，中心移至右腿，上体后坐右转，左脚尖里扣；右掌向右平行划弧至右侧，掌心向前，目视右掌（见图 6-36）。

2. 丁步抱球

右掌由右向下，经腹前向左划弧至左肋前；左掌掌心向下，左臂平屈胸前，两掌抱球；身体重心移向左腿，右脚收至左脚内侧，成丁步。目视左掌（见图 6-37）。

3. 转体右弓步掤：同左揽雀尾 2，唯左右动作相反（见图 6-38）。

4. 转体翻掌：同左揽雀尾 3，唯左右动作相反（见图 6-39）。

5. 转体后捋：同左揽雀尾 4，唯左右动作相反（见图 6-40）。

6. 转体弓步挤：同左揽雀尾 5，唯左右动作相反（见图 6-41）。

7. 后坐收掌：同左揽雀尾 6，唯左右动作相反（见图 6-42）。

8. 右弓步按：同左揽雀尾 7，唯左右动作相反（见图 6-43）。

（九）单鞭

1. 转体扣脚运掌：上体后坐，重心逐渐移至左腿上，右脚尖里扣；同时上体左转，两掌（左高右低）向左划弧运转，直至左鼻平伸于身体左侧，掌心向左，右掌经腹前运至左肋前，掌心向后上方；目视左掌（见图 6-44）。

2. 转体丁步勾手：重心逐渐移至右腿上，上体右转，左脚向右脚靠拢成丁步；同时右掌向右上方划弧（掌心由里转向外），至右侧方时变勾手，臂与肩平；左掌向下经腹前向右上划弧停于右肩前，掌心向里；眼看左掌（见图 6-45）。

3. 转身左弓步推掌：身体微向左转，左脚向左前侧方迈出，右脚后蹬成弓步；重心转向左腿的同时，左掌随上体继续左转慢慢翻转向前推出，掌心向前，指与眼平，臂微屈；目视左掌（见图 6-46）。

（十）云手

1. 转体云手：重心移至右腿上，身体渐向右转，左脚尖里扣；左掌经腹前向右上划弧至右肩前，掌心斜向后。同时右勾手变掌，掌心向右前；目视左掌（见图 6-47）。

2. 小开立步云手：上体左转，重心随之逐渐左移；左掌由面前向左侧运转；掌心渐渐转向左方；右掌由右下，经腹前向左上划弧至左肩前，掌心斜向后；同时右脚靠近左脚，成小开立步(两脚距离 6～20cm);目视右掌(见图 6-48、图 6-49)。

3. 横跨步云手:上体再向右转,同时左掌经腹前向右上划弧至右肩前,掌心斜向后;右掌向右侧划弧,掌心翻转向右;随之左腿向左横跨一步,目视左掌(见图 6-50)。

4. 小开立步云手:同云手 2(见图 6-51、图 6-52)。

5. 横跨步云手:同云手 3(见图 6-53)。

6. 小开立步云手:同云手 2(见图 6-54、图 6-55)。

(十一)单鞭

1. 转体丁步勾手:上体向右转,右手随之向右划弧,至右侧方时变勾手;左掌经腹前向右上划弧至右肩前,掌心向内;重心落在右腿上,左脚尖点地;目视左掌(见图 6-56)。

2. 转身左弓步推掌:动作同(九)的动作 3(见图 6-57)。

(十二)高探马

1. 跟步翻掌:右脚跟进半步,重心后移至右腿上;右勾手变掌,两掌心翻转向上,两肘微屈;同时身体微向右转,左脚跟微微离地;目视左前方(见图 6-58)。

2. 虚步推掌:上体微向左转,面向前方;右掌经右耳旁向前推出,手指与眼同高;左掌收至左侧腰前,掌心向上;同时左脚微前移成左虚步;目视右掌(见图 6-59)。

(十三)右蹬脚

1. 穿掌:上体微向右转,左掌掌心向上,从右腕背面穿出,双掌交叉。目视双掌中间(见图 6-60)。

2. 弓步开手:上体微左转,左脚向左前方迈出成左弓步;两掌与迈步同时向两侧分开,掌心斜向下,目视右前方(见图 6-61)。

3. 丁步合抱:两掌由外圈向里圈划弧,两掌交叉合抱于胸前,右掌在外,掌心均向后;同时右脚向左脚靠拢,成丁步;目视右前方(见图 6-62)。

4. 分手蹬脚:两手手心向外撑开,两臂展于身体两侧,肘关节微屈,腕与肩平;左腿支撑,右腿屈膝上提,脚跟用力慢慢向前上方蹬出,脚尖上勾,膝关节伸直,右腿与右臂上下相对,方向微右前方约 30°;目视右手(见图 6-63)

(十四)双峰贯耳

1. 收腿落掌:右小腿屈膝回收,左手向体前划弧,与右手并行落于右膝上方,掌心皆翻转向上(见图 6-64)

2. 弓步贯耳:右脚向右前方落下,重心渐前移成右弓步,面向右前方;同时两掌下落,慢慢变拳,分别从两侧向上、向前划弧至面前成钳状,两拳相对,高与耳平,拳眼都斜向内下(两拳相距 6～20cm);目视右拳(见图 6-65)。

(十五)转身左蹬脚

1. 转身扣脚分手:左腿屈膝后左,身体重心移至左腿,身体左转,右脚尖里扣;同时两拳变掌,由上向左右划弧分开平举,掌心向前;目视左掌(见图 6-66)。

2. 丁步合抱:重心再移至右腿,左脚收到右脚内侧成丁步;同时两掌由外向里划弧合抱于胸前,左掌在外,掌心均向后;目视左方(见图 6-67)。

3. 分手蹬脚:同右蹬脚动作 4,唯动作左右相反(见图 6-68)。

(十六)左下势独立

1. 提膝勾手:左腿收回平屈,上体右转;右掌变勾手,左掌向上、向右划弧下落,立于右肩前，掌心斜向后；目视右勾手(见图 6-69)。

2. 仆步穿掌：右腿慢慢屈膝下蹲，左腿由内向左侧(偏后)伸出，成左仆步；左掌下落(掌心向外)，向左下顺左腿内侧向前穿出；目视左掌(见图 6-70)。

3. 弓步挑掌：重心前移，左脚跟为轴，脚尖尽量向外撇，左腿前弓、右腿后蹬，脚尖里扣，上体微左转并前移；同时左臂继续向前伸出(立掌)，掌心向左，右勾手下落，勾尖向后，目视左掌(见图 6-71)。

4. 提膝挑掌：右腿慢慢提起平屈，成左独立式；同时由勾手变掌，并由后下方顺右腿外侧向前弧形摆出，屈臂立于右腿上方，肘于膝相对，掌心向左；左掌落于左胯旁，掌心向下，指尖向前，目视右掌(见图 6-72)。

(十七)右下势独立

1. 落脚转身勾手：右脚下落于左脚前，脚掌着地，然后以左脚前掌为轴转动，身体随之左转；同时左掌向后平举变勾手，右掌随转身向左侧划弧，立于左肩前，掌心斜向后；目视左手(见图 6-73)。

2. 仆步穿掌：同左下势独立 2，唯左右动作相反(见图 6-74)。

3. 弓步挑掌：同左下势独立 3，唯左右动作相反(见图 6-75)。

4. 提膝挑掌：同左下势独立 4，唯左右动作相反(见图 6-76)。

(十八)左右穿梭

1. 左穿梭

(1)转身丁步抱球：身体微左转，左脚向前落地，脚尖外撇，右脚跟离地，两脚屈膝成半坐盘式；同时两掌在左胸前成抱球状(左上右下)；然后右脚收到左脚的内侧，脚尖点地；目视左前臂(见图 6-77)。

(2)斜方弓步架推：身体右转，右脚向右前方迈出成右弓步；同时右掌由脸前向上举并翻掌停在右额前，掌心斜向上；左掌先向左下再经体前向前推出，高与鼻尖平，掌心向前，目视左掌(见图 6-78)。

2. 右穿梭

(1)转身丁步抱球：重心略向后移，右脚尖稍向外撇，随即重心再移至右腿，左脚跟进停于右脚内侧，脚尖点地；同时两掌在右胸前成抱球状(右上左下)；目视右前臂(见图 6-79)。

(2)斜方弓步架推：同左穿梭(2)，唯动作左右相反(见图 6-80)。

(十九)海底针

1. 跟步提掌：右脚向前跟进半步，重心落在右腿；同时上体微向右转，右掌向上提抽至耳侧，掌心仍向左，指尖斜向下；左掌经体前下落，掌心向下，指尖斜向前。目视前下方(见图 6-81)。

2. 虚步插掌：上体微向左转，面向前方，右掌从耳侧向斜前下方插下，指尖向前下，掌心向左；左掌向左划弧按在左胯旁，掌心向下；左脚稍前移，膝部微屈成左虚步，目视前下方(见图 6-82)。

(二十)闪通臂

上体微向右转，左脚向前迈出一步，屈膝成左弓步；右手由体前上提，屈臂上举，停于右额前上方，掌心翻转斜向上，拇指朝下；左掌上起经胸前向前推出，高于鼻尖平，掌心向前；目视左掌(见图 6-83、图 6-84)。

(二十一)转身搬拦捶

1. 转体扣脚:重心后移,右腿屈坐,左脚尖内扣;身体右转,右手摆至体右侧,左手摆至头左侧,掌心均向外;目视右手(见图 6-85)。

2. 坐腿握拳:重心左移,左腿屈坐,右腿自然伸直;右手握拳向下、向左划弧停于左肋前,拳心向下,左手举于左额前;眼向前平视(见图 6-86)

3. 踩脚搬拳:右脚提收至左脚内侧,再向前迈出,脚跟着地,脚尖外撇;右拳经胸前向前搬压,拳心向上,高与胸平,肘部微屈,左手经右前臂外侧下落,按于左胯旁;目视右拳(见图 6-87)。

4. 转体收拳:上体右转,重心前移,右拳向右划弧至体侧,拳心向下,左臂外旋,向体前划弧,掌心斜向上(见图 6-88)。

5. 上步拦掌:上体右转,重心前移,右拳向右划弧至体侧,拳心向下,左臂外旋,向体前划弧,掌心斜向上(见图 6-89)。

6. 弓步打拳:上体左转,重心前移成左弓步;右拳向前打出,肘微屈,拳眼向上,左手微收,掌指附于右前臂内侧,掌心向右(见图 6-90)

(二十二)如封似闭

1. 穿掌交叉:左掌由右腕下向前伸出,右拳变掌,两掌心向上。目视前方(见图 6-91)。

2. 后坐收掌:上体后坐,右腿屈膝,左脚尖翘起,重心移至右腿上;同时两臂屈肘,两掌慢慢分开回收至胸前翻掌,落于两肋前;目视前方(见图 6-92)。

3. 弓步推掌:两掌向下经腹前再向上向前推出,腕部与肩平,掌心向前;同时左腿成左弓步;目视前方(见图 6-93)。

(二十三)十字手

1. 转身右侧弓步分掌:向右转身,重心移至右腿,左脚尖里扣;右掌开始向右划弧平摆;右脚尖外撇,右腿屈膝,左腿自然蹬直,成右弓步;同时右掌随着转身继续向右平摆划弧,与左掌成两臂侧平举,肘部略屈,两掌掌心向前。目视右掌(见图 6-94、图 6-95)。

2. 收脚合抱:重心慢慢移至左腿,右脚尖里扣,随即向左收回,两脚距离与肩同宽,两腿逐渐蹬直,成开立步;同时两手向下经腹前向上划弧交叉合抱于胸前,两臂撑圆,腕高与肩平,右掌在外,成十字手,掌心均向后;目视前方(见图 6-96、图 6-97)。

(二十四)收势

两掌外翻,掌心向下,两臂慢慢下落,停于身体两侧;目视前方(见图 6-98、图 6-99)。

三、二十四式简化太极拳附图

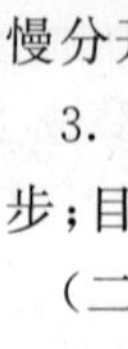
图 6-1

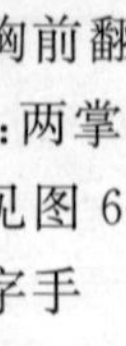
图 6-2

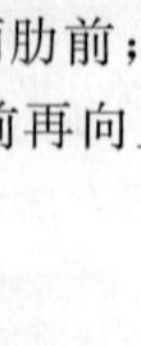
图 6-3

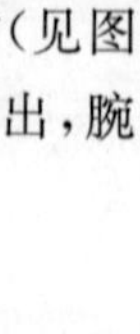
图 6-4

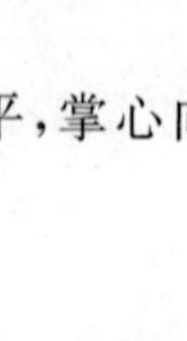
图 6-5

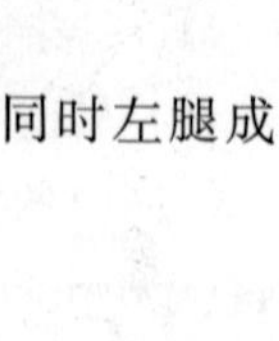
图 6-6

图 6-7

图 6-8

图 6-9

图 6-10

图 6-11

图 6-12

图 6-13

图 6-14

图 6-15

图 6-16

图 6-17

图 6-18

图 6-19

图 6-20

图 6-21

图 6-22

图 6-23

图 6-24

图 6-25

图 6-26

图 6-27

图 6-28

图 6-29

图 6-30

图 6-31

图 6-32

图 6-33

图 6-34

图 6-35

图 6-36

图 6-37

图 6-38

图 6-39

图 6-40

图 6-41

图 6-42

图 6-43

图 6-44

图 6-45

图 6-46

图 6-47

图 6-48

图 6-49

图 6-50

图 6-51

图 6-52

图 6-53

图 6-54

图 6-55

图 6-56

图 6-57

图 6-58

图 6-59

图 6-60

图 6-61

图 6-62

图 6-63

图 6-64

图 6-65

图 6-66

图 6-67

图 6-68

图 6-69

图 6-70

图 6-71

图 6-72

图 6-73

图 6-74

图 6-75

图 6-76

图 6-77

图 6-78

图 6-79

图 6-80

图 6-81

图 6-82

图 6-83

图 6-84

图 6-85

图 6-86

图 6-87

图 6-88

图 6-89

图 6-90

图 6-91

图 6-92

图 6-93

图 6-94

图 6-95

图 6-96

图 6-97

图 6-98

图 6-99

思考题：

1. 太极拳的动作要领是什么？
2. 二十四式简化太极拳的动作名称是什么？

第二节　五禽戏

五禽戏是我国汉代名医华佗编创的最早的成套保健体操，它包括虎戏、鹿戏、熊戏、猿戏和鸟戏，动作各有特点，功效各不相同而又连贯成套，具有一定的强身健体和医疗保健作用。

华佗以医学家的眼光来看待运动与健康的关系，指出运动有助于促进消化（“动摇则谷气得销”）和心血管系统的正常工作（“血脉流通”）从而促进新陈代谢机能，达到健体强身、防病于未然的目的。

华佗五禽戏的原套路早已失传，现在流传版本中华佗五禽戏最接近的，是保存在南朝梁代“陶弘景”《养生延命录》中的《华佗五禽戏诀》。目前流传的五禽戏，属后人托名编制，种类较多。

一、手型介绍

五禽戏的手型包括虎爪、鹿指、熊掌、猿勾和鸟翅五种。

虎爪：五指张开，虎口撑圆，第一、二指关节弯曲下扣（见图 6-100）。

鹿指：拇指向外撑开、伸直，食指、小拇指伸直，中指、无名指弯曲内扣（见图 6-101）。

熊掌：五指弯曲，大拇指扣压食指第一指节上，其余四指并拢弯曲，虎口撑圆（见图 6-102）。

猿勾：五指指腹捏拢、屈腕（见图 6-103）。

鸟翅：五指伸直，拇指、食指、小拇指向上翘起，无名指、中指并拢向下（见图 6-104）。

图 6-100

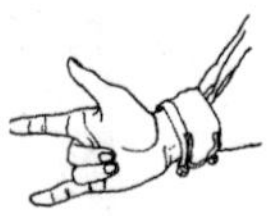
图 6-101

图 6-102

图 6-103

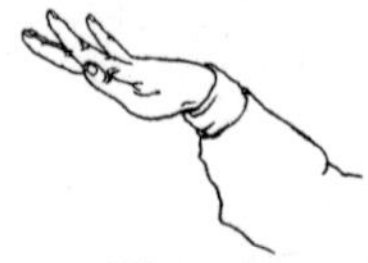
图 6-104

二、五禽戏动作要求

预备势：

两脚并步站立，两手放于体侧；眼平视前方，成站立式（见图 6-105）。以后各戏均以站立势开始和结束，每势独立进行。

（一）虎戏

1. 虎窥

（1）左腿向上抬起，大腿与地面平行，再向左前方迈步，成左弓步；两手成虎爪状，沿体侧经胸向前下按至左腿两侧（见图 6-106）。

（2）上体右转，带动两手向右后划弧摆动；低头眼随两手（见图 6-107）。

（3）上体向左转正；两手随转体向外、向前划弧回到左腿两侧，同图 6-106。

（4）再右脚向右前方迈步，做右式，动作同图 6-106、图 6-107，唯左右相反。

2. 虎抓

（1）左脚向左前方伸出，重心后移，身体后仰，上体与左腿成一条直线；两臂屈肘上举于肩上；眼看上方（见图 6-108）。

（2）重心前移，右脚向前落于左脚内侧，脚尖点地，两腿弯曲，成右丁步；同时，两手向内经胸前各划弧一周，左手落于左肩外侧，高与头平，掌心向上，右手落于左肩前，掌心向下；目视左手（见图 6-109）。

（3）左脚蹬地，右脚向右前方跨一大步，成左跪步；左手向前、向下按至右脚内侧，右手向下、向后摆至右腿外侧，掌心向后下；目视左手（见图 6-110）。

（4）再上体抬起做右式，动作同图 6-108、图 6-109、图 6-110，唯左右相反。

3. 虎扑

（1）左脚侧分与肩宽；两手向前平举，掌心向下，与肩同高（见图 6-111）。

（2）两掌心翻转向上，两手臂向下划弧；同时两腿弯曲（见图 6-112）。

（3）两脚用力蹬地，两手向上摆，跳起身体呈反弓状（见图 6-113）。

（4）膝、肘、手同时落地，成虎扑状（见图 6-114）。

（5）两手推直，上体抬起；目视前方（见图 6-115）。

4. 虎卧

（1）左脚上步，脚尖着地，成左高虚步；右手沿体前上托至头上，掌心朝上，左手下按于腹前，掌心朝下（见图 6-116）。

（2）右手在头上顺时针划弧后，再向下划至腹前，掌心向上；同时，左手经左侧向上划弧至头上，掌心向上；身体微左转（见图 6-117）。

（3）上体右转微前倾，两腿下蹲，成歇步；右手向上划弧，屈肘落至右耳侧，掌心斜向上，左手向下划弧，经体前，臂内旋伸直，后举至体左侧，手高于头，掌心斜上，两臂如拉弓状；眼看左手（见图 6-118）。

(4)再右脚上步做右式，动作同图 6-116、图 6-117、图 6-118，唯左右相反。

(二)鹿戏

1. 鹿兴

(1)左腿屈膝上提，成右独立式；两手成鹿指沿体侧上举过头，掌心向前；眼平视前方(见图 6-119)。

(2)左脚向前落步，右腿屈膝后举，脚高于膝，并超过支撑腿外侧；上体前倾；两臂屈肘下落，两手拇指架于头顶两侧；眼视左脚(见图 6-120)。

(3)右腿不落地，向前屈膝上提，做右式，动作同图 6-119、图 6-120，唯左右相反。

2. 鹿跑

(1)上体前俯，两腿弯曲半蹲，左脚尖点地，成左丁步；两臂屈肘外展，两手置于肩外侧，指尖向前；眼视下方(见图 6-121)。

(2)左脚前跨一步，膝伸直，右脚蹬地后摆，成燕式平衡；同时，两手向前伸出，手臂伸直，指尖向前；抬头，眼视前方(见图 6-122)。

(3)右脚落地成右式，动作同图 6-121、图 6-122，唯左右相反。

3. 鹿抵

(1)两腿屈膝下蹲，左脚尖点地，成左丁步；两臂屈肘，两手握拳，掌心相对；眼看左前方(见图 6-123)。

(2)左脚向左前方上步，成左弓步；同时，两手向左前方冲出，上体前倾，右臂、身体、右腿成一条线，掌心相对；眼视左拳(见图 6-124)。

(3)左脚蹬地，右脚往左前跳一步，左腿提起；两拳收回到两肩；眼视右拳(见图 6-125)。

(4)左脚前落，成左弓步；同时，两手再向左前方冲出，拳心相对，眼看左拳(见图 6-126)。

(5)右脚收至左脚内侧，两臂屈肘，再做右式，动作同图 6-123、图 6-124、图 6-125、图 6-126，唯左右相反。

4. 鹿盘

(1)左脚向前上步，脚尖点地，成左高虚步；两臂屈肘，两手成鹿指，左手在腰间，右手在头上，掌心相对，掌指和眼神对圆心(见图 6-127)。

(2)左脚微收回，再向前迈步，脚尖稍外展踏实，右脚向前经左脚内侧，摩擦地面而过，脚尖略内扣，如此连续沿圆圈走八步(见图 6-128)。

(3)走完八步，以脚掌为轴，身体左转约 270°，之后屈膝下蹲成歇步；两手中指和眼神始终对圆心(见图 6-129)。

(4)身体直立，右脚向前上步做右式，动作同图 6-127、图 6-128、图 6-129，唯左右相反。

(三)熊戏

1. 熊摆

(1)左脚向左前方上步，成弓步；同时左肩前靠，左臂内旋摆至左膝前，右臂摆至右髋后侧(见图 6-130)。

(2)重心后移，拧腰晃膀，带动两臂前后摆动(见图 6-131)。

(3)再左臂朝前，右臂朝后，重心前移，成左弓步；同时左臂内旋摆至左膝前，右臂摆至右髋后侧(见图 6-132)。

(4)右脚向右前方上步，做右式，动作同图 6-130、图 6-131、图 6-132，唯左右相反。

2. 熊晃

(1)左脚向左前方上步,上体前俯,右腿屈膝向上后摆;同时两手成熊掌向上经体前下摆落至左脚,左手摸左脚跟,右手摸左脚尖(见图 6-133)。

(2)上体直起,重心移向右脚,做右式,动作同图 6-133,唯左右相反(见图 6-134)。

3. 熊倒

(1)两脚开立;两臂屈肘两手上提至胸前,掌心向前(见图 6-135)。

(2)两腿屈膝,身体向后倒地,头不触地;两脚离地,膝关节稍屈(见图 6-136)。

(3)整个身体向左滚动一次(见图 6-137 侧),再向右滚动一次(见图 6-138 侧),左脚、右脚依次向前各蹬伸两次;两手在胸前顺势自然向前摆动(见图 6-139 侧)。

(4)两腿屈膝收至胸前(见图 6-140 侧),再两脚前伸下压,脚掌着地,身体随之起立,成站立式。

4. 熊攀

(1)两脚开立同肩宽;两拳慢慢沿着身体两侧向上提起至头顶,然后变掌,两臂伸直;眼视上方(见图 6-141)。

(2)握拳,两手下拉至胸前;身体左右上引四次,脚跟随之提起(见图 6-142)。

(3)上体前俯,两膝伸直,两拳沿体前下落至脚前变掌前摆(见图 6-143)。

(4)上体直起,两手沿着两腿前上行至体侧。

(四)猿戏

1. 猿跃

(1)左脚向左前方跳一步,右脚收至左脚内侧,脚尖点地,成右丁步;左手成勾手在左耳侧,右手成勾手在右腰侧;眼视右前方(见图 6-144)。

(2)右脚向右前方跨跳一步,成左丁步;右手上举至右耳侧,左手下落至左腰侧;眼视左前方(见图 6-145)。

(3)动作同图 6-144(见图 6-146)。

(4)左脚为支撑,右脚提起划两个平圆圈,脚跟着地(见图 6-147)。

(5)身体右转 360°,成小马步;以腰为轴,上体快速前后抖动数次,两臂屈肘夹胸随之抖动(见图 6-148)。

(6)右脚向右前跨跳一步,做右式,动作同图 6-144、图 6-145、图 6-146、图 6-147、图 6-148,唯左右相反。

2. 猿采

(1)左脚向左前方跳一步,成右丁步;左勾手在腰间,右臂屈肘内旋,右掌附于额前,掌心朝下,指尖朝右;眼视右前方(见图 6-149)。

(2)右脚向右侧跨跳一步,右腿伸直,左腿后摆,高于臀部;同时,左手向上、向前屈腕勾摘,勾尖向下,右手变勾,摆至体后,勾尖向上(见图 6-150)。

(3)左脚落地,身体左转 180°,向左后方作一个抢背(见图 6-151)。

(4)两脚依次着地,成右跪步,左勾手在左耳侧,右勾手在腰间;眼看右前方(见图 6-152)。

(5)右脚向右前方跨跳一步,做右式,动作同图 6-149、图 6-150、图 6-151、图 6-152,唯左右相反。

3. 猿摩

(1)左脚向左前方跨跳一步,成右丁步;两手向前分开划弧收至背后成空拳,用掌指关节凸起处,沿腰脊两侧上下按摩 6 次,左右转头各 2 次,配合眨眼、叩齿(见图 6-153)。

(2)右脚向右前方跳一步,做右式,动作同图 6-153,唯左右相反。

4. 猿挠

(1)左脚向右脚前上步,两腿屈膝下蹲,成歇步;左臂屈肘内旋,左手举至额前,手心向下,指尖向左;眼视左上方,右手置于右腰侧(见图 6-154)。

(2)左臂外旋,左手指尖转向右;眼视右上方(见图 6-155)。

(3)左臂内旋,左手指尖转向左;眼视左上方(见图 6-156)。

(4)两手收至胸前,依次用指尖扣击膻中、人中、百会穴各 3 次(见图 6-157、图 6-158)。再做挠头动作左右各 2 次(见图 6-159、图 6-160),然后两手成勾手置于胸前,微耸肩;眼平视前方(见图 6-161)。

(5)右脚上前一步,做右式,动作同图 6-154、图 6-155、图 6-156、图 6-157、图 6-158、图 6-159、图 6-160、图 6-161,唯左右相反。

(五)鸟戏

1. 鸟伸

(1)左脚向前一步,重心前移,右脚尖点地;两手变鸟翅状,右手上举至头顶上方,掌心朝上,左手下按于体侧左后,掌心朝后;眼平视前方(见图 6-162)。

(2)两臂同时向前立抡一周,上体前俯,两腿屈膝,再右手下摸左脚尖,左手后抬;眼视右手(见图 6-163)。

(3)左膝蹬伸,右腿伸直后摆过臀;两臂伸直后摆,掌心向上,成燕式平衡;抬头,眼视前方(见图 6-164)。

(4)右脚下落上步,做右式,动作同图 6-162、图 6-163、图 6-164,唯左右相反。

2. 鸟顾

(1)左脚向前上步,重心前移,右脚尖点地;两手向两侧分开成一字形;眼平视前方(见图 6-165)。

(2)两手顺时针各划立圆半周交于胸前。再上体左转前倾,两腿屈膝,成歇步;同时右臂屈肘,右手拉于右额前,掌心向里,左臂向左后斜下摆直,掌心向上;眼视左手(见图 6-166 侧)。

(3)右脚上步,做右式,动作同图 6-165、图 6-166 侧,唯左右相反。

3. 鸟翔

(1)左腿屈膝提起,向前伸直;同时两手从腰间向前伸出,手背相对(见图 6-167)。

(2)重心前移,左脚落地,右脚收至左脚内侧,成右丁步;同时,两手向两侧分开,成一字形后,再向下落至左腿前;上体前俯(见图 6-168)。

(3)左腿伸直,右脚直腿后摆,高于臀部;同时两手经体侧举至肩平,成燕式平衡;抬头,眼视前方(见图 6-169)。

(4)右脚落至左脚内侧,成右丁步;两手落至左腿前(见图 6-170)。

(5)两手再向两侧分开至肩高;同时右腿向前直摆,高于髋(见图 6-171)。

(6)左腿屈膝全蹲,右脚不动;两臂顺势下落于体侧,掌心向下(见图 6-172)。

(7)左腿伸直,重心上起,两手举至肩高(见图 6-173)。

(8)两臂屈肘,收于腰间;同时,右腿屈膝(见图 6-174)。

(9)两臂前伸做右式,动作同图 6-167、图 6-168、图 6-169、图 6-170、图 6-171、图 6-172、

图 6-173,唯左右相反。

4. 鸟落

(1)两腿屈膝,左脚跟提起;两手相合,在腹前交叉;眼视前下方(见图 6-175)。

(2)右腿伸直,左腿屈膝提起;两手由体侧举至肩高,眼平视前方(见图 6-176)。

(3)左脚落地,右脚跟提起;两手下落至腹前交叉,眼视前下方(见图 6-177)。

(4)左腿伸直,右腿屈膝提起;两手由体侧举至肩高;眼平视前方(见图 6-178)。

(5)两手下落在腹前交叉;右脚落地,左脚跟提起;眼视前下方(见图 6-179)。

(6)两手经体前上举至头上方;右腿伸直,左腿屈膝提起;眼平视前方(见图 6-180)。

(7)左腿屈膝,右脚跟提起;两手分开经体侧下落至腹前交叉;眼视前下方(见图 6-181)。

(8)左腿伸直,右腿屈膝提起;两手经体前上举至头上方;眼平视前方(见图 6-182)。

(9)两腿屈膝全蹲,两手分开经两侧下落摸脚外侧;眼视前下方(见图 6-183)。

(6)上体直立,两手垂于体侧,成站立式(同图 6-105)。

三、五禽戏动作附图

图 6-105

图 6-106

图 6-107

图 6-108

图 6-109

图 6-110

图 6-111

图 6-112

图 6-113

图 6-114

图 6-115

图 6-116

图 6-117

图 6-118

图 6-119

图 6-120

图 6-121

图 6-122

图 6-123

图 6-124

图 6-125

图 6-126

图 6-127

图 6-128

图 6-129

图 6-130

图 6-131

图 6-132

图 6-133

图 6-134

图 6-135

图 6-136

图 6-137 侧

图 6-138 侧

图 6-139 侧

图 6-140 侧

图 6-141

图 6-142

图 6-143

图 6-144

图 6-145

图 6-146

图 6-147

图 6-148

图 6-149

图 6-150

图 6-151

图 6-152

图 6-153

图 6-154

图 6-155

图 6-156

图 6-157

图 6-158

图 6-159

图 6-160

图 6-161

图 6-162

图 6-163

图 6-164

图 6-165

图 6-166 侧

图 6-167

图 6-168

图 6-169

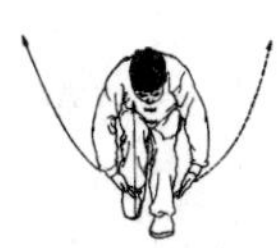
图 6-170

图 6-171

图 6-172

图 6-173

图 6-174

图 6-175

图 6-176

图 6-177

图 6-178

图 6-179

图 6-180

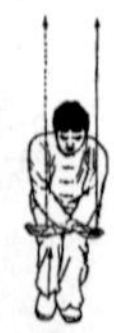

图 6-181

图 6-182

图 6-183

思考题：

五禽戏的手型包括什么？

第三节　八段锦

八段锦是北宋开始出现的一种成套术式导引，全套由八节连贯动作组成。在我国古老的健身术中，八段锦是流传最广、对导引术发展影响最大的一种。

八段锦是我国古代各种导引术的新发展，它注重精炼成套、简便易行，肢体活动兼保健按摩，并与中医理论相结合，主要用于健体祛病，是古代导引术逐步走向简约化的表现。正因为如此，宋代以后数百年来，它一直受到人们的喜爱，成为独立的一支，不断向前发展。

八段锦可分为坐式和立式两大类：坐式八段锦首见于《修真十书》（作者不详），题为《钟离八段锦法》。此种八段锦的特点是：采取盘趺坐式，将多种散式导引术融为一体，构成环环相扣的套路系统，并以精、气、神贯注其中，而且难度适中。从坐式八段锦的歌诀和说明来看，它是以肢体运动为主，并不是静坐法。明代嘉靖年间，河滨丈人撰《摄生要义》，以《钟离八段锦法》为基础，编成《导引约法十六式》，以后冷谦撰《修龄要旨》，又将其改为《十六段锦》，清乾隆年间，徐文弼编辑《世寿传真》将《八段锦导引法》的歌诀和说明作了改动和补充，改名为“十二段锦”，进一步完善了八段锦功法。

立式八段锦首见于南宋曾慥著《道枢・众妙篇》，其文字尚未歌诀化，亦未定名，而在南宋陈之覲《事林广记・修真秘旨》中，定名为《吕真人安乐法》，其文已歌诀化，但立式八段锦歌诀直至清末才固定下来。清末《新出保身图说・八段锦》一文，首次以八段锦命名，并绘有图像，此八段锦为立式八段锦较完整的套路式，至今广为流传。立式八段锦行功时采取立式，以肢体运动为主，类似现代健身操。在近代流传过程中，分为南北两派。南派行功时采取立式，动作柔和，北派行功时多采用马步，动作刚劲。

一、功法学练

(一)两手托天理三焦

1. 两脚并拢,自然站立;两臂垂于体侧;眼平视前方(见图 6-184)。

3. 左脚向左跨一步,与肩同宽;两手经腹前交叉上举至头顶上方;眼随两手(见图 6-185)。

3. 两手向体侧左右分开下落,成侧平举,掌心向上。之后,两膝伸直,上体前俯,两手翻掌向下,在头下方十指交叉互握(见图 6-186)。

4. 上体抬起,两手沿身体中线上提至胸前,翻掌上托,提踵,抬头;眼视手背(见图 6-187、图 6-187 侧)。

5. 脚跟着地,两手左右分开,下落于体侧(见图 6-188)。

(二)左右开弓似射雕

1. 左脚向左平跨一大步,相距约三脚宽,屈膝下蹲,成马步;两手提至侧平举。之后,两臂屈肘合拢,交叉于胸前,右手在外,两掌心向里;同时,重心作移,右脚屈膝提起,脚踝靠于左大腿上(见图 6-189)。

2. 右手握拳,拳眼向上,屈肘向右平拉,同时,左臂食指上翘,拇指外展伸直,其余指屈曲,缓缓用力向左推出,高于肩平,掌心向左;眼视左手(见图 6-190)。

3. 右脚下落,成马步,再做右式,动作同图 6-189、图 6-190,唯左右相反。

4. 左脚下落,成马步;左臂伸肘,两臂侧平举,掌心向下(见图 6-191)。

(三)调理脾胃须单举

1. 上体左转,马步变左弓步;左手握拳收至腰侧,右手握拳随转体向下、向前屈肘举起,高与头平,拳心向里;眼视右拳(见图 6-192)。

2. 上体前俯,右拳变掌下按至左脚尖前(见图 6-193)。

3. 上体右转,左弓步变为右仆步,再过渡到右弓步;同时,右手随重心移动,经体前贴近地面划弧至右脚尖前;眼视右手背(见图 6-194)。

4. 上体抬起;右手翻掌上举,手臂伸直,掌心向上,指尖向左,左拳变掌向后推按,掌心斜向下,指尖朝前;抬头挺胸;眼视右手背(见图 6-195)。

5. 右掌变拳,向前下落,收至腰间;左掌变拳,向前举至头前,再做右式,动作同图 6-192、图 6-193、图 6-194、图 6-195,唯左右相反。最后,两臂下落于体侧,左脚收回,并步站立。

(四)五劳七伤往后瞧

1. 左脚向前跨一大步,成左弓步;同时,两手侧分,再向前平举,高于肩平,掌心向下;眼视前方(见图 6-196 侧)。

2. 重心后移,左脚尖翘起外展;两臂屈肘,交叉合抱于胸前,掌心向里;眼随两手(见图 6-197 侧)。

3. 上体左转,重心前移,左脚踏实屈膝,右腿伸直,后跟提起;两手翻掌右前左后立掌撑开;眼视左手(见图 6-198 侧)。

4. 上体右转,左脚向后收回;两臂向前合拢平举,下落于体侧。再做右式,动作同图 6-196 侧、图 6-197 侧、图 6-198 侧,唯左右相反。

(五)摇头摆尾去心火

1. 左脚向左平跨一大步,屈膝下蹲,成马步;两手经体侧上举,在头前交叉下落按于膝上,虎口向里;眼平视前方(见图 6-199)。

2. 身体向右前方深俯,最大幅度向左摇转,右腿蹬伸,重心左移,拧腰切胯;眼视右下方(见图 6-200)。

3. 上体向左前方深俯,最大幅度地向右摇转,左腿蹬伸,重心右移,拧腰切胯;眼视左下方(见图 6-201)。

4. 上体直起,两手划弧胸前环抱,掌心向里,指尖相对;眼视前方(见图 6-202)。

5. 上体稍向左转,两臂随之摆动(见图 6-203)。

6. 上体顺时针环绕一周,两臂随之平绕一周(见图 6-204 侧、图 6-205)。

7. 上体逆时针环绕一周,两臂随之平绕一周,同图 6-203、图 6-204 侧、图 6-205,唯左右相反。

(六)双手攀足固肾腰

1. 两臂体前上举至头顶,抬头挺胸(见图 6-206 侧)。

2. 上体前俯,两手随之经体前下落,攀握脚尖,两膝伸直(见图 6-207)。

3. 上体直起,两手抓握左脚尖,牵动左腿上举,脚高于腰,两膝伸直(见图 6-208 侧)。

4. 右腿全蹲,全脚掌着地,左腿高于水平(见图 6-209 侧)。

5. 右腿蹬直,左脚高于腰(见图 6-210 侧)。

6. 上体前俯,两膝伸直,两手抓握左脚尖下落与右脚靠拢(见图 6-211 侧)。

7. 上体直起,两手松开,沿大腿内侧上行至腹前(见图 6-212)。

8. 两手左右分开,沿带脉向后按于肾俞穴;上体后仰、抬头(见图 6-213 侧)。

9. 上体前俯;两手沿大腿后下移至脚踝,再沿脚外沿,向前攀握两脚尖,同图 6-207。

10. 两手抓握右脚尖,做右式,动作同图 6-208 侧、图 6-209 侧、图 6-210 侧、图 6-211 侧,唯左右相反。

11. 两手松开,沿脚外侧向后抱握脚踝,上体与腿贴紧,两膝伸直(见图 6-214 侧)。

12. 两手松开,沿脚外侧向前摆动(见图 6-215 侧)。

13. 上体直起,两手沿大腿内侧上行至腹前,左右分开落于体侧,并步站立。

(七)攒拳怒目增气力

1. 左脚向左平跨一步,屈膝下蹲,成马步;两手握拳收至腰间(见图 6-216)。

2. 左拳向前冲出,拳心向下;瞪目怒视左手(见图 6-217)。

3. 左拳收回,右拳向前冲出,拳心向下;瞪目怒视右手(见图 6-218)。

4. 右拳收回。上体左转,成左弓步;同时,两臂体前交叉上举至头上方,分开向下平劈拳,右拳在前,左拳在后,高与肩平;眼视右手(见图 6-219)。

5. 上体右转 180°,成右弓步;同时,两臂下落,体前交叉上举至头上方,分开向下平劈拳,左拳在前,右拳在后,高与肩平;眼视左手(见图 6-220)。

6. 上体左转,成马步;两臂屈肘,平收于胸前交叉,拳心向里(见图 6-221)。

7. 两臂伸肘,向两侧崩弹拳(见图 6-222)。

8. 两臂下落体侧,左脚收回,并步站立。

(八)背后七颠百病消

1. 脚跟上提，两臂屈肘，两手背后上行至脊柱两侧，按压于肾俞穴上；脚跟不着地，身体上下抖动 7 次，再尽力提踵，随之脚跟轻轻着地，两手落于体侧（见图 6-223）。

2. 两臂从体侧举至头顶上方，掌心向上（见图 6-224）。再转掌心向下，经体前徐徐下按至腹前，两手分开，落于体侧（见图 6-225）。

二、八段锦动作附图

图 6-184

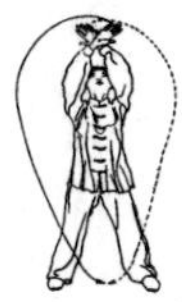
图 6-185

图 6-186

图 6-187

图 6-188

图 6-189

图 6-190

图 6-191

图 6-192

图 6-193

图 6-194

图 6-195

图 6-196

图 6-197 侧

图 6-198 侧

图 6-199 侧

图 6-200

图 6-201

图 6-202

图 6-203

图 6-204

图 6-205 侧

图 6-206

图 6-207 侧

图 6-208

图 6-209 侧

图 6-210 侧

图 6-211 侧

图 6-212 侧

图 6-213

图 6-214 侧

图 6-215 侧

图 6-216 侧

图 6-217

图 6-218

图 6-219

图 6-220

图 6-221

图 6-222

图 6-223

图 6-224

图 6-225

思考题:

八段锦的动作名称是什么?

第四节　保健按摩

按摩术是劳动人民在长期的生产劳动实践和同大自然作斗争中产生的。许多防病治病的手法在民间广泛流传。经过几千年的发展,形成了中医学中一门完整的学科。所以它在理论上和实践中有其系统性和完整性;又简单易学、见效快,深受民众欢迎。

按摩术突出的特点是施术者仅以手或身体其他部位,通过特殊手法(有时需要一定的按摩递质,如滑石粉、加施药酒、按摩乳效果更佳)作用于人体特定部位,如腧穴、肌肉、痛点等,即可调理人体的生理、病理状态、达到防病治病的目的。

一、保健按摩的基本方法

按摩应针对施术的部位、症状,用不同的技法。基本技法细分起来有几十种。常用的有:推法、拿法、按法、点法、拨法、摩法、揉法、搓法、抖法、颤法、拍法、踩法等等。

推法:推法是用指、掌或肘部着力于一定部位上,进行单方向的直线推动(见图 5-226)。

拿法:术者以拇指与食指相对用力于施术部位,并做持续而有节律的拿提动作(拇指与食中指相对用力叫三指拿法;拇指与其余四指相对用力叫五指拿法)(见图 5-227)。

按法:以手指、掌的不同部位或肘尖,置于经穴或其他部位,逐渐用力加压的手法叫按法(见图 5-228)。

点法:以指端、肘尖或屈曲指关节突起部位,着力于施术部位或穴位,按而压之,戳而点之,称点法。

拨法:以指端或指腹部,深按于施术部位,按压到一定深度后,待有酸胀感时,再做与肌纤维(或肌腱,韧带)或经络成垂直方向的拨动(如弹拨琴弦状)的手法,叫拨法(见图 5-229)。

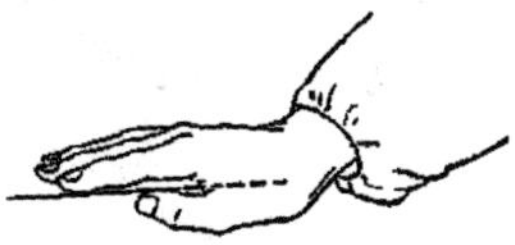

图 6-226

图 6-227

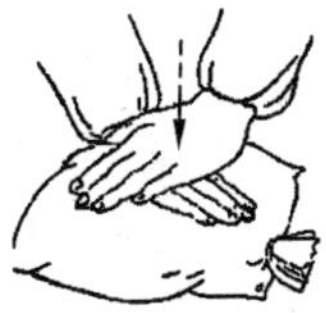

图 6-228

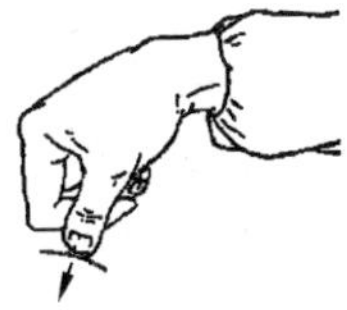

图 6-229

揉法：以指掌吸定在施术部位，进行左右，前后的轻柔缓和的内旋、外旋、转动，带动局部皮下组织的手法，叫揉法。揉法和摩法有相似之处，摩法着力轻，不带动肌肤，揉法则着力较重，操作时带动局部肌肤筋脉（见图 6-230）。

搓法：搓法是两手对揉动作，操作时双手夹住肢体，相对用力，作方向相反的快速揉搓并同时作上、下方向往返移动（见图 6-231）。

抖法：术者握肢体远端做摇转导引，使整个肢体呈波浪起伏抖动，或以掌正置于施术部位，做左右、前后的旋转抖动及往返的操作，均称抖法（见图 6-232）。

拍法：手指自然并拢掌，指关节处微屈曲，用手腕处摆动，带动虚掌着力于施术部位，平稳而有节奏地反复拍打的手法，叫拍法。

踩法：以医者的体重作为按摩的力量，用脚踩踏受术者身体的一定部位或经穴进行推压、揉搓等脚法，达到舒筋活血、理气通络、防治疾病的按摩方法（见图 6-233）。

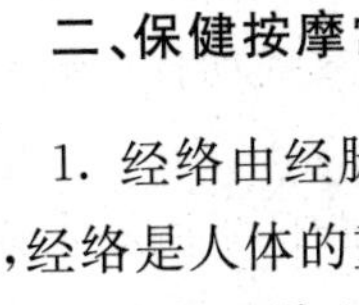

图 6-230

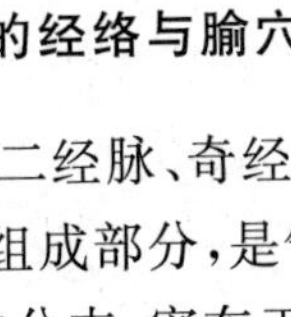

图 6-231

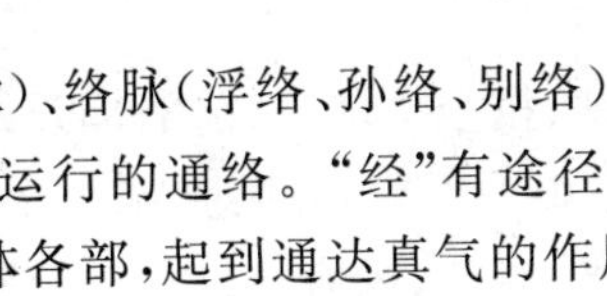

图 6-232

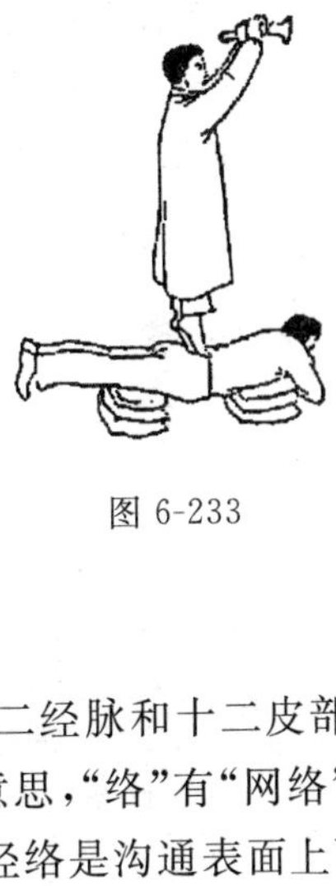

图 6-233

二、保健按摩常用的经络与腧穴简介

1. 经络由经脉（十二经脉、奇经八脉）、络脉（浮络、孙络、别络）、十二经脉和十二皮部组成，经络是人体的重要组成部分，是气血运行的通络。“经”有途径的意思，“络”有“网络”之义。络脉是经脉必出的分支，密布于机体各部，起到通达真气的作用，经络是沟通表面上下，联系脏腑的独特系统。

其流注衔接顺序如下：

手太阳→手阳明→足阳明→足太阳→手少阳→手太阳
肺经　大肠经　胃经　脾经　心经　小肠经
↑　　　　　　　　　　　　　　　↓
足厥阳←足少阳←手少阳←手厥阳←足少阳←足太阳
肝经　胆经　三焦经　心包经　肾经　膀胱经

2. 常用腧穴

(1)百会

百会又名泥九宫、三阳、五会、天满。是人体督脉上的要穴,位于两耳尖直上连线头顶正中处。是手法按摩要穴,可治头痛、头晕、目眩、健忘、惊悸、失眠、耳鸣、神经衰弱、鼻塞、中风失语等病症。

(2)印堂

位于两眉之间,主治头痛、头晕及神识之病。

(3)太阳

在目外侧与眉稍外陷处。可用于散结气、治头痛、偏头痛、眼睛疲劳、牙痛等。

(4)风府

风符又称曹溪、鬼穴。在项后入发际1寸,两风池穴连线中点,颈顶窝处,为气通任督之要路。主治感受风邪,或气机紊乱。

(5)风池

在风府两侧,项肌外缘凹陷处。为风邪致脑之要冲,主治头痛、颈部酸痛、落枕、失眠、眼睛疲劳等。

(6)肩井

肩井又称膊井。在肩上凹陷处,为手足少阳、足阳明、阳维之会穴。可治颈项、手臂、背部疼痛、麻木不仁等症。

(7)肾俞

在第二腰椎下旁开1.5寸。主治:肾虚耳聋、腰痛、梦遗、滑精、月经不调等。

(8)合谷

在手臂第一、二掌骨之间,约平第二掌骨之中点。主治:牙痛、头痛、发热等。

(9)足三里

在外膝眼下3寸。主治:腹痛、头晕、目眩、下肢冷麻等。

(10)涌泉

在足底、足趾屈曲时呈凹陷处。是导气要穴。

三、自我保健按摩

(一)头部

1. 以十个手指指腹揉、按全头部,从前额部开始,力量持续,深透,由浅入深。双食指或中指从印堂开始按压头正中一条线,至风府穴。分推前额部,捏双眉。

2. 点太阳、百会、头维、风池、风府。以手指指腹扣击头部,力量稍轻,有节奏感。

作用:疏通经络,清神明目、开窍醒脑。可用于头部健康保健,恢复脑力,以及头痛、头晕、失眠等症的治疗。

(二)揉腹

左手在下右手在上(女子相反),内外劳宫穴相对,劳宫穴对准脐下一点五寸之气海穴,自左至右用暗劲顺时针方向推摩36次。推摩时范围逐渐扩大,最后上至剑突下的鸠尾穴,下至脐下五寸之曲骨穴,再反向推摩24次,最后回归原位。女子相反,先逆时针36次,再顺时针24次。

作用:气海穴为任脉的重要穴道,按摩此穴有强壮作用,为保健要穴。

（三）上肢按摩

1. 浴臂：放松手臂，一手从另一手臂肩部开始，缓慢沿手臂内侧向手部推抚，至手时有胀感，再从腕部沿手臂外侧拉抚到肩部为一次，做 8～18 次。

作用：此法循手三阴经、手三阳经路线，循经推摩能疏通经络，改善气血运行（见图 6-234）。

2. 旋揉内外关：拇食二指按在另一手臂内外侧正中腕横纹上二寸之内、外关穴，正反各旋揉 36 次。

作用：宽胸理气，宁神和胃，治疗热证感冒、偏头痛、耳鸣等。内关的位置见图 6-235。

3. 扣脉门：食、中、无名三指扣手腕上桡动脉处，即中医诊脉的地方，来回扣动 100 次。

作用：调和脏腑气机，通全身气血。

4. 揉合谷：右手掌放于左手背侧，大拇指来回环揉手阳明大肠经的合谷穴 50 次（拇、食指夹紧，手背一侧鱼际肌突出的最高点即是合谷穴）。

作用：此穴为全身四总穴之一，能祛风解表，通络镇痛。还能治疗感冒、头昏、困倦、耳鸣、神经衰弱等。

以上四式，每式都是做完左臂再做右臂。女子反之。

（四）浴腰搓命门

搓热两手背，半握拳，掌指骨节抵于脊柱正中，手背紧靠两侧腰肌，上下搓浴，令腰部发热即可。

作用：可温补命门火，培元补肾。对腰痛、肾亏及软组织损伤所致腰疾均有疗效（见图 6-236）。

（五）下肢按摩

1. 浴腿通经络：两手对搓，待手心发热时，将一手放在大腿外侧，另一手放在大腿内侧，从大腿根部推到脚踝部，然后再由脚踝部推至大腿根部为一次。两腿交替重复各九次。

作用：足三阳经从头走足，行于下肢外侧，足三阴经自足走腹，行于下肢内侧。循经络按摩能疏通经络，通气血，祛淤滞，消除肌肉紧张，防止腿疾（见图 6-237）。

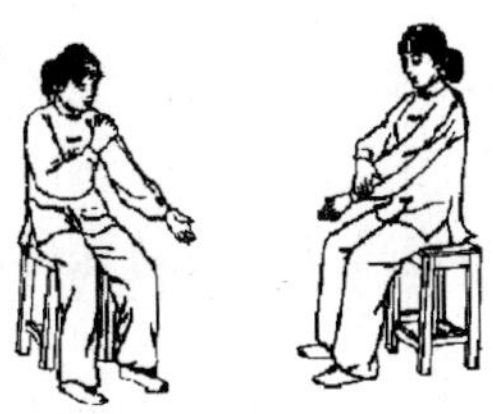

图 6-234

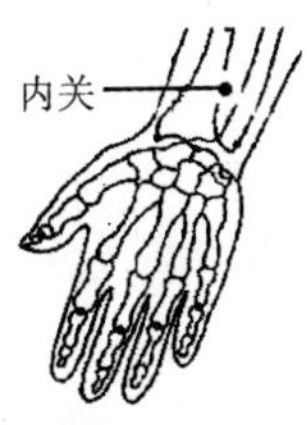

图 6-235

图 6-236

图 6-237

2. 按揉委中穴：双腿放松，同侧手的拇指按揉委中穴（此穴位于腘横纹中央）正反各 36 次。

作用：委中穴为全身四总穴之一，有清血泻热，舒筋通络，祛风湿，强腰膝之功效。委中穴定位见图 6-238。

3. 按揉足三里：同侧手拇指或中指旋揉足三里穴（外膝眼下三寸，胫骨外侧约一横指）各 100 次。

作用：此穴为足阳明胃经所入的和穴，也为全身四总穴之一。按揉此穴能健脾和胃，调补气血。足三里定位见图 6-239。

4. 摩涌泉：左腿放于右膝上，右手掌之劳宫穴与左脚涌泉穴相对，用微力左右各旋摩100次。接着用左手掌心对右脚涌泉进行旋摩。

作用：劳宫穴属手厥阴心包经，摩此穴能清热熄风，安神和胃。涌泉为足少阴肾经之穴，有开窍醒脑，宁神定志之效，主降一切。两穴合用以滋肾水，潜肝阳，降心火，使水火即济，心肾相交，对夜睡不宁、多梦易惊之症有很好的治疗效果。久摩此穴还可防“寒从足底起”。可祛风湿。涌泉穴定位见图 6-240。

图 6-238

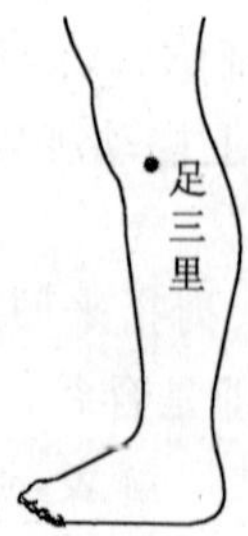

图 6-239

图 6-240

四、动运按摩

（一）对运动损伤的按摩

1. 先做轻柔抚摩，以解除肌肉痉挛，使患者能很好地配合治疗。

2. 用按、揉、拿、拨等手法对伤处进行按摩，以达到舒筋活血、消肿散淤止痛。力度应由轻到重，再由重到轻。具体因人而异，根据受术者情况而定，切忌使用暴力。按摩应从肌肉近端开始，至远端结束，几种手法可交叉、反复多次进行。早期患者不宜进行手法治疗，可轻柔、抚摩。24h 后可进行手法治疗。

（二）运动后的放松按摩

运动后进行按摩可以舒筋通络、活血化淤、促进血液循环、加快代谢、放松肌肉、消除肌肉紧张、预防运动创伤。

放松按摩以踩跷为主要手段。此方法操作省力、方便、简单、实用、效果好。

操作方法：

1. 足压法：以足根、足掌、足趾在施术部位踩压。可定点踩压，也可交替走动踩压，持续用力踩压。

2. 足揉法：以足掌或足跟在施术部位作顺时针或逆时针揉动。可双足同时揉动，也可一足揉动。

3. 足搓法：以足掌或全足底在施术部位进行搓动。

4. 足拨法：以足跟或足拇趾沿筋垂直方向左右拨动。

5. 足叩击法：以足拇趾或足跟在施术部位进行叩击。

6. 足颤法：以双足或单足置于施术部位，足由上至下进行有节律的颤动。

7. 足加压法：先用足跟置于施术部位，逐渐下压。然后抬起足跟用拇趾下压并颤动。

以上方法可用于肩、背、腰、臀、上下肢。力量深透达肌肉深层，力度以受术者能耐受为度。

五、保健按摩的注意事项

（一）禁忌证

1. 严重的心、脑、肺部疾病或极度疲劳者。

2. 出血性疾病：如白血病、再障、过敏性紫癜等。

3. 皮肤病及皮肤缺损者。

4. 传染性疾病：如结核、肝炎等。

5. 肿瘤患者。

6. 骨结核、骨髓炎、严重的骨质疏松、骨折初期、关节脱位复位后初期。

7. 月经期、孕妇慎用。

8. 严重症状而且诊断不明者慎用。

（二）按摩的手法要求

好的手法应做到持久、有力、均匀、柔和。“持久”是指在施术时，动作和力度能保持连贯，手法持续地运行；“有力”是指手法必须达到的力量，这种力量因受术者、施术部位、手法性质而有变化；“均匀”是指动作的节奏不可忽快忽慢、用力不可时重时轻；“柔和”是指动作的稳柔灵活和力量的缓和，使手法轻而不浮、重而不滞。

思考题：

1. 保健按摩的基本方法是什么？

2. 十二经脉的流注顺序是什么？

3. 保健按摩的注意事项包括哪些内容？

第七章　体育欣赏

重要问题提示

- 体育欣赏的本质特征及含义
- 体育欣赏的内容
- 体育欣赏能力的培养

第一节　体育欣赏概述

现代体育在发展过程中，不断提升其审美意蕴，增强其欣赏性和娱乐性，注重美的创造与发掘，尤其是体育比赛，更是运动员创造美与观众欣赏美的过程。今天摆在我们面前的问题是：如何欣赏体育？如何提高观众的欣赏水平？对于当今在校的大学生来说，不仅要参与体育锻炼，而且还要懂得如何欣赏体育，提高体育欣赏水平，在体育运动中发现美，接受美的教育。

一、体育欣赏的本质特征及含义

当我们坐在电视机前，专注于NBA球星的娴熟球艺、陶醉于巴西令人赏心悦目的“艺术足球”、沉浸在艺术体操运动员的优美舞姿的时候，我们正在进行着一种特殊的精神活动——体育欣赏活动。体育欣赏的能力是每一位观众都拥有的一种能力，每个人都具有或简单或丰富的欣赏经验。因为，人人都具有感受形式美的眼睛，具有感受音乐美的耳朵，特别是又具有接受外界美的信息的心理结构，使人有可能随时把存在于体育实践中的具有美的性质的事物作为感受的对象，从而使人成为欣赏活动的主体。认识体育欣赏的本质特征及含义，必须从体育欣赏活动的主体及客体的关系入手，把体育欣赏看成是作为主体的人的一种特殊的精神活动。由此，体育欣赏的本质特征应该包括以下四个方面：

（一）精神性

人类的体育欣赏活动不同于物质实践活动。物质实践活动的目的是改变客体的面貌、性质，使客体服从或服务于人的物质需要。而体育欣赏活动不同，它是在人的精神领域中进行，活动的目的、手段和结果并不改变客体的面貌和性质。在体育欣赏活动中，虽然人的心理活动异常活跃，但作为体育欣赏对象的客体事物并没有任何改变。主体在体育欣赏活动中获得的不是物质产品，而是一种精神成果——美感。认识体育欣赏活动的精神性，能够帮助我们从人类所进行的各种活动中准确把握体育欣赏的本质。

（二）自由性

在体育欣赏中，主体没有直接的功利目的，它只是把客体作为欣赏、观照的对象，而不是要改变客体的面貌、性质，以满足自己的现实需要，因而客体对主体不具有反抗的性质，主体对客体也不施加压抑和逼迫，人们完全可以按照自己的爱好、趣味自由地作出判断。从而，人们在体育欣赏活动中达到了感性与理性的和谐统一，人的个性得到充分的张扬和展示，这正是由体育欣赏的自由性所决定的。

(三)动态性

体育欣赏活动是人的一种精神性活动，整个活动过程没有改变客体的性质和面貌，客体也没有因为主体的关注而改变，表面看起来是静态的，但实际上这是一个动态的过程。当主体开始进入体育欣赏活动后，眼睛和耳朵便开始把美的信息传向大脑，随之人的各种生理要素和心理能力便被调动起来。客体在主体的观照中由表象而意象，与主体交互作用，最后达到和谐统一的境界。由主客体关系的变化过程来看，体育欣赏活动是一个动态的过程。

(四)愉悦性

在体育欣赏活动中，愉悦性贯穿始终。人们之所以欣赏体育实践活动，直接原因就是它在一定程度上使人的精神得到满足，并给人以愉快的心理体验。

根据以上分析，可以概括出体育欣赏的基本含义：所谓体育欣赏，就是人们对体育实践过程进行自由观照的一种精神性活动，是发生在主客体之间的充满愉悦性的交流、感应的动态心理过程。

二、体育欣赏的途径

(一)直接欣赏

直接欣赏是指亲身对体育欣赏对象——体育赛事现场进行观看、感受、参与等，所谓直接，就是指与体育赛事共处同一时空。直接欣赏能够感受到体育赛事的氛围和观众群体所带来的集体约束性，在这种集体约束中感受自我对体育赛事的欣赏，不仅能够对体育赛事由个体性的感受和认知，而且还能体会到群体性的欣赏倾向，是陶冶情操的良好习练场所；但是由于体育场地的空间属性，决定了直接欣赏不能全面地、多层次地感受体育赛事的整体效应，场地的局限性是直接欣赏的客观障碍。

(二)间接欣赏

间接欣赏是指通过媒介对体育赛事的欣赏，包括动态间接欣赏和静态间接欣赏，所谓动态间接欣赏是指通过电视、互联网等媒体实时对体育欣赏对象的感受和体验，突出动态和实时性，能够增强个体的体育欣赏素养，深化个体对体育的认识，但是由于缺少现场的环境感受，往往会助长自我意识，虽然通过媒体技术，能够较为全面地欣赏整个体育对象，但是间接欣赏会因缺少现场氛围而徒失姿色。静态欣赏主要是指通过报纸、期刊、书籍等媒介而进行的跨越时空的欣赏行为，其灵活性、自主性较大，是开展体育欣赏教育的有利手段，静态欣赏能够开发欣赏者的想象力和理解力，还能为欣赏者提供较为广泛的交流空间，增加对欣赏的认识深度和广度。

三、体育欣赏的意义

(一)缓解压力，享受生活

随着现代社会知识更新周期的日益缩短和生活节奏的加快，人们越来越面临着工作、生活、学习上的巨大压力。体育欣赏成为缓解这种压力的有效途径之一。在体育欣赏活动中，人们可以暂且忘记生活的烦恼，尽情享受体育带来的快乐。人们可以通过鼓掌、呐喊、唱歌等形式来尽情地发泄自己，释放在工作、生活、学习中产生的压力，从而在繁忙的工作之余高质量地享受生活。

（二）分清美丑，陶冶情操

雨果说："丑就在美的旁边，畸形靠近着优美，粗俗藏在崇高的背后，恶与善并存，黑暗与光明相共。"对于体育实践来讲，处处都存在着美，但也夹杂着不少丑的现象，如假球、黑哨、球迷骚乱、服用兴奋剂等都是体育实践中不和谐的因素。在现代体育比赛中，由于许多外在的、非正常因素的介入，干扰比赛的正常秩序。有些人或某些国家利用手中的权力或金钱，公然违背体育道德，亵渎体育的神圣，影响体育的健康发展，极大地伤害了欣赏者的感情。进行体育欣赏，在欣赏过程中树立正确的体育欣赏观，提高体育欣赏能力，自觉地抵制丑的现象。同时从运动员遵循比赛规则、恪守运动道德、服从裁判、公平竞争等行为中接受美的教育，进一步陶冶情操。

（三）丰富情感，感受竞争

现代社会在演进过程中，一定程度上压抑了人类情感的正常发展。高科技的运用，忽略了人们情感的平衡，单调的工业生产也使人的情绪不佳，而现代生活方式是家庭逐渐缩小，亲属情感疏远，给社会带来许多情感问题。欣赏体育运动可以有效地解决这类问题，例如欣赏竞技体育，可以从运动员的拼搏中增强自豪感；欣赏群众体育，可以从团结协作中提高对集体的信赖感；欣赏家庭体育，可以从和睦欢乐的气氛中增强家庭的归属感……欣赏体育运动，丰富了现代人的情感生活。

现代社会又是一个竞争激烈的社会，没有竞争力很难在社会上找到自己的立足之地。而体育运动最能体现公平竞争的法则。欣赏激烈的体育比赛，感受竞争的存在，可以提高欣赏者的竞争意识。

（四）认识自己，了解世界

随着现代体育的发展，越来越多的国家和民族融入到体育这个大家庭中来。各民族可以在各式各样的体育比赛中，充分展示自己独特的民族体育文化，同时，也为观众了解不同国家、不同民族的文化提供了机会。通过不同国家运动员的同场竞技，观众可以欣赏到不同风格的技术、战术；也可以通过这种体育欣赏，认识自己国家的体育发展水平，了解世界各国的技术特点，以及不同运动项目的发展趋势。

第二节　体育欣赏的内容

在体育实践中，美无处不在，"对于我们来说，不是没有美，而是缺乏一双发现美的眼睛"。为了提高对体育美的认知水平，杜绝不健康、不道德及缺乏价值的内容，本节概括了体育欣赏三个方面的内容。

一、身体美

（一）含义

身体美是指人的身体经过体育运动所获得的一种健康美，如匀称和谐的体态，全面发展的身体素质等。身体美不同于一般意义上的人体美，它不仅仅是指身体的外形，还包含体格、生命力及其他精神因素。而人体美主要指人的外部形态，如体型、容貌等。可以说，身体美是一种动态的美，而人体美是一种静态的美。如果维纳斯像塑造的是理想的人体美的话，那么，健美运动员追求的则是真正的身体美。从美学的角度看，只有具备了改造客观世界的能力，并能自由发展、完善自己的身体才是健康的身体，才是美的身体。从这种意义上说，体操运动员肌肉发达的身体、长跑运动员瘦削的身体、举重运动员粗壮的身体、摔跤运动员高大魁梧的身体都是美的身体，都能给人以美的享受；相反，一切病态的、衰弱的身体，在体育欣赏中都不具有真正的身体美。例如，有些女运动员不顾身体健康，采取服用兴奋剂等手段以取得好成绩，结果丧失女性体态特征，从外形上看与男运动员相差无几，这种病态的身体不能给人以真正的美感。

（二）主要内容

人类的身体是有活力的身体，它的美表现在多个方面。在长期的体育欣赏实践中，人们逐渐认识到，身体美主要包含以下三方面的内容：

1. 健康美

细节了解 7-1

健康美

著名诗人马雅可夫斯基说："世界上没有任何一件衣衫能比健康的皮肤和发达的肌肉更美丽。"

健康美是对人健康的美学描述，它是体育运动所追求的理想目标。根据健康的定义，评价健康美应该从身体的外部特征、体质和精神状态三个方面加以分析。

健康美的外部特征表现为：身体各组成部分协调一致，肌肉、骨骼等形体结构理想组合，其中肌肉发达且富有弹性，肤色红润而有光泽。

在体质方面，健康美主要表现为：肌肉运动的能力、对外界环境的适应能力和抵抗疾病的能力高，具有较高的人体质量。

健康美还包括人的精神面貌和心理发展水平。一般来讲，乐观向上、积极进取、对生活和事业充满信心等，都是一个人健康美的具体表现。

2. 体态美

体态美是通过体育运动使骨骼、肌肉等人体组织得到正常发育后所具有的形体和姿势上的美。人的身体形态受遗传因素的影响最大，但经过后天的体育锻炼，也可以对人的身体形态加以改进和控制，并使之逐步完善。所以，评价一个人是否具有身体美，通常把体态美作为一个重要的指标来看待，而评价体态美的形式要素主要是比例、匀称、和谐与线条。

比例。人的身体比例是指人体各部分之间的数学关系，它是人们所向往的理想体态的平均值。追求健康身体的合理比例，一直是体育运动所追求的目标之一。早在两千多年以前，古希腊人就提出了"黄金分割法"和"头身比例法"，这在今天的体育界和美术界仍有重要的影响。他们认为，数学上的黄金分割比例关系（1∶1.618）也适用于人体，如人体从肚脐分界，下半身大则美；若双手垂直于地面，中指尖到头顶的部分大，则形体更美。头身比例是指人的头和身体的比例为1∶8，符合这种比例的人体是美的人体。人类身体比例的美学原则体现了合目的性与合规律性的统一。体育运动可以全面发展人的身体，使人的身体合乎理想的比例关系，并进而成为人们的欣赏对象。

匀称。人的身体匀称是指身体各部位的均衡和对称。在通常情况下，匀称的身体更能充分表现出体育美。对身体匀称美的欣赏，一般人都具有这种能力。我们知道，两肩不一样高，两腿不一样长，这样的身体不会是匀称的身体，也不会是美的身体。但在体育欣赏实践中，有一种特殊情况应该区别对待，就是特殊的运动需要往往会使运动员身体的某些部位变得相对突出，导致整个身体看起来不够对称。

和谐。人的身体和谐是指身体各组成部分多样统一的协调关系，主要表现在三个方面：人体形态各要素的和谐，各器官、系统功能上的和谐，人的外部形态、内部功能与运动形式在机能上的和谐。和谐是优美的基本特征，一个人的身体美首先表现出来的就是和谐。从美学角度来说，身体和谐是人在体育运动方面的合目的性与合规律性的统一，是人的目的向理想尺度转化的结果。

线条。身体线条是指人身体的外部轮廓。根据人们的一般欣赏经验，男女的线条是不一样的。男性的身体线条多平直、有棱角，显出一种刚劲有力、粗犷豪放之美；女性的身体线条更圆润、有曲线，显示出秀美、柔和的特征。无论男性还是女性，均可以通过体育运动，自觉地按照“美的规律”加以塑造，形成自己理想的身体轮廓线条。

3. 风度美

风度美是指人的风采、气度的美。虽然风度与人的思想文化修养有密切的关系，但它毕竟是通过人体的活动而表现出来的，因此，在这里把风度美列为身体美的一个部分。

体育运动不仅能塑造健美的体格，而且也能培养健康的人格。在长期的体育实践中，这种健康的人格可以使运动员和教练员形成一种风度美，比如尊重对手，服从裁判，关心队友，珍惜荣誉，自重自强等。风度美一般具有两个基本特征：一是符合社会道德规范，二是表现出鲜明的个性特点。例如，在球类比赛中，裁判的误判是不可避免的。在这种情况下，有的运动员表示理解，能立刻遵守裁判的判罚，并向队友示意。这一切给人的印象极为深刻，使人觉得他们的风度非常美，从而引起崇敬之感。相反，在比赛场上追打对手、围攻裁判等行为就不具备风度美，会让人产生反感。

二、运动美

(一)含义

运动美是指人在体育实践中，通过身体运动所呈现的一种动态的美。运动美是体育美的重要内容，同时也是体育美的基本表现形式。

细节了解 7-2

运动美

美国学者劳伦斯·沙费认为：“人的胡作妄为的运动不可能是美的。只有经过训练的运动才是美的，体育之运动和表演艺术均可用来说明经过训练的运动。”

运动是体育的根本属性，没有运动也就没有体育。这里所说的运动，是专门指体育中的人体运动，是人类有目的、有意识地进行长期锻炼的结果。它既不同于动物的运动和人体本能的活动，也有别于人在社会生活中的实用动作。体育运动不仅要受严格的技术规范所限定，同时还要受高度的运动技巧所约定。因此，人类的体育运动是一种自我创造的活动，人体只有在这种活动中所表现出来的美，才是真正具有体育意义的运动美。

（二）基本内容

1. 技术美

技术美是指人在完成各种体育动作时，从方法和技巧上表现出来的美。技术美在体育运动中最为常见，如马拉多纳巧妙的过人技术、乔丹精妙绝伦的空中投篮、霍尔金娜优美流畅的高低杠动作等等。运动技术作为体育欣赏对象，之所以能给人以美感，就是因为它是人类在体育实践中的一项伟大创造。这种创造的过程表现在运动者能够准确、协调地完成各种体育动作，以此向自然显示人的本质力量。动作的准确性、协调性、连贯性和节奏感构成了技术美的主要特征。

运动技术本身是不断发展的，随着体育科技水平的提高和人们对体育运动认识的深化，一些更加符合人体运动规律的先进技术不断被创造出来。例如跳远运动，人们起初采用蹲踞式技术，当后来出现了挺身式技术的时候，蹲踞式就显得比较陈旧，以至于在大型的田径比赛中已无人采用。当新的走步式技术问世后，就连曾经风靡一时的挺身式技术也受到了冷落。这一切说明，运动技术是开放式的，是在不断发展的，所以人们的欣赏倾向也须随之而改变。

在世界体育大赛中，人们经常会看到，具有同等运动水平的优秀选手往往会表现出不同的技术特点。例如巴西队和德国队是两支世界足球劲旅，都曾多次夺得世界杯冠军，其中巴西队 5 次，德国队 3 次。虽然两队都创造了优异的运动成绩，但两队的技术特点并不一样，巴西球员讲究技巧、配合，德国球员则强调力量、速度。技术虽然不同，但都用最美的形式表达了体育美的内容。所以，从体育欣赏角度来看，不能把不同特点的技术分成高低优劣来欣赏和评价。

人们在长期的体育实践中，根据运动需要创造了许多高难动作和先进技术，如凌空射门、鱼跃救球、走步式跳远、背越式跳高等。由于这些技术动作多为优秀选手所采用，因而就成了广义的形式美，并具有相对独立的欣赏价值。人们一见到这些体育技术就感到很美，往往忽视了它们的实际运动效果。其实，这种欣赏习惯有时会有一定的片面性，因为无论多么高难、先进的技术，如果得不到合理有效的运用，也不能算是真正的美的形式。如跳水比赛，有些运动员为了取得高分，盲目选用了一些难度系数较大的跳水动作，结果弄巧成拙，使自己名落孙山。

2. 战术美

战术美指在体育比赛中运动员个人技术的合理运用及运动员之间协调配合时所表现出来的美。它是运动员根据比赛双方的情况采取合理行动、以发挥己方特长、限制对方优势、夺取体育比赛胜利的一种艺术。

在每项体育比赛中都有着对抗和竞争，这不仅是运动员的体力、技术和意志的角逐，而且也是战术水平的较量。无论是一对一的单打独斗，还是全队参加的集体抗衡，在双方实力相当的情况下，谁的战术组织得好，运用得美，谁就会赢得比赛的胜利。战术美就具体表现在对战术的成功运用上。在欣赏体育比赛时，如何去把握“战术的成功运用”这一欣赏尺度呢？这可以从以下三个方面入手：首先，技术是战术的基础，又是战术的表现形式，全面、熟练、准确、实用的技术是实现战术的先决条件。其次，战术的运用，必须根据比赛的具体情况，灵活机动地加以变换，任何单一的战术都不会取得良好的比赛效果。再次，比赛中的战术变化，要力争主动，避免被动，时刻以己之长攻彼之短。最后，战术水平是运动员战术意识的体现，良好的战术意识必须在发挥与反发挥、制约与反制约的实践中加以培养，才能逐渐形成。

在实际的体育比赛中，战术美的表现往往是极其复杂的，欣赏者必须结合具体的欣赏活动，不断地积累自己的欣赏经验。这里以篮球比赛为例谈有关战术美的欣赏问题。随着现代篮球运动的技术和战术的发展，当今世界篮坛形成了两种截然不同的战术风格。一种是以美国为代表，主要讲究一对一的打法。在比赛中，五个球员没有相对固定的位置，打起球来满场飞，攻击点很多，个人单打独斗的能力较强，在一对一的情况下能轻而易举地进攻得分，这种战术打法对球员的能力要求比较高。另一种是以亚洲为代表，主要讲究一定的攻防套路。进攻时每个队员都有明确的位置，根据对方的防守战术来采用不同的进攻对策。在队员的配合上讲求内外线结合，形成里外呼应之势。对这两种战术打法，该作出怎样的欣赏评价呢？这就要求具备一定的篮球知识，具有一定的欣赏经验。无论采用哪种战术，只要整场篮球比赛始终在高速度、高强度中进行，队员能不停地奔跑、移动、穿插换位，配合默契，攻防转换快，比赛节奏清楚、分明，那这场篮球比赛就是一场高水平的比赛，两队都成功地运用了各自的战术，体现出战术美。

对于一个普通的体育欣赏者来说，要欣赏战术美，必须具备一定的运动知识，积累一定的欣赏经验。

3. 意志美

意志美指在体育运动中自觉地确定目的，并在目的支配下调节自己的行动，从而实现预期目的时所呈现的美。意志美通常是运动员良好意志品质的具体表现。

现代体育运动的最显著特点是，运动员之间的运动水平越接近，竞争和对抗就越激烈。要夺取比赛的胜利，运动员必须克服各种困难，与对手进行顽强的竞争。在这个过程中，运动员所表现出来的主动、自制、勇敢、顽强等，都属于意志美的范畴。

体育中的意志美与运动员的意志努力是分不开的。一般情况下，运动员的意志努力始终与克服困难紧密相连，在克服困难的过程中表现出强烈的意志美。例如，在第 27 届奥运会女子 20 公里竞走比赛中，中国竞走运动员王丽萍虽然最终夺得了金牌，但其夺金道路并不平坦。在比赛的前半程，王丽萍仅名列第五，另一位中国运动员刘宏宇名列第三。当比赛进入后半程后，先后罚下了走在最前面的三名运动员，其中包括中国运动员刘宏宇。而当另一名国外运动员和王丽萍先后到达入场口时，裁判又罚下了这名国外选手。可以想象，当时王丽萍内心有多么紧张，但是她凭着顽强的意志，以完美的姿势顺利走到了终点，摘取了第 27 届奥运会女子 20 公里竞走比赛的金牌，这也是本届奥运会我国在田径项目上夺得的唯一一块金牌。在整个比赛过程中，王丽萍克服了生理和心理上的巨大压力，表现出了强烈的意志美，给人以深刻的印象。

意志美在体育运动中的各种表现形式，绝大多数都具有崇高美的意味，所以在具体的欣赏活动中，不能用优美的标准去衡量它们。比如，赛跑运动员在终点冲刺时，其面部表情和身体姿势都与常人大不相同。对此，人们不应该刻意挑剔，因为这是运动员为了超越自我而作出的种种意志努力，从中应该看到意志美。

4. 智慧美

智慧美指运动员、教练员和裁判员根据比赛场上变幻莫测的情况迅速作出判断，并能采取相应对策所呈现的美。

现代的体育运动，不仅是人的体能、技术、战术和意志的全面较量，而且还包括智慧之争。因此，体育运动过程中处处表现出智慧美的存在。如在比赛中，运动员根据对手情况采取随机应变的合理行动，教练员胸有成竹地调兵遣将，变换战术打法，裁判员根据场上情况及时作出准确判罚等，都是智慧美的具体表现形式。在通常情况下，体育运动中的智慧美同运动员的文化知识、技术水平、比赛经验，以及教练员的指挥才能，裁判员的反应能力等，都有密切的联系。

现代的体育比赛，不仅有运动员的直接斗智，而且还有教练员的间接斗智。通过运动员的场上行为，教练员展示了其指挥意图和战术思想，把那种“运筹帷幄之中，决胜千里之外”的用兵才能、临场随机应变和临危泰然自若的大将风度展现出来。观众从中可以欣赏到人的智慧美。

体育比赛能否顺利进行，裁判员起着举足轻重的作用，其执法水准不但影响着比赛的结果，而且还影响着观众的欣赏情绪，特别是在节奏比较快的球类项目的比赛中，裁判的正确判罚显得格外重要。例如在足球比赛中，运动员要在快速、剧烈的对抗中争抢球，以充分发挥身体、技术上的优势，与此同时，一些非技术性动作、犯规与不正当行为时有发生。在这种情况下，裁判员如果能正确把握运动员的企图，识别动作性质，对非技术性动作及时教育和判罚，对一般犯规和严重犯规善于区分处理，就能保持比赛的节奏，同时也会调动起观众的欣赏情绪。通过正确的判罚过程，裁判员显示出强烈的智慧美。

由于现代体育比赛多在高速度、高强度的对抗中进行，赛场形势瞬息万变，因而迫使运动员、教练员和裁判员必须在最短的时间内，及时做出行动方案和采取相应对策。这一切使观众看到了人的智慧，并产生强烈的美感。

三、其他类型的美

体育领域中处处存在着美，除了身体美和运动美之外，还有众多丰富的美学现象有待人们去发现。下面简单介绍几种影响范围较大的体育美学现象。

(一)体育建筑美

体育建筑作为进行体育活动的物质条件，其设计并未受到实用主义的束缚，而是较多考虑到欣赏的需要，注重实用功能和欣赏功能的和谐统一。体育建筑在它的复杂结构、造型、色彩等外观上，构成了一个丰富复杂如乐曲似的组合形式，给人以韵律和节奏的感觉，因而被认为是“凝固了的音乐”。

古代著名的体育建筑是奥林匹亚宙斯神庙和古罗马巨型竞技场等。奥林匹亚宙斯神庙是古代奥运会中心，后毁于一场大火，但从宙斯神庙的复原图上可以看出，宙斯神庙不仅规模宏大，而且在设计上还充分体现出对称和比例等形式美的规律，给人以庄严、神圣的感觉。现代著名的五大体育建筑艺术奇观包括巴西的马拉卡纳体育场、德国的慕尼黑体育场、墨西哥亚兹的卡纳体育场、美国宇宙圆顶体育场以及前苏联的列宁体育场。不同的体育建筑以其富有韵律的结构和外观，表现着不同国家的精神风貌与审美时尚，同时也带给人们不同的欣赏感受。

(二)体育工艺美

体育工艺是指体育建筑之外的、在外部形式上经过审美处理的体育用品的艺术。体育工艺品一般体积比较小、品种比较多，如各大型运动会的吉祥物、火炬、会徽以及运动员的服装、鞋帽等。由于体育工艺品主要是为了满足人们的精神需要和生活需要而生产创造的，比较直接地体现了“美的规律”，因而欣赏价值日益突出。

体育工艺品作为欣赏对象，一方面必须与特定的实用环境相符合，以满足不同环境中人们的心理需求；另一方面必须利用物品本身的功能结构，在外部造型、色彩上进行适当的审美处理，从而表现出一种朦胧、宽泛的情调色彩。例如2000年悉尼奥运会上，我国运动员身着李宁牌运动服，其上衣背后画有一条金黄和火红色的龙，形似“China”，这不但点缀了服装，使服装协调美观，而且让世人知道中国是世界东方的巨龙。

（三）体育雕塑美

体育雕塑的主要对象是运动员，它通过对人体动作、姿态的塑造，集中表现了人的内在的本质力量，显示出人的美。它完美地融合了理想性和寓意性，成为表现体育题材最有力的艺术种类之一。体育雕塑的美学特征，在于突出表现高度概括的单纯性格、品质、气概。比如公元前5世纪米隆所作的《掷铁饼者》，主要体现了人类的力量；1994年“空中飞人”乔丹的雕塑落成，主要展示了人类篮球技艺的高超。由于体育雕塑三度空间的实体性，使人们可以从不同的角度和距离对它欣赏，获得不尽相同的感受。

体育雕塑不仅能表现人的美，而且还对环境起到点题的作用。例如，在洛杉矶体育场门口默默屹立于奥运会圣火之下的两尊男女运动员的裸体无头塑像，给人们留下了深刻的印象。体育雕塑通过表达重大主题思想，长久地感染人、影响人，成为一座建筑、一座城市甚至一个国家的象征。

（四）体育音乐美

音乐是以时间上流动的音响为物质手段，表现人的心理感受的艺术。自古以来，音乐与体育就有难以割舍的关系。在古代奥运会上，传令比赛和笛手比赛被列为正式项目，跳远比赛也有长笛伴奏。音乐与体育的交融，不但给人视觉的冲击，而且从听觉上给人以美的享受。在现代，音乐与体育的结合更广泛。例如在艺术体操、花样游泳、花样滑冰等运动项目中，运动员合着音乐的节拍，充分展示着美的舞姿，给人以赏心悦目之感。一些运动会的主题曲，更显示出一种永恒的魅力。例如著名的《运动员进行曲》、《手拉手》等，演奏多年仍盛行不衰，时刻激励着运动员的斗志。人们从中可以感受到体育音乐美的感染和教育作用。

第三节　体育欣赏能力培养

现代体育已逐渐渗透到人们的日常生活中，对人们的行为习惯、生活方式产生潜移默化的影响。特别是随着我国群众体育的迅速发展，更多的人参与体育、欣赏体育。如何培养和提高人们的欣赏能力，充分发挥体育的审美教育作用，成为目前体育界关注的一个焦点问题。培养和提高体育欣赏能力，可以通过以下三条途径进行：

一、实施体育欣赏教育

体育欣赏教育是通过体育美学形象来触动人的感情，使人在心灵深处受到感染和感化，从而感情得以升华，欣赏能力得以提高的特殊教育。实施体育欣赏教育，使人们在轻松和谐的氛围中得到全面发展。实施体育欣赏教育，应分家庭、学校和社会三个阶段来进行。

（一）家庭体育欣赏教育

家庭是人生活、成长的摇篮，对一个人的身心发展具有极其重要的作用，也是人接受体育欣赏教育的开端。家庭体育欣赏教育主要是通过家人正确的体育欣赏观、良好的体育欣赏方式来陶冶孩子的心灵，培养孩子的体育欣赏能力，使其养成体育欣赏的习惯。

家庭体育欣赏教育主要是针对学龄前儿童的，所以其特点首先表现为教育形式的形象性。这一时期的儿童对直感的形象接受较快，但理性分析能力较差，因此，他们比较喜欢形象性较强的事物。根据儿童早期发展的这种心理特征，家庭应该充分利用各种形象的体育事物来实施体育欣赏教育。美的体育形象丰富多彩，直观具体，很容易诱发儿童的欣赏兴趣。例如给孩子展示优美的体育画册、教唱体育歌曲、看体育卡通片等，这些对于培养儿童初步的体育欣赏感受力有着重要的作用。其二，家庭体育欣赏教育具有自由性特点。要求自由、快乐、和谐是儿童的天性，在家庭内对儿童进行体育欣赏教育也必须在自由欢快的情形下进行，而不能采取强制的方式。儿童一般具有好奇、爱动和喜欢无拘无束自由活动的特点，因此，做游戏就成了他们非常乐于接受的施教方式。通过玩各种各样的游戏，可以充分发挥儿童的想象力和创造力。同时，儿童的各种潜在的特长也可以在这种愉快的自由活动中逐渐地发展起来。

家庭体育欣赏教育还应特别注意家庭体育文化氛围和环境对儿童的影响。家庭的体育文化环境是幼儿所接触认识的第一个世界，这对他日后性格的形成、智力的开发起着决定性作用。这其中，父母起着关键作用。父母是孩子的第一位老师，父母的体育欣赏观、体育欣赏方式都可能成为儿童模仿的对象，对孩子们的体育欣赏观念的形成起着潜移默化的作用。父母的体育欣赏能力也决定着家庭体育欣赏教育的质量和水平，因此，为了增强家庭的体育文化氛围，可以带领孩子到现场观看体育比赛，可以远足旅游，参观不同风格的体育建筑物和体育雕塑等。通过这些活动，不但可以丰富孩子的生活，在他们幼小的心灵里播下体育美的种子，而且还可以给他们以直接的美的陶冶和启迪。

（二）学校体育欣赏教育

学校是青少年集中学习各种知识的基地，也是接受体育欣赏教育的理想场所。

1. 在体育教学中实施欣赏教育

在体育教学中实施欣赏教育，可以培养学生健康的体育欣赏观，培养学生对体育美的欣赏能力。具体途径有：

(1)体育教学环境的美化

教学环境是贯穿于教学过程中的影响教师的教和学生的学的物质因素和人文因素的总和。在教学过程中，如果场地清洁舒适、粉线清晰、运动器材摆放整洁美观，就会增加美的感染力，使学生赏心悦目。教师在教学中关心、了解、爱护学生，与学生建立起民主、合作、融洽的关系，也会使学生感到美的存在。教师对学生在活动中显示的欣赏意向及时进行形成性和激励性评价，可使学生增强信心，激发学习的积极主动性。

(2)教学方法手段的美化

传统的体育教学模式，一般未经过美学加工，平淡乏味，缺乏吸引力，现已无法满足现实条件下学生深刻而强烈的欣赏需要。因此，在体育教学中，教师要美化教学方法和手段，做到形式多样、有趣味。例如：根据课的内容有效地编排一些节奏流畅、造型优美的徒手操，或创编一些有趣的体育游戏，使学生在培养良好身体姿势的同时陶冶情操，发展节奏感、韵律感、协调性。另外，活动中适时配以音乐，可减少课堂的单调枯燥感，使学生在轻松活泼的气氛中接受美的教育。

(3)老师仪表、语言的美化

教学中实施美育，教师本身就成了学生的欣赏对象，其形象至关重要，因此教师要做好表率。在教学过程中，学生对教师讲解示范的理解、感受及美感的产生等，都是通过直观形象作用而实现的，教师应将体育课作为一门艺术，而教师的本身也是艺术化了的对象。首先，教师应衣着合宜，语言文明，行为文雅，姿态大方，精神饱满。其次，讲解动作要领时，力求语言生动形象、通俗易懂，示范正确熟练、轻松优美。“美的东西，总会唤起人的欣赏感情和愉快的情绪”，这样，学生很容易用一种欣赏的心态对待教学，在欣赏美的同时能够主动积极地投入创造美的活动中去。

2. 在课外活动中实施体育欣赏教育

学校实施体育欣赏教育，课外的体育欣赏实践活动是不容忽视的，它是课堂欣赏教育的继续和补充。利用课余时间组织各种各样的体育活动，可以提高学生参与体育欣赏实践的兴趣。比如成立各种体育俱乐部、举办各种体育比赛等，让学生广泛地接触体育美的形态，并在实践中感受和认识体育美，进而提高自身的体育欣赏能力。

(三)社会体育欣赏教育

社会体育欣赏教育是在家庭和学校之外对人们所进行的终生体育欣赏教育。

社会是一个充满矛盾的复杂变化的现实存在，在社会中，美与丑、善与恶、高尚与卑劣等交叉并存，这势必影响到人们的体育欣赏行为。因此，社会体育欣赏教育的目的在于通过各种方式、各个层面的欣赏教育，培养人们正确的体育欣赏观，提高人们的体育欣赏能力。为此，各种社会体育团体特别是国家体育总局、各省市体育局和体育协会，应担当起组织领导工作，在国家新闻媒体(如电视、广播、报纸等)的支持下，把正确的体育欣赏观传达给社会公众，以体育中美的形象来教育和鼓励人们去拼搏，去创造更加美好的生活。社会体育欣赏教育还可以利用固定的体育设施来进行，如各种健身俱乐部、各种运动场馆等，这些设施都具有各自不同的体育欣赏教育功能，对于丰富群众的余暇时间，进行体育宣传教育活动，提高体育欣赏能力有积极作用。此外，随着社会经济的发展，要积极筹建公益性的体育健身设施，使人们在闲暇时可以自由地进行体育活动，充分感受体育带来的快乐。

二、积极参与体育欣赏活动

提高体育欣赏能力，仅靠各阶段的体育欣赏教育活动是不够的，还必须积极参与各种体育欣赏活动，树立起正确的体育欣赏观，进而培养体育欣赏能力。在欣赏过程中，应注意以下几个问题：

(一)明确体育比赛的宗旨

现代奥林匹克运动有句著名的格言是“更快、更高、更强”，它充分表达了奥林匹克运动不断进取、永不满足的奋斗精神。现在，它已经远远超越了单纯的奥林匹克意义，成为整个体育运动的根本宗旨，更成为我们欣赏体育美的尺度。

“更快、更高、更强”，指在比赛中，运动员不断向人类自身极限的挑战，在竞争中展示蓬勃的青春活力，从而不断创造灿烂的体育美。成绩固然重要，但更重要的是蕴含于竞赛之中的强者风范和进取精神，因为只有它才真正标志着人类的进步与发展。

当然，“更快、更高、更强”的宗旨需要通过运动场上的公平竞争来实现。只有公平竞争，才真正体现人类的进步。我们只有明白体育比赛的宗旨，掌握其实施条件，才能从根本上理解体育运动，才能掌握其欣赏内涵，才能培养和提高体育欣赏能力。

（二）树立正确的胜负观

运动场上激烈的竞争和胜负的瞬间转换，常常会引起观众的强烈情感反应。如果观众只注重比赛结果，往往会导致冲突和暴力事件的发生。因此，欣赏体育运动，必须树立正确的胜负观。

细节了解 7-3

“重要的是参加，而不是取胜”

1908 年，伦敦圣·保罗大教堂的一次宗教仪式上，宾夕法尼亚主教说：“在奥林匹克运动会上，取胜不像参加那样重要。”

现代奥林匹克运动一句广为流传的名言是“重要的是参加，而不是取胜”。这句名言说明，人类举办体育比赛的目的是为了吸引更多的人参与到体育运动中来，通过体育竞赛使人类更团结、更友爱。因此，对体育比赛中的胜负结果，我们应以一种平常心来对待，获取胜利不是体育竞赛的唯一目的，更不是终极目的。更何况，胜负还受到运动员竞技状态、气候、环境和对手情况等诸多因素的影响和制约，比赛结果难以预料。树立正确的胜负观，感受运动员表现出来的技术美、战术美、健康美、意志美等，是一种正确的欣赏态度，从中也能提高体育欣赏能力。

（三）了解相关的理论知识

体育欣赏的对象不仅包括体育运动，而且还包括体育建筑、体育雕塑、体育工艺等。为了获得更多的欣赏感受，必须了解相关的理论知识，在学习过程中提高体育欣赏能力。

三、主动参与体育实践

欣赏各种体育美，必须对相关事物有感性认识，在此基础上才能对事物整体的直觉，才能获得更多的欣赏感受。主动参与体育实践，在实践中了解各种运动项目的特点和裁判规则，了解各种体育设施的结构和功能，是认识体育事物的主要途径。在此基础上，综合运用已具备的理性知识和欣赏经验，可以有效提高体育欣赏能力。

思考题：

1. 体育欣赏的含义是什么？
2. 结合实际谈谈体育欣赏活动的过程。
3. 从一场高水平的篮球（或其他项目）比赛中，你能感受到哪些美的内涵？
4. 结合实际谈谈怎样提高体育欣赏能力。

参考文献

1. 季浏.体育与健康.上海:华东师范大学出版社,2001
2. 邓树勋.体育与健康.广州:中山大学出版社,2002
3. 季浏,胡增荦.体育教育展望.上海:华东师范大学出版社,2001
4. 卢元镇.体育的社会文化审视.北京:北京体育大学出版社,1998
5. 郑厚成.全国普通高等学校体育实践教程.北京:高等教育出版社,1998
6. 李重申.面向新世纪健康教育读本.北京:中华书局,1999
7. 倪文治,张瑞林.大学体育教程.济南:山东大学出版社,1999
8. 吴纪饶.大学生健康教育.北京:高等教育出版社,2005
9. 王少华.体育基础理论与实践教程.北京:北京体育大学出版社,2001
10. 常乃军.大学体育教程.北京:高等教育出版社,2005
11. 虞定海,郭毅,林北生.中国传统保健体育与养生.上海:上海科学技术出版社,2001
12. 刘贵珍.现代健康教育.北京:高等教育出版社,2005
13. 赵敬国.体育健康教育.北京:北京出版社,2004
14. 谢彬.体育与健康·理论实践篇.武汉:华中科技大学出版社,2002
15. 孙宗鲁.大学生健康教育教材.北京:北京大学出版社,1998
16. 周西宽.体育基本理论教程.北京:人民体育出版社,2004
17. 郑超,刘定一.大学体育.北京:中国社会科学出版社,2001
18. 李鸿江.健康体育导论.北京:高等教育出版社,2004
19. 杨国庆,殷恒婵.大学体育.北京:中国社会出版社,2001
20. 杨锡让.实用运动技能学.北京:高等教育出版社,2004
21. 杨则宜.生命在于运动和营养.北京:北京体育大学出版社,2006
22. 安妮塔·比恩.女性运动营养学.广东:汕头大学出版社,2004
23. 虞定海.中国传统保健体育与养生.上海:上海科学技术出版社,2001
24. 姚鸿恩.体育保健学.北京:人民体育出版社,2002
25. 赵斌,万昌智等.体育保健学.桂林:广西师范大学出版社,2001
26. 丁继华.中国传统养生珍典.北京:人民体育出版社,1999
27. T·柯林·坎贝尔.中国健康调查报告.长春:吉林文史出版社,2006
28. 杨文轩,陈琦.体育原理.北京:高等教育出版社,2004
29. 殷玲玲等.游泳·体育游戏·举重·健美运动.桂林:广西师范大学出版社,2000
30. 英国羽毛球协会.羽毛球.沈阳:辽宁科学技术出版社,2007
31. 张瑞林.高等学校教材·体育舞蹈.北京:高等教育出版社,2005
32. 张瑞林.高等学校教材·羽毛球.北京:高等教育出版社,2005

33. 张瑞林. 高等学校教材·跆拳道. 北京:高等教育出版社,2005
34. 张瑞林. 高等学校教材·武术. 北京:高等教育出版社,2005
35. 张瑞林. 高等学校教材·户外运动. 北京:高等教育出版社,2005
36. 蒋国雄. 论武术套路的美学特征. 武汉. 湖北体育科技,2001(4)
37. 成月祥. 论体育欣赏. 银川:宁夏大学学报,2001(3)
38. 刘景裕等. 体育教学中审美教育的方法. 上海:上海体育学院学报,2002(S1)
39. 谭华. 体育史. 北京:高等教育出版社,2005
40. 方珊. 美学的开端. 上海:上海人民出版社,2001
41. 李戎. 美学概论. 济南:齐鲁书社,1999
42. 王翔,彭光辉. 定向运动. 北京:高等教育出版社,2005
43. 孙麒麟. 实践教程. 大连:大连理工大学出版社,1995
44. 卢元镇. 中国体育社会学. 北京:北京体育大学出版社,1996
45. 陈贵廷,柴文举,薛赛琴. 百病中医按摩疗法. 北京:学苑出版社,1991
46. 薛传疆,姚红. 现代推拿学. 北京:中国中医药出版社,1997
47. 李铁君. 心身健康指南. 南京:东南大学出版社,1996
48. 符明秋,季浏. 当代运动心理学. 重庆:西南师范大学出版社,1994
49. 吴阳昌. 洞悉人生——心理测量学. 济南:山东教育出版社,1991
50. 朱长喜. 体育与审美. 北京:人民体育出版社,1995
51. 金大陆. 体育美学. 北京:中国青年出版社,1990
52. 胡小明. 体育美学. 成都:成都体育学院教务处,1983
53. 方珊. 美学的开端. 上海:上海人民出版社,2001
54. 李戎. 美学概论. 济南:齐鲁书社,1999.3
55. 邹继豪. 全国普通高等学校体育与健康课程——理论教程. 大连:大连理工出版社,1993
56. 徐本力. 运动训练学. 济南:山东教育出版社,1990
57. 旷文楠. 中国武术文化概论. 成都:四川教育出版社,1990
58. 吕树庭等. 体育社会学教程. 北京:高等教育出版社,1995
59. 吴志超. 导引养生史论稿. 北京:北京体育大学出版社,1996
60. 足球教材编写组. 球类运动一足球. 北京:高等教育出版社,1997
61. 篮球教材编写组. 球类运动一篮球. 北京:高等教育出版社,1995
62. 李成银. 中国武术咨询大全. 济南:山东教育出版社,1993

图书在版编目(CIP)数据

体育与健康/张瑞林主编. —2 版.
—济南:山东农业大学出版社,2008.7(2018.8 重印)
ISBN 978—7—5607—3627—3

Ⅰ.体
Ⅱ.①张…
Ⅲ.①体育—高等学校教材 ②健康教育—高等教育—教材
Ⅳ.G807.4

中国版本图书馆 CIP 数据核字(2008)第 123226 号

山东大学出版社出版发行
(山东省济南市山大南路 27 号 邮政编码:250100)
山 东 省 新 华 书 店 经 销
泰安金彩印务有限公司印刷
787 毫米×1092 毫米 1/16 12 印张 293 千字
2008 年 9 月第 2 版 2018 年 8 月第 14 次印刷
定价:20.00 元